GRAVITARE

U0529577

关 怀 现 实 , 沟 通 学 术 与 大 众

未尽的快乐

魏晋名士社交处方笺

董铁柱 著

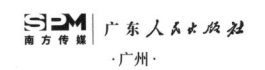

广东人民出版社
·广州·

图书在版编目（CIP）数据

未尽的快乐：魏晋名士社交处方笺 / 董铁柱著.
广州：广东人民出版社，2025.6. --（万有引力书系）.
ISBN 978-7-218-18362-6

Ⅰ.K825.4
中国国家版本馆CIP数据核字第20255UW640号

WEIJIN DE KUAILE: WEI-JIN MINGSHI SHEJIAO CHUFANGJIAN
未尽的快乐：魏晋名士社交处方笺
董铁柱 著

版权所有 翻印必究

出 版 人：肖风华

丛书主编：施 勇 钱 丰
责任编辑：钱 丰 陈畅涌
特约编辑：马晓玲
营销编辑：张静智
责任技编：吴彦斌

出版发行：广东人民出版社
地　　址：广州市越秀区大沙头四马路10号（邮政编码：510199）
电　　话：（020）85716809（总编室）
传　　真：（020）83289585
网　　址：http://www.gdpph.com
印　　刷：广州市岭美文化科技有限公司
开　　本：889毫米×1194毫米　1/32
印　　张：10.5　字　数：180千
版　　次：2025年6月第1版
印　　次：2025年6月第1次印刷
定　　价：88.00元

如发现印装质量问题，影响阅读，请与出版社（020-85716849）联系调换。
售书热线：（020）87716172

推荐序

快乐也需要一双发现的眼睛

刘强（同济大学文学院）

一

这是一本关于快乐的书，而且是从古书中发现快乐、体验快乐、享受快乐和传递快乐。在这个快乐不一定多过焦虑、忧郁和伤痛的时代，这样一本书，应该对读者有着某种治愈和抚慰的效果。

说到快乐，我们难免会想到幸福，而我的一个偏见是：快乐与幸福的距离，有点接近滑稽与幽默。

先说一个故事。某年某月某日，央视曾组织过一次深入基层贴近民众的采访，问题很直接也很轻率："你幸福吗？"

一位务工人员的回答很扎心："我是外地打工的，不要问我。"

记者仍旧问:"您幸福吗?"

于是等来了一个"神回复":"我姓曾。"

不用说,这段问答引起了网民的一番热议,因为这个辛酸的故事中,回答者巧妙使用了一个"谐音梗",遂使这段对话平添了一种价值错位所导致的滑稽和幽默。

如果我们换一个话题,比如问:"你快乐吗?"回答的难度恐怕就不太一样了。

快乐和幸福,若从哲学层面分析,其实并不对等,甚至相差甚远。快乐和一时的感官满足更贴近,而距离关乎精神满足和心灵自适的幸福,可能"比永远更遥远"。

所以,快乐比幸福更简单。一个人可以不幸福,但不妨碍他偶尔有快乐。拿到应得的收入,享受难得的假期,来一场说走就走的旅行,吃一餐不必考虑减肥的美食,或者与朋友喝一场大酒,兴尽而返,凡此种种,都是凡俗生活中容易获得的快乐——且不管这样的快乐是否算是幸福。

那么,当我们无法确认自己是否幸福之时,是否可以获得短暂的哪怕是转瞬即逝的快乐呢?这是一个问题。

孔子是一个快乐的人。他对这个问题提供了很多答案,都记载在《论语》中:

"学而时习之,不亦说乎?有朋自远方来,不亦乐乎?人不知而不愠,不亦君子乎?"(《学而》)

"贤哉!回也。一箪食,一瓢饮,在陋巷,人不堪其忧,

回也不改其乐。贤哉，回也！"(《雍也》)

"知之者不如好之者，好之者不如乐之者。"(《雍也》)

"饭疏食，饮水，曲肱而枕之，乐亦在其中矣。不义而富且贵，于我如浮云。"(《述而》)

"发愤忘食，乐以忘忧，不知老之将至云尔。"(《述而》)

看了上面这些格言，我们会觉得，孔子和颜回的快乐也许已经接近幸福，甚至就是幸福。后人以"孔颜乐处"名之，真是别有会心。

二

而这本《未尽的快乐》，则是以六朝志人小说名著《世说新语》为中心，作者从中发掘和呈现的魏晋时代的快乐答案，显然与孔子时代有所不同。本书副标题《魏晋名士社交处方笺》所揭示的，正是在一种日常的人伦交际中，魏晋名士能够不断捕捉和创造转瞬即逝的"快乐瞬间"。最后，作者完成了他的任务——以快乐的心情，为读者拼接了一幅《世说新语》的"快乐拼图"。

关于《世说新语》，我曾有一个"六书"的评价，即性情之书、趣味之书、智慧之书、灵性之书、人性之书、诗性之书。其实，若要推衍开来，《世说新语》何尝不是一部幽默之书和快乐之书呢？

打开《世说新语》，随处可见精彩的人物，机智的应对，诙谐的场景，俏皮的语言，幽默的氛围，笑话的作料，滑稽的效果，这些能够引人发噱、制造快乐的元素，让这本书充满了一种轻盈而超逸的艺术精神、游戏风格和喜剧况味。尤其是《言语》《文学》《捷悟》《任诞》《排调》《轻诋》《俭啬》《纰漏》诸门类，可以说是笑料不断，令人解颐展颜，有些段子，最好不要在用餐时读，以免喷饭。

人一快乐，难免就会笑。笑，可以说是人类最美好的天赋之一。笑的表情既是官能性的，也是心灵性的，不仅让人愉悦，且具有传染性——笑，可以说是人类最具天赋灵性、良知良能的外在证明，所谓"自然灵昭不昧者也"。法国哲学家柏格森（Henri Bergson）在《笑：论滑稽的意义》（*Le Rire: Essai sur La Signification du Comique*）中说："在真正属于人的范围以外无所谓滑稽，景色可以美丽，幽雅，庄严，平凡或者丑恶，但绝不会可笑。我们可能笑一个动物，但那是因为在这个动物身上，我们看到了一种人的态度或表情。"可以说，笑的能力，让我们和动植物彻底区分开来，成为"三才"之一的"人"。

笑这种精神现象，以及与笑有关的文学作品，显然是很值得研究的。我曾经动念写一部"中国笑文学史"，是想把古今以来的幽默文学和笑话作品做一番巡礼，勾勒其历史，展现其风貌，探明其价值——只可惜至今未能真正开启——我想，如果真写这本书，《世说新语》是应该隆重推出、专章论列的。在我看来，《世说新语》无疑是中国幽默文学的一个里程碑。

有人说，中国人没有幽默感，这话真是大错特错。法国学者、《笑的历史》（Histoire du Rire）的作者让·诺安（Jean Nohain），在对世界各民族幽默感进行研究后，认为中国人的幽默感可达到"四星级"，在亚洲是唯一一例。而劳兰博士在进行一种与笑有关的科学研究时发现，人脸部的开张幅度与笑有关，而中国人在脸部总宽和颧骨直径长度这两项指标中分别是134毫米和137毫米，遥遥领先于世界其他民族。所以，在林语堂"中国人天性富于幽默"（《幽默杂话》）和鲁迅"幽默既非国产，中国人也不是长于'幽默'的人民"（《从讽刺到幽默》），这两个正反相对的观点中，如果要我站队，我肯定会投林语堂一票。

"辛苦一生须有乐，有闲且去读《世说》。"这是我在一次讲座中说的话，与本书的主题可谓不谋而合。因此，我对作者质疑鲁迅的"名士教科书"之称，径直将《世说新语》当作"快乐宝典"的说法，还是颇有几分体贴和认同的。《世说新语》之所以让历朝历代的读书人喜闻乐见、流连忘返，一个重要的原因就是它能让人快乐。换言之，《世说新语》不仅充满快乐，而且"溢出效应"特别强烈，以至于从古至今，"人鲜不读，读鲜不嗜，往往与之俱化"（刘熙载《艺概》）。

为了写此文，我特意翻看了《中国幽默文学史话》《汉魏六朝诙谐文学研究》《中国古代幽默文学史论（先秦至宋）》三书。不无遗憾的是，或许因为体例的原因，这三部研究幽默诙谐文学的专著，都没有为《世说新语》设立专章，予以讨论。我又打开王利器辑录的《历代笑话集》，发现邯郸淳、陆云《笑林》之后，直接就是侯白的《启颜录》，也没有给《世说新语》留下一席之地。其实，如果从幽默文学或笑话文学的角度看待《世说新语》，至少有上百条故事是可以选出来作为笑话文学精品的。

职是之故，本书将《世说新语》作为"快乐宝典"来解读，无疑是具有独到的学术眼光和清醒的问题意识的。

三

精神分析心理学的鼻祖弗洛伊德（Sigmund Freud）在《诙谐及其无意识的关系》（*Jokes and Their Relation to The Onconscious*）一书中，专门研究"快乐的机制和诙谐的心理起因"，并且探讨了"诙谐的动机——作为社交过程的诙谐"这一问题。他写道："人是一种'永不疲倦的快乐的寻求者'——我忘记在哪里遇到这种乐观的表达——而且要他放弃所享受的快乐是极其困难的。"人们在"游戏""俏皮话"甚至"胡说"中都能找到"快乐"。尤其是人在社交生活中，快乐特别需要分享和传递："如果我能以告诉他人而使他人大笑，我也能很高兴这样做……很可能是我需要把这诙谐传达给其他的人，以某种方式与那些通过诙谐而笑的笑者相联系，这种笑拒绝在我身上出现，但却在其他的人身上很明显。"[①]

[①] ［奥］弗洛伊德：《诙谐及其无意识的关系》，常宏、徐伟译，国际文化出版公司2001年版，第135、153页。

正如笑是人类最美的表情,快乐也是产生于人与人的交往和互动之中的。没有人的身份角色的设定(也即今之所谓"人设"),没有在这种设定之中不断错位和出格的"越位冲动",以及伴随此一冲动不断闪现的灵感火花和奇妙话术,也就没有真正的"快乐"和"幽默"。《世说新语》中的快乐故事就是如此,常常是当事人一本正经,却令旁观者忍俊不禁,甚至捧腹大笑。

问题是,在魏晋那样一个兵荒马乱的乱世,为什么偏偏盛产"笑料"?要回答这个问题其实并不容易。本书作者别出心裁地抓住了两个关键词:"关系"和"习俗",从而将伦理学、社会学、文化学的相关知识融入到对文本的分析中,形成了一种跨学科的研究视野和叙述格局。比如,作者在谈到王戎的"百变人格"时这样写道:

> 各种人伦关系为一个具体的王戎下了多面的定义:他是父亲、是儿子、是臣子、是朋友、是同僚……他不是一个孤立的个体,而是社会关系中的一环。他要快乐,就必须扮演好每一个角色,恰如每一个普通人——我们不快乐的根源之一正是无法处理好与他人的关系。可以说,关系是我们理解《世说新语》名士快乐的第一个关键词。

在论及礼制和习俗的"张力"时,作者又说:

> 若将《世说新语》中的名士言行和《礼记》的规定做

比较，就会发现其间存在着相当的差异，这就是我们所说的鸿沟。这并不是指名士们以"反抗"礼教为乐，至少在两晋，礼教的地位还是毋庸置疑的。问题在于即使在尊重礼教的情况下，他们的言行还是会在一定程度上偏离礼教，但这样的偏离又是大家所允许的。究竟可以偏离到什么程度？名士们对此似乎有一个默认的共识，这就是我们所说的习俗，也就是在现实实践中的尺度……可见习俗尽管偏离了礼教的规定，却也依然不离礼教的精髓——保证人与人之间关系的和谐相处，从而让人获得快乐。

这些论述，无疑是十分新颖而独到的。这让我想起罗丹的那句名言："生活中不是缺少美，而是缺少发现美的眼睛。"顺此我们也可以说："生活中不是缺少快乐，而是缺少发现快乐的眼睛。"我想，本书的作者董铁柱先生，应该就是一个拥有这双眼睛的人。

四

最后，结合我所认识的董铁柱兄谈谈这本书的三个特色。

先说说我和董兄的交往。记得是2023年上半年，我在《走进孔子》杂志上读到一篇文章，题为《走进孔子世界的梭罗》，文中对《瓦尔登湖》的作者梭罗如何接受《四书》并援引孔子，做了非常富有见地的介绍，令我耳目一新。董铁柱这个名字，我一下子就记住了。

过了不久，收到中华书局编辑朋友寄来的一本书——《演而优则士——〈世说新语〉三十六计》（中华书局2021年版），作者也是董铁柱。说来也巧。2023年8月第五届"世说学"国际学术研讨会在黄淮学院召开，作为会议召集人，我通过中华书局的责编黄飞立兄向董铁柱发出了邀请，希望共赴天中，期可一晤。一切都很顺利，会议如期召开，我和董兄终于在黄淮学院晤面。董兄虽不善饮酒，然相貌堂堂，玉树临风，才子气和书卷气兼备，首次见面，便有"倾盖如故"之感。

此后，微信时常互动，笔墨因缘得以展开和延续。去年小书《世说新语通识》问世后，董兄还出我意料地写了一篇书评，其文颇有雅人深致，序志析文，深得我心。这次适逢其大著出版在即，承蒙董兄不弃，命我作序，因为是《世说新语》的同好和同道，我实在没有推脱的理由，遂一口答应。私心也想借此机会看一看，在写过《演而优则仕》之后，董兄对《世说新语》还有什么新奇的发现。

有了以上的铺垫，再谈谈本书的三个特色。

特色一：中西兼顾。

董兄是留美博士，对于中西学问有着长期的浸淫，这使这部谈《世说新语》的书，具有"中西文明互鉴"的开阔视野。想必是受到西学长于哲学分析和逻辑思辨的训练，本书在看似散漫的叙述中，其实是有一个相对"紧致"的逻辑结构的，而作者的"文本细读"能力也很了得，常常发人所未发。这里仅举一例。

在分析《简傲》篇第 1 则"司马昭功德盛大，坐席严敬，拟于王者。唯阮籍在坐，箕踞啸歌，酣放自若"时，作者写道：

> 刘义庆的叙述极为简洁，然而寓意深远，看似司马昭和阮籍是其中的主角，实则留白处更加意味深长。通常学者都会把目光放在阮籍身上，认为他的简傲是对司马氏的不满。其实，司马昭才是简傲的鼻祖。刘义庆用"拟于王者"四个字提醒读者，司马昭不是君王，但就好像君王一样。把自己当作皇上一样，这难道不是更大程度的简傲吗？我们不禁要接着问：真正的皇上去哪里了？于是，缺失的皇上、司马昭和阮籍之间就组成了有趣的双重君臣关系。在这双重君臣关系中，司马昭成了枢纽：他既是皇上的大臣，又是阮籍以及其他大臣的君王。司马昭的双重身份引发了微妙的效果：大臣们对他的严肃庄重恰恰意味着他们对真正的皇上没有足够的尊重，因而如果只有乖乖听话的大臣，那么就坐实了司马昭想要称帝的野心。因而对既想手握大权又不想背上篡位恶名的司马昭来说，阮籍的存在就显得尤为重要了。

"司马昭才是简傲的鼻祖"，这真是一个振聋发聩的判断！这种回到历史的现场，通过"知人论世""以意逆志"的工夫来抉发文字背后的"留白"的手段，不禁让人感叹作者的心细如发，别具只眼！

特色二：雅俗共赏。

这个特点是就本书的文体和表达来说的。本书兼顾通俗性和可读性，用讲故事的方式阐明道理，发掘隐藏在文字背后的"微言大义"，不时提出问题并予以巧妙解答，似乎是以一种"面对面"的方式与书里书外的人物和读者进行"实时对话"。至于作者流畅生动的叙述，优雅清通的文笔，就无须我来饶舌了，相信顺着作者的思路读下去，大家自会曲径通幽，渐入佳境。

特色三："双语"交响。

这里的"双语"不是中英文双语，而是特指《论语》和《世说新语》。我在同济大学常年开设《论语导读》和《世说新语导读》课，美其名曰"双语教学"。这两部经典深深地滋养着我的生命，塑造着我的人格，拓展着我的世界。对我来说，这是最值得珍惜的"学术情缘"。我很欣喜地发现，海内外学术界，竟有不少这样的"双语"同好。如《魏晋清谈》的作者唐翼明先生、台湾东华大学的吴冠宏教授。董铁柱兄也是如此。他虽曾负笈海外，却心系古典诠释，先是出版了《孔子与朽木——中国古代思想的现代诠释》，今又有关于《世说新语》的两部新著，其思力和笔力兼具，又加年富力强，笔耕不辍，相信以后还会不断带给我们新的惊喜。

年来杂事缠身，文债山积，此文忙里偷闲，仓促命笔，难免挂一漏万，言不及义，权当是朋友间的推杯换盏、投桃报李可也，岂敢言序？

2024 年 4 月 17 日写于沪上守中斋

目 录

前 言　001

　　一、让你快乐的《世说新语》　001
　　二、当我们说到快乐时，说的是什么　005
　　三、快乐宝典《世说新语》　007
　　四、两个关键词：关系与习俗　010

第一章　互相成就的君臣　016

　　你说"艾艾"，到底有几个艾？　016
　　我就好像吴牛，看见月亮也要气喘　020
　　想和司马睿交个朋友　024
　　义形于色的陈群　027
　　我的罪还不至于此　030
　　敢于对皇帝说不的山涛父子　033
　　我今天才知道不如王导啊！　035
　　本是同根生，相煎何太急　038
　　还我侍中！　041
　　某在斯　044
　　将无同　047
　　可惜这个座位了！　052
　　怎么能不认识水稻呢？　056

第二章　其乐融融的亲子　062

风气日上，足散人怀　064
他的神韵风骨似乎还可以　066
恐怕王忱并不适合做你的朋友　070
覆巢之下，复有完卵　076
何氏之庐　078
叫他们拿温酒来！　084
怎么可以把女儿嫁到他家！　088
你有一个好儿子　090
千万不要让大郎知道　093
连狗鼠都不吃你吃剩的东西　096
长安和太阳相比，你觉得哪个远？　100
别人都夸你，我可不夸你　103
不一样的母子之乐　107
听话的陶侃和不听话的温峤　111

第三章　包容平等的长幼传承　118

你嘴里为什么开狗洞　119
孙安国在什么地方　121
这个少年不只是下围棋的水平高　124
刚才的客人咄咄逼人　127
小时了了，大未必佳　131
长辈典范谢安　135
才情：长幼平等的新准绳　147
拿手巾来给谢郎拭面　152
朝闻道，夕可死矣　156

第四章　不确定的朋友　161

　　一见倾心的王导和周顗　163
　　陶侃那个溪狗我很了解　167
　　刘尹知我，胜我自知　170
　　你怎么把自己当成栋梁了啊！　173
　　你不要做硬嘴的马，我要穿你鼻子了　177
　　我不杀伯仁，伯仁却因我而死　182
　　子非吾友也　187
　　从朋友到仇人　192

第五章　跨越等级的同僚　200

　　阿翩确实有点才能　202
　　人自量，固为难　206
　　你回去告诉阿黑，怎敢如此放肆　209
　　你们北方有什么好东西　211
　　不懂反省的王珣　213
　　你不只是说话难听，神态也很难看　217
　　从放荡不羁到一本正经　220
　　合作而不勾结　223
　　小草与远志　226

第六章　双向奔赴的兄弟　231

　　子敬啊子敬，人和琴都亡故了啊！　234
　　阿奴，你要珍重　239
　　战战栗栗，汗不敢出　243
　　少孤如此，万年可死　246

　　　　桓玄杀鹅　252
　　　　曹丕和王珣的焦虑　256
　　　　宠弟狂魔谢安　259

第七章　道不尽的夫妻　266

　　　　诸葛氏的再嫁之旅　267
　　　　爱妻还是好色？　269
　　　　我不卿卿，谁当卿卿　274
　　　　淡定自若的阮氏　277
　　　　"名士"刘夫人　282
　　　　隔墙偷听的山涛妻子　286
　　　　"过"与"不及"的妻子们　288
　　　　嫌弃丈夫的才女谢道韫　294

结　语　一幅苦中作乐的快乐拼图　298

注　释　307

后　记　315

前　言

一、让你快乐的《世说新语》

打开这本书，我们只谈一件事，那就是"快乐"。

东晋名臣郗愔笃信道教。他经常肚子疼，看了很多医生也不见效。当时有个叫作于法开的和尚医术高明，于是郗愔就派人去请他来看。于法开一搭脉，就说这个毛病的根子在于他修道过于勤力。于法开给郗愔开了一剂药，果然药到病除。郗愔一喝下去就开始拉肚子，拉出来的不是别的，正是拳头大小的几坨纸。下人剖开一看，原来是郗愔修道时所吞服的符箓。(《术解》第10则)

一个道教信徒的病居然让和尚治好了，而原本以为可以让自己长生不老的符箓却差点儿要了自己的性命——可以想象一下郗愔面对自己的排泄物时狼狈不堪的模样。我们完全不需要了解郗愔是谁，做过什么官，有过什么功业，单单这个狼狈的场面就能让人忍俊不禁。日本学者后藤世钧说我们只需要玩味《世说新语》所说的故事,而"何必句解字诂"[1],大约说的就是《世说新语》的这种魅力。它简单而直接地冲击我们的快乐神经,让我们忍不住哈哈大笑。

也许有人会说,这种建立在他人狼狈之上的快乐是肤浅的。放心,《世说新语》同样会带给读者建立在他人快乐之上的快乐。东晋名士王悦从小就温顺乖巧,深得父亲王导的喜爱。父子二人经常一起切磋围棋。每次王导想要悔棋的时候,王悦就会按住父亲的手指,不让他悔棋。王导笑着说:"你怎么能这样做呢,我们俩好像还有点亲缘关系吧?"(《排调》第16则)

同样,即使一个从来没听说过王导、王悦父子的人,看到这样的场面,也免不了会心一笑。王导虽然贵为丞相,但是也和寻常父亲一样对爱子颇为娇惯。在这个场面中,王导是一位快乐的父亲,这样的快乐会激起父亲们的共鸣——正如很多父亲那样,他悔棋很可能是故意在逗自己的爱子;而对尚未成为人父的读者来说,可能也会回想起自己幼时和父亲打牌游戏时的认真劲儿,于是同样会莞尔。这样共情的快乐,应该比郗憎的狼狈所带来的快乐要高出一筹。

让我们再来看另一种逆境之乐。著名画家顾恺之曾经担任殷仲堪的下属,有一次他请了假从荆州回江南老家。按照当时的惯例,顾恺之还没有资格乘坐帆船,他苦苦请求,才获批乘帆船沿长江而下。没想到船行至破冢这个地方时,遇到了大风,船身毁坏严重。在一个地名如此不吉利的地方遭遇了意外,这样的霉运也许会让常人怨天尤人，不过生性好开玩笑的顾恺之在向上级殷仲堪汇报的信里却满是劫后余生的欢乐："地名破冢，真破冢而出。行人安稳，布帆无恙。"(《排调》第56则)破固然是破败之破，也是破土而出之破。把他人眼中的负能量转变成正能量，此时的顾恺之应当是快乐的。

顾恺之的快乐让我们想起了古罗马哲学家塞涅卡（Lucius Annaeus Seneca，也译作塞内加），他认为"哲学的任务是教会我们在愿望碰到现实的顽固之壁时，以最软的方式着陆"。[2] 在塞涅卡看来，我们每一个人在出行之前都充满了期望，默认自己的旅途会一帆风顺，因而当遭遇意外的时候就会特别郁闷。这是一种减法心理，在内心自动把目标设定在了满分档，每一次不如意都会成为减分项。他建议我们要做加法，在心里提醒自己旅途中随时可能出现灾难或意外，而平安到达属于加分项，这样旅途中的幸福感就会不断提升。很显然，顾恺之在说"行人安稳"之时，带着一份真诚的庆幸——灾难固然是不可避免的，但自己能够毫发无伤，这不能不说是一种幸运。顾恺之用加法给自己多舛的旅途平添了一份快乐，这种快乐对今天的我们来说，也同样能够共情。

《世说新语》还给今天的我们准备了大量无法遇到的"快乐"。众所周知，魏晋是一个"乱世"，充斥着战争、杀戮、死亡与离别。在如此的境遇下，焦虑与愤懑似乎才应该是人们正常的情绪。苦中求乐，正是名士的风采所在。生死抉择时的慨然，自然是一种更深层次的快乐。东晋出现了多次叛乱，其中咸和二年（327

年）的苏峻之乱规模不小。话说苏峻带着叛军到了石头城，百官纷纷逃窜，只有侍中钟雅不离皇帝的左右。有人劝钟雅要懂得知难而退，不要坐以待毙。钟雅回答说："别人在国家动荡之时不能匡扶，在君王危难之际不能救援，却为了免于丢掉性命而各自逃跑。我担心的并不是自己的性命，而是害怕自己若是有可耻的行为，会被董狐这样的史官记录下来。"（《方正》第 34 则）

　　叛军压境之时，逃窜的百官与淡定的钟雅谁更快乐？答案应该是不言自明的。钟雅最后被苏峻杀害，但是他坚守自己的信念，做出符合内心的选择，相信他在临死之前也坦然而欢喜。在《世说新语》中，嵇康、裴楷和罗企生等人在生死存亡之际都与钟雅一样举止自若，所谓"求仁得仁"，正是此意。只可惜这种临危不乱的快乐只属于少数人，大部分人会抱头鼠窜。

　　《世说新语》的确给我们留下了很多名士处乱不惊的故事，然而这并不意味着当时人人都有如此的雅量与气度。对于这一层面的快乐，我们可能难以共情——我们完全无法想象自己在这样的处境之下是否也会选择逃命，然而钟雅之乐给我们树立了一种榜样，让我们在敬佩之余，体会到快乐的不同层次。如果你还在为生活的不如意而感到郁闷，那么拉出符箓来的郗愔也许会引得你"扑哧"笑出声来，王导父子也许会让你想起家庭的温暖，顾恺之也许会让你对不顺心一笑了之，而钟雅也许会重新燃起你心中熄灭已久的火焰。当烦恼的我们打开《世说新语》，快乐扑面而来。

二、当我们说到快乐时，说的是什么

当我们说到《世说新语》是一本快乐之书时，并不意味着书中人人皆乐。至少从故事本身来看，不少人不但不快乐，甚至还会生气。王导有一次接待客人的时候安排了女伎表演，在座的蔡谟就"不说（悦）"而去，王导也没有挽留。（《方正》第40则）"不说"二字明确指出了蔡谟的情绪。按照《中庸》的说法，喜怒哀乐都是人所具有的情绪："喜怒哀乐之未发，谓之中；发而皆中节，谓之和。"换言之，除了乐之外，喜、怒和哀也是人人皆有的情绪，圣贤君子和普通人的不同之处在于前者的喜怒哀乐都"发而皆中节"，而后者则可能当喜不喜，当怒不怒，当哀不哀，当乐不乐。以王导和蔡谟的这个故事为例，我们并不知道王导为何安排女伎——事实上名士们对这样的娱乐普遍不感兴趣，但是蔡谟的拂袖而去属于当怒则怒，而王导的并不恼怒也出于内心之自然。学者刘强说："蔡公礼法之士，丞相性情中人。"[3] 二人可谓各自"发而皆中节"。

从这个角度来看，《世说新语》中大部分的名士都是快乐的。我们所说的快乐，并不是"喜怒哀乐"中的乐，而是涵盖了"喜怒哀乐"全部的情感。他们的嬉笑怒骂与悲戚感怀都是内在性情的真实外在体现，因而他们的喜怒哀乐才皆为快乐。或者说，通过真实地展现他们的喜怒哀乐，名士们的内心获得了一种满足感，而这种满足感就是我们所说的快乐。

于是，我们有了关于快乐的两个关键词："真实"与"满足"。

真实与满足都可以在先秦的哲学思想中找到各自的渊源。所谓真实，就是"诚"。《孟子》说："诚者，天之道也；思诚者，人之道也。至诚而不动者，未之有也；不诚，未有能动者也。"（《离娄上》）按照汉代赵岐的解释，发自内心的真诚，可以感动金石；而如果不真诚，则连鸟兽都无法亲近。[4]《世说新语》中的名士之所以能够打动我们，大约正是由于他们的"真实"。蔡谟把"不说"写在脸上拂袖而去而不是坐在那里强颜欢笑，这是对"真实"的最好注解。

至于"满足"，我们千万不要理解成贬义词。此处的满足指的是人内心的自足，也就是先秦思想家所说的"安"。孔子和弟子宰我有一段著名的对话。宰我问孔子，说父母去世守丧三年是不是太久了，孔子问他，要是守丧一年就吃香的穿好的是否心安，宰我说会心安，孔子于是塞了他一句："女（汝）安，则为之。"（《论语·阳货篇》）孔子的这句话看似是同意宰我的选择，说要是你心安就去做吧，实则是对他的反讽——你难道可以真的做到心安吗？有学者将心安解释成心中不忧。对自己的所言所行心中没有疑虑，就会坦荡而自足，也就会拥有快乐。

这样一个内在而自足的精神世界需要人自觉地践行才能够拥有。也许有人会问，那宰我为什么会觉得自己只要守丧一年就能心安呢？其实这正是宰我尚未"自觉"之故。他依然把守丧三年视为一种外在的规则，而没有在生活中体会到孝子在遭遇父母之丧时自然的悲恸之心，因此想挑战既有的礼仪，觉得尽早恢复正常的生活才是"安"。他把孔子所认为的安当作"不安"，而把孔子所认为的"不安"视为"安"。庄子说"圣人安其所安,不安其所不安;众人安其所不安,不安其所安"(《庄子·列御寇》),说的就是这个道理。

"满足"是一种内在的心理状态,而"真实"则是一种外在的展现。一个人知道自己内心是否真的满足,而一个人是否真实则在很大程度上需要他人的评判。因此,快乐是内与外的完美结合。这并不是说一个人只有在他的真实获得他人肯定的情况下才能够获得内心满足;相反,一个人只有在内心满足的情况下才能够让他人感受到他的真实。为了能够达到内心满足的境界,一个人必须首先在与外界的接触和交往中不断提升自己。可以说,快乐是一个由外而内,再由内而外的过程。

三、快乐宝典《世说新语》

《世说新语》的《言语》篇中有一个看起来平平无奇但对我们来说很重要的场面:

> 诸名士共至洛水戏,还,乐令问王夷甫曰:"今日戏,乐乎?"王曰:"裴仆射善谈名理,混混有雅致;张茂先论《史》《汉》,靡靡可听;我与王安丰说延陵、子房,亦超超玄著。"(《言语》第23则)

名士们到洛水边玩耍，回去之后乐广问王衍玩得是否愉快。面对这样简单的问题，王衍的回答非常值得玩味。他没有说快乐也没有说不快乐，而是细数了洛水畔名士们各自清谈的景象：裴颜畅谈了名理，张华说的是《史记》《汉书》，而他自己则与王戎讨论了延陵季子和张良。

于是问题来了，王衍觉得快乐吗？或者说，乐广听了王衍的回答之后知不知道他是快乐还是不快乐？当然，根据王衍的回答我们可以推测王衍是快乐的，前提是王衍爱好清谈，他应该享受了清谈的过程。可是对有些内向而不喜欢社交的人来说，参与了一天的清谈，是不是会觉得疲惫而无趣呢？于是问题又来了，乐广快乐吗？乐广之所以问这个问题，是不是因为他自己感到不快乐呢？如果他也感到快乐，为什么还要问王衍快不快乐呢？

上面近乎绕口令般的一连串问题并非在玩文字游戏。它们暗暗地告诉我们乐广对于快乐的两个假设。第一，快乐是主观而没有统一标准的——同样在洛水之滨玩耍，可能有的人感到快乐而有的人不快乐。若是乐广快乐，王衍也必然快乐，他就没有必要发问；反之亦然。第二，我们是无法知道他人是否快乐的——即使在别人看来王衍谈得口若悬河，他内心也可能并不快乐。

关于快乐，从先秦以来，哲学家就多有阐述，美国汉学家戴梅可（Michael Nylan）将快乐视为中国哲学的一大核心话题。[5]《世说新语》对快乐的关注，当然是对这一传统的继承与发扬。和先秦诸子的著作相比，《世说新语》的独特之处在于没有抽象的说教，而是用一个个看似并不相关的故事片段生动地向我们展现了快乐的过程，留给读者自己去体会。这些故事包含了生活中的方方面面，从而能让读者立体地感受到快乐的多面性和复杂性。故事中有的人还处在由外而内自己逐渐找寻快乐的阶段，而有的人则已经由内而外地让我们领会到他们的快乐。快乐是会传染的，后世的读者在被名士的快乐打动之后，也就会开始有意识地模仿这一过程。也许这就是《世说新语》在一千多年来广为流传的原因所在吧。

宋代的张淏认为《世说新语》所记载的名士之言继承了孔子之风，"足以澡雪滞念，渺视万物，为游息之乐……"[6]张淏的论断明确指出《世说新语》能够通过涤荡我们的灵魂而让我们不再拘泥于琐事，从而给我们的生活带来快乐——无论我们选择动还是静，选择行抑或止，选择出仕或是避世。无独有偶，明代的袁褧在为《世说新语》所写的序言中说："竹林之俦，希慕沂乐；兰亭之集，咏歌尧风；陶荆州之勤敏，谢东山之恬镇；解《庄》《易》，则辅嗣、平叔擅其宗，析梵言，则道林、法深领其乘。"[7]可以看到，在袁褧看来，《世说新语》给他带来的快乐是多元的。和朋友饮酒交心固然是快乐的，处理政事或是探讨哲学同样是快乐的，或者说，生活本身就是快乐的。

用冯友兰的话来说，《世说新语》"这部书可以说是中国的风流宝鉴"[8]。用风流来形容魏晋名士，这似乎已成为一种定式。可是风流一词多少带着一点歧义，容易让人望文生义，误以为指的是男女之间的风流。更为重要的是，风流一词的内涵只能依靠意会，很难用言语准确表达，以至于当我们说起魏晋名士的风流时，总是持无端的仰视视角，以为"真风流底人，必有玄心""必须有洞见""必有深情"。[9]于是名士就成了高高在上的榜样，难怪鲁迅说《世说新语》"可以看做一部名士底教科书"[10]。只是鲁迅所言的逻辑多少有一点不够严谨。对《世说新语》中所记载的名士来说，他们原本就不需要一本教科书，《世说新语》是他们言行的记录而不是指引；而对后世之人来说，《世说新语》也无法成为一本名士的教科书——书中名士的言行是无法模仿的，后世没有再现名士风流的盛况便是明证。如果《世说新语》是一本让后人学习如何成为风流名士的教科书，那么它一定是一本失败的教科书。

在我看来，《世说新语》既不是风流宝鉴也不是名士教科书，我更愿意把《世说新语》称作快乐宝典。我们想要找寻的快乐，在其中都能够找到并有所借鉴。我们并不需要把名士视为榜样，亦步亦趋地模仿他们的言行只会沦落为效颦的东施——毕竟一千多年过去了，社会习俗早已发生改变。和风流相比，快乐不但是一种能够真真切切领会到的状态，而且可以拉近我们和名士之间的距离，甚至从他们的身上看到我们自己。换言之，不是让我们成为名士，而是把名士变成我们。

四、两个关键词：关系与习俗

把名士变成我们，就是把名士当作普通人。这并不是我们牵强附会，而是他们对自己的定位，他们也和我们一样处于各种关系之中。王戎在自己的儿子王绥早逝后悲不自胜，前去看望他的山简劝他说孩子去世何至于此。王戎回答说："圣人忘情，最下不及情；情之所钟，正在我辈。"（《伤逝》第4则）圣人能够忘记情感的束缚，最下等的人则麻木而无法体会情感，王戎所谓的我辈，就是在中间的、重情的普通人。以王戎为例，他会和妻子在灯下数钱，会和好友们在竹林纵酒，可以为爱子的去世而悲痛不已，会在父亲去世时拒绝他人的馈赠，可以七岁时就在魏明帝面前闻虎啸而面不改色，会对王衍等同僚做出公允的评价，也会由于母丧而瘦得不成人形……各种人伦关系为一个具体的王戎下了多面的定义：他是父亲，是儿子，是臣子，是朋友，是同僚……他不是一个孤立的个体，而是社会关系中的一环。他要快乐，就必须扮演好每一个角色，恰如每一个普通人——我们不快乐的根源之一正是无法处理好与他人的关系。可以说，关系是我们理解《世说新语》中名士快乐的第一个关键词。

按照我们先前所说的快乐的标准，王戎无疑是快乐的。不同的社会角色给他带来的喜怒哀乐等各种情绪，他都能够按照自己的内心所想，在真实地向世人展现之时，获得一份内心的满足。王戎并不是独自在社会关系中追寻快乐。事实上，《世说新语》中的大多数名士都会在不同的社会关系之中找到快乐。有学者认为魏晋是一个个性觉醒的时期，似乎名士的快乐建立在对社会的反抗之上，这不得不说是一种误解。恰恰相反，他们的快乐来自于和他人的交往中。按照《礼记》所说，社会中有七教，也就是七种主要的关系：父子、兄弟、夫妇、君臣、长幼、朋友、宾客。(《礼记·王制》)《世说新语》所讲述的故事完美地涵盖了这七种关系：陈纪与父亲，周颢与兄弟，王戎与妻子，简文帝与臣子、谢安与晚辈、阮籍与朋友以及殷浩与宾客……名士们在这些关系之中不断切换自己的角色，用自己的言行来践行快乐。

有美国学者指出《世说新语》中的故事都贯穿着"关系"。[11] 如果说刘义庆在编撰《世说新语》时心中有一个内在的结构，那么人际关系至少是这个结构中的重要一环，书中故事所记载的言行在很大程度上都是对人际关系的回应。让我们来看一个相对不那么著名的场面：

> 晋武帝每饷山涛恒少。谢太傅以问子弟，车骑答曰："当由欲者不多，而使与者忘少。"(《言语》第78则）

这则短短的故事包含了多重关系。首先是君臣——晋武帝给山涛的赏赐总是很少；其次是长幼——谢安借西晋之事来考察和教育晚辈，问他们晋武帝为何这么做，让他们明白立身处世的道理；再次是兄弟——谢玄在堂兄弟之间脱颖而出，回答说是由于山涛的要求不多；最后是宾客——这一层也许略微隐蔽。当我们说宾客时，并不是指请客吃饭。魏晋时宾客上门清谈，很多时候就是比朋友要疏远一层的同僚。在这里谢安和谢玄谈论山涛，其实就是把他看作和他们一样与君王交往的前辈同僚。因此，谢玄所言不仅是对叔叔之问的回答，同样是对君臣关系应当如何相处的阐述，也是对前辈大臣品行的品评，并且让身边的兄弟们明白自己的立场。站在今天的角度来看，一个不熟悉山涛的读者也许会感到不解：为什么山涛的要求会比别的大臣少？为什么谢安要用山涛来提点子侄？不过，对东晋的谢安以及他的子侄来说，一个事实是不言自明的：山涛不但官做得很好，而且能够在乱世之中安享晚年得以善终。山涛的快乐也许正是源于他的要求不多？那么，谢家的子弟们应该怎么做呢？

被袁裘称颂的谢安同样在复杂的人际关系中身兼多重角色。谢安之问的微妙之处在于，他并没有让子侄抽象地去体会山涛的境界，而是从具体的君臣关系出发，让他们把山涛看作一个同僚、一位宾客，去感受山涛的快乐。在这一点上，我们可以向谢安学习，以"关系"为出发点来理解名士们的快乐。

除了关系之外，我们还有另一个关键词：习俗。习俗和关系是密不可分的。用英国历史学家E. P. 汤普森（E. P. Thompson）的话来说，习俗就是共有的习惯。当然，汤普森在谈论共有的习惯时，关注的是18世纪英国的平民文化。在他看来，当时英国的平民文化和贵族文化之间存在着一条鸿沟。简单来说，18世纪英国的平民过着和贵族完全不同的生活，也就会有完全不同的观念，有自己的生活习惯。比如说"卖妻"的行为，在贵族看来耸人听闻，可是在平民中却甚是流行。汤普森同样指出，单纯地讨论平民所具有的习惯会显得空洞，因而他希望更为具体地讨论这一观念，"不再处于'意义、态度和价值'的空中楼阁，而是处在一种社会关系和权力关系的具体均衡中"。[12]

我们所说的习俗自然不是平民文化——毕竟名士们大多属于当时的贵族阶层。不过当我们在说习俗时,也同样会强调一条鸿沟。这是一条存在于哲学理论和哲学实践之间的鸿沟。如前所述,《礼记》指出了七种人际关系,并且也为各种关系应当如何相处做出了相应的规定。若将《世说新语》中的名士言行和《礼记》的规定做比较,就会发现其间存在着相当的差异,这就是我们所说的鸿沟。这并不是指名士们以"反抗"礼教为乐,至少在两晋,礼教的地位还是毋庸置疑的。问题在于即使在尊重礼教的情况下,他们的言行还是会在一定程度上偏离礼教,但这样的偏离又是大家所允许的。究竟可以偏离到什么程度?名士们对此似乎有一个默认的共识,这就是我们所说的习俗,也就是在现实实践中的尺度。

让我们再看一则关于王戎的故事:

> 裴成公妇,王戎女。王戎晨往裴许,不通径前。裴从床南下,女从北下,相对作宾主,了无异色。(《任诞》第14则)

这个故事充满了各种关系,既有夫妻,又有父女,还有翁婿与宾主。王戎去找裴頠(裴成公),究竟是找女婿还是同僚,抑或兼而有之?很显然,即使在今天,父亲大清早跑到女婿家中,直扑女儿的卧室找女婿,也不免有些无礼,容易造成尴尬。王戎此举当然是不符合礼数的,不过却符合当时的习俗。无论是夫妻、父女、翁婿还是宾主都"了无异色",这表明他们不但接受这样的行为,而且习以为常。这就是习俗和礼教之间的差异。

我们大可不必把王戎看似怪诞的行为看作对当时社会的反抗。所谓怪诞,是对于礼教的理论而言的。他的行为并没有脱离习俗,而习俗则是怪诞行为的底线。一个社会的哲学思想和社会习俗之间必然存在差异。这种约定俗成的习俗虽然没有明文规定,但是在当时的社会生活中发挥着实际的作用。我们也无须过分强调习俗和礼教之间的区别。直奔女儿卧室的王戎并没有喧宾夺主,而是保持了必需的礼仪,和裴頠"相对作宾主"。可见习俗尽管偏离了礼教的规定,但也依然不离礼教的精髓——保证人与人之间和谐相处,从而让人获得快乐。

第一章　互相成就的君臣

如果说《世说新语》是一座快乐的"宝山",那么我们发现快乐宝藏之旅从君臣关系开始。这是一种对 21 世纪的读者来说陌生而神秘的关系,陌生是由于在我们的生活中已然不存在君臣,神秘则在相当程度上源于陌生,由于陌生而对君臣关系充满了各种猜想与成见。诸如"君要臣死,臣不得不死"之类观念的流行让大家觉得君臣关系充满了恐怖色彩,与快乐二字似乎完全不沾边。正因如此,君臣关系才是我们进入"宝山"的最佳入口——要是我们在君臣关系中都能发现快乐,那么其他的关系自是无往而不利了。从君臣关系入手,于是就有一点"擒贼先擒王"的意思。

你说"艾艾",到底有几个艾?

让我们先来看一则司马昭和邓艾之间的故事。大将邓艾有口吃的毛病,在人前自称"艾"时由于口吃就会连着说"艾艾",

司马昭和他开玩笑说:"你说'艾艾',到底有几个艾?"邓艾回答说:"'凤兮凤兮',本来就只有一个凤。"(《言语》第 17 则)

虽然司马昭生前并没有成为皇帝,但是作为晋朝的奠基者,他的实际地位与君王无异,既然《世说新语》称其为司马昭,我们从广义的角度出发把他视为君王也应无不恰当之处。一般来说,大家会觉得这个故事展现的是邓艾口拙而心慧,口吃完全不影响他在言语上的造诣。他非常熟练地用《论语》中的典故回应了司马昭的玩笑。《论语·微子》中楚国的狂人接舆走过孔子的车子时唱道:"凤兮凤兮!何德之衰?往者不可谏,来者犹可追。已而,已而!今之从政者殆而!"按照皇侃的解释,接舆的歌一方面赞扬了孔子之德,一方面也表明当时是一个乱世,作为凤鸟的孔子没有也无法遇到圣君。[1] 鉴于《论语》在两汉以来的地位,邓艾和司马昭应该都熟悉"凤兮凤兮"的含义,因此邓艾的回答所展现的绝对不只是他机敏的口才,更是他对当时政局的大胆批评,批评曹魏的政权已然病入膏肓。

那么,邓艾暗讽的究竟是谁?是曹魏政权还是实际的统治者司马昭?如果是前者,邓艾所言恰恰是对司马昭的效忠,正是因为政局动荡,才呼唤圣君的出现,而司马昭就是潜在的圣君人选;如果是后者,那么也有两个可能性:邓艾知道自己可能会有危险,或是邓艾知道这么说也并无问题。刘义庆的叙述并没有给我们明确的答案,但给读者的第一印象是邓艾在回答的时候气氛并不紧张,不但不紧张,甚至还会让人莞尔,因此大概率邓艾知道自己这么说并不会带来直接的危险。如果两个人能够在对话的时候让对方笑出来，那么表明两者之间的互动是安全的。不仅如此，玩笑能够在相当程度上减弱彼此之间地位的差异，削弱社会地位较高一方对另一方的控制力。[2]值得注意的是，在这则故事中，首先开玩笑的一方是司马昭，是他主动用玩笑来淡化他和邓艾之间的地位差别，才有邓艾大胆而精彩的回复。

司马昭和邓艾之间的对话微妙地向读者展现了他们对君臣关系的理解。这是一种充满弹性的关系，而玩笑则是这种关系中的润滑剂。身居高位的司马昭有时候愿意用开玩笑的方式来缩短和臣子之间的距离，而臣子们也可以利用这个机会适当地调侃对方，从而重新定义君臣的相处模式。

按照《礼记·王制》的说法"天尊地卑，君臣定矣"，君臣之间有着固定不变的尊卑之分。对于君王的言语，《礼记·缁衣》也有着严格的规定："王言如丝，其出如纶……故大人不倡游言……言必虑其所终。"任何细小的话，只要出自君王之口，都会产生巨大的影响，因而君王不应当说浮夸的话。既然不能说"游言"，那么开玩笑的戏言自然也应当被禁止，否则就可能造成严重的后果。中国历史上著名的故事"桐叶封弟"，说的就是这个道理。叔虞为周成王的胞弟，一天，叔虞与成王玩耍，年纪尚幼的成王把一片桐叶剪成玉圭的形状，对叔虞说要封赐给他。身为摄政王的周公旦听说这件事，提醒周成王应当言出必行，作为君王无戏言；于是周成王把唐作为封地封赐给了叔虞。

司马昭的玩笑和周成王的戏言虽然性质有所差异，但是从《礼记》的要求看来，两者同样应该被禁止。司马昭对臣子的调侃很容易让人觉得没有受到应有的尊重，从而影响君臣之间的关系——除非这样的调侃在当时被大家所认可，而臣子们也并不觉得这是一种羞辱。事实可能正是如此。从《世说新语》的记载来看，名士之间的相互调侃是最常见的交流方式，不少君王在尚未手握大权之前和名士们打成一片，彼此间互说戏言早就成了一种习惯。因而君王对臣子的玩笑，在很大程度上恰恰是对当时习俗的尊重。正如英国社会学家哈丽雅特·马蒂诺（W. H. Martineau）的理论所述，玩笑可以成为融合不同社会群体的工具。[3] 君王在主动放低自己姿态的情况下，用玩笑消解了他和臣子之间的等级差异，从而宣告自己是名士中的一员。有学者习惯性地用两分法把《世说新语》中的君王和名士分成两个阵营，认为君王对名士所作的善意行为是为了笼络人心，这不得不说是一种成见。[4] 站在作者刘义庆的角度，君王也好，臣子也好，都是他笔下的名士，他们原本就属于同一个群体，其中诸如简文帝这样的君王更是在即位之前交游甚广，堪称名士的代表人物之一。君王们也同样受名士习俗的熏陶，他们的言行举止也相应地以名士习俗为依归。

《排调》第 2 则充分体现了司马昭的身份：他就是名士中的一员。司马昭和陈骞、陈泰一起乘车，路过钟会家时喊他一起同车出行，然后故意立刻驾车就走，等钟会出来的时候车已远去。等到钟会自己赶到后，司马昭嘲弄他说："既然与别人相约同行，为何这么慢呢？看着你'遥遥不至'。"钟会回答说："矫然懿实，何必同群？"司马昭接着问："皋繇是怎样的人？"钟会回答说："他上不及尧舜，下不如周公、孔子，不过也是一代懿士。"

在这个故事中，刘义庆的叙述可谓微妙。他一方面反复称司马昭为司马昭，而另一方面则让司马昭与其他名士彻底地融为一体。他们一起坐车，互相嘲弄，不分尊卑。在这里主动搞恶作剧的又是司马昭，他用谐音来调侃钟会——钟会的父亲叫作钟繇。钟会的反击也在司马昭和我们的意料之中：他以其人之道还治其人之身，司马昭的父亲叫作司马懿，而二陈（陈骞、陈泰）的父亲名为陈群。司马昭用玩笑拉近了和众人的距离，让我们觉得他就是名士中的一员。

如果我们把司马昭视为一位"普通"的名士，而不是一位手握大权的人，那么他对邓艾的玩笑就变得极为平常。在司马昭和邓艾的对话中，习俗是君臣关系的主导，司马昭在开玩笑之前就预料到——或者说期待着——邓艾的精彩回答，恰如他和钟会的互相嘲讽一样。这样一来一往玩笑式的对话正是当时的习俗，君臣之间也不例外。要是被开玩笑的一方心怀愤懑，或是主动开玩笑的一方在被对方还击之后恼羞成怒，那就违反了默认的习俗。当我们把《世说新语》中的君臣关系界定为名士关系中的一种后，玩笑也就自然成了君臣之间的润滑剂。

我就好像吴牛，看见月亮也要气喘

司马昭的儿子晋武帝司马炎也一样会开大臣的玩笑。名士满奋怕风，有一次他和晋武帝坐在一起，恰好北窗上是玻璃屏风，实际上很是严密，可看上去像是透风的。满奋的脸上就有了为难的神色——不坐不礼貌，坐着又怕风吹来。晋武帝就笑话他，于是满奋说："我就好像吴牛，看见月亮也要气喘。"（《言语》第20则）

"吴牛"的典故见于东汉应劭的《风俗通义·佚文》。吴地的水牛苦于烈日带来的酷热，以至于看见月亮都以为是太阳，条件反射地要气喘吁吁。对我们来说，这则故事的亮点不仅仅在于满奋回应的精彩程度，更在于君臣之间的相处方式。要理解晋武帝和满奋的关系，关键在于"北窗"一词。原来，朝堂之上是没有北窗的，后室才会出现北窗，古人多用"北窗高卧"等意象来指代生活清闲时的淡适逸致。[5] 也就是说，晋武帝和满奋的交流是在非正式的场合下进行的，这本身已经证明了两人之间的关系比较亲近。

尤其值得注意的是，当满奋一脸尴尬时，晋武帝分明了解他的弱点所在，由此可见君臣之间的熟悉。或者说，刘义庆的只言片语让我们感到晋武帝和满奋的关系非同一般，而类似的玩笑方式在《世说新语》的名士之间可谓屡见不鲜。如果我们无视晋武帝这个称号，那么两人所开的玩笑和普通名士之间开的玩笑并无本质的区别。这绝不是要否认他们之间存在地位的差异，但可以肯定的是，他们的尊卑之分在玩笑中得到了极大的淡化。我们可以清楚地看到，晋武帝开满奋玩笑的模式和司马昭开邓艾玩笑的方式如出一辙，晋武帝同样是主动用玩笑来拉近君臣之间的距离，让自己没有违和感地跻身名士之列。和邓艾一样，被开玩笑的满奋也并不觉得受到了伤害，同样从容作答。

这样的君臣关系让人感到快乐吗？我们还记得快乐的两个要素：真实与满足。从君王的视角来看，他们可以在某些场合通过玩笑像朋友一样和臣子相处，这对于他们而言无疑是一种难得的满足。无论是儒家还是道家，都主张在君王和臣子之间划一条清楚的界限。对儒道两家来说，理想的君王均为圣人，无论是用礼法还是无为，他们都肩负着引领百姓的重任。[6]这意味着就哲学理论而言君王的境界要高于绝大多数人，而就社会关系来说他们是无法拥有朋友的孤立存在，"有朋自远方来"的快乐与君王是绝缘的。把自己视为一个名士，固然会影响君王的威严，却可能给他们带来朋友，即使朋友的数量有限，也多少能够让君王找到一份慰藉。

《方正》第10则的故事讲的正是晋武帝渴望朋友而不得的无奈。晋武帝的旧时好友诸葛靓由于和司马家有杀父之仇而拒绝做官。作为老朋友的晋武帝想见他也找不到理由，就只好让诸葛靓的姐姐诸葛太妃召他进宫。诸葛靓来了之后，武帝到太妃那里去见他。诸葛靓为了避免见面，甚至逃到了厕所，最终还是被武帝发现。武帝问："你还记得我们儿时的情谊吗？"诸葛靓说："我不能像豫让那样吞炭漆身，刺杀仇人，今天只能不得不再一次看到圣上的容颜。"说完诸葛靓泪流满面，武帝又是惭愧又是悔恨，只能无言离开。

刘孝标的注解告诉我们，诸葛靓由于坚拒晋武帝而获得了"至孝"之名，对诸葛靓来说也是终于获得一份心安。在诸葛靓的映衬下，晋武帝显得很是真诚而可怜。他真心地想见老朋友一面，希望能够重叙旧情，和好如初，可想尽办法依然无能为力。诸葛靓的父亲诸葛诞叛变后因司马昭平叛而身死，作为儿子的武帝就注定无法政权与友情兼得。[7]在这一幕中，司马炎对友情的真诚一览无遗，他的惭悔而出让我们感到了他的无奈。司马炎由于父辈的仇隙失去了挚友，而作为君王的他竟然对此无能为力。

我们看到，诸葛靓有意识地指出了他和司马炎之间阶层的差异，他用"圣颜"一词提醒司马炎他们不再是朋友——一个是圣上，而另一个是臣子。有学者认为"圣颜"是"谀词"，这也许是一种误读。[8]诸葛靓恨意满满，完全没有奉承晋武帝之心，"圣颜"一词恰恰充满了嘲讽——就算你今天贵为圣上，我还是不愿意再做你的朋友。或许当我们感受到司马炎的无奈后，才能够更好地理解他对满奋开玩笑时的快乐吧。

从现代心理学来说，友情对人的情绪非常重要，尤其是当人遇到压力或挫折的时候，友情拥有巨大的治愈力。[9]若是君臣关系尊卑截然两分，压力巨大的君王在缺乏友情的情况下就会变得很无助，因而他们的内心也就分外渴望友情。英国哲学家培根（Francis Bacon）说过："友谊底主要效用之一就在使人心中的愤懑抑郁之气得以宣泄弛放……许多伟大的人主帝王对于我们所说的友谊底效用之重视在我们看起来实为可异……盖为人君者，由于他们与臣民之间地位上的距离的缘故，是不能享受友谊的。"[10]如果我们接受培根的论断，那么当君王向臣子主动开玩笑时，就绝不能简单地将其理解成居高临下的戏弄，而在很大程度上可能是用玩笑来暂时掩盖自己的君王身份，把自己非君王的那一面真实地展现出来，从而作为名士的一员和别的名士一起"乐其俗"。在一定程度上，玩笑使君臣关系转化成了朋友关系。作为被开玩笑的一方，满奋也好，邓艾也好，都把君王的玩笑看成是名士间的普通"斗嘴"，他们不卑不亢地按照名士间的习俗见招拆招，做出了精彩的回应。

想和司马睿交个朋友

　　君王开玩笑的风气从西晋传到了东晋。晋元帝司马睿的皇子出世，大臣殷羡谢恩说："皇子诞生，普天同庆。臣对此毫无功劳，却获得了重赏。"晋元帝一听笑着回答："这件事怎么能让你有功劳呢！"（《排调》第11则）虽然是殷羡先开口，晋元帝作答，但是主动开玩笑的还是君王一方——在刘义庆的笔下，君臣之间主动开玩笑的都是君王。这并不难理解，毕竟尊卑之分是切实存在的，即使是受宠的臣子也不会主动消除君臣之间的距离，否则就有犯上的嫌疑。晋元帝的这个玩笑很接地气，即使在今天也能引得大家一乐。这样的"俗"玩笑表明晋元帝完全懂得普通人的笑点，他也用这样的玩笑告诉大家，此刻的他并不是一个高高在上的君王，而是和大家一样，是一个父亲、一个男人、一个名士。

　　这并不意味着历史上的司马昭、司马炎或是司马睿一定渴望友情，是刘义庆的记述让读者感受到了他们对友情的真心渴望。君王通过主动开玩笑所获得的满足感可谓跃然纸上，连读者都忍不住想和司马睿交个朋友，真诚地向他道个喜。或者我们可以说，作为作者的刘义庆能够体会到君王的这份心情，并且希望通过他的叙述让后世的读者领会到君王和其他名士之间并无严格的界限，他们同样渴望在当时的习俗中找到纯粹的快乐。

通常认为魏晋的统治者用礼教治天下，礼教成为束缚人们的工具，所以才有了名士的反抗，[11]而君王主动的玩笑似乎在告诉我们，礼教固然对于维护社会稳定有着不可否认的功能，但是也许在某些时候想要反抗礼教的还包括他们自己。韦政通指出曹操就喜欢"公然向传统挑战"，[12]《世说新语》中有一则关于曹操年轻时的故事非常生动地展现了曹操爱开玩笑的性格：曹操年轻时，曾经和袁绍一起好为游侠。有一次两人去看别人结婚，偷偷潜入主人家的花园中，夜里大叫有贼，等到大家都来抓贼时，曹操进去用刀劫持了新娘。事后曹操和袁绍溜了出去，结果因迷路掉到了灌木丛中，袁绍动弹不得。曹操再次大叫："偷儿在此！"袁绍一惊慌，竟然自己跳了出来，两人才没有被抓。（《假谲》第1则）这样顽皮的一个年轻人，很难想象在大权在握之后就会完全失去搞恶作剧的念头。和年轻时的曹操一样，很多君王从小就浸淫在名士圈中，对汉朝固化的君臣关系抱有不满，年轻时的曹操的确是《世说新语》中诸位君王的缩影——尽管他和司马昭一样名义上并没有称帝。

我们看一看《晋书》中对晋武帝的描写，就能够真切体会到礼教对君王的约束。《晋书》中先是夸赞武帝胸怀宏大、为人忠厚，能容纳直言，对人态度庄重，表里如一等，然后话锋一转，指责他平定了吴国之后就怠于政事，沉湎于游宴。换言之，在礼教的严格要求下，君王是没有资格像常人一样放松玩耍的，不然则将招致千秋恶名。喜欢和臣子开玩笑的君王自然是不够庄重的，甚至还有宠溺幸臣的嫌疑。《世说新语》显然没有《晋书》的条条框框，刘义庆放弃了自己对其中人物的评价权利，直接让读者自己面对其简洁文字所勾勒出的君王，自行判断他们的行为是否不合时宜。

我们对他们的判断基于我们的君王观：我们究竟是要求君王成为完美的存在，还是把他们看作一个普通人。如果我们笃信儒家的教诲，那么君王就应该如同圣人一般，他们的缺点也就变得不可原谅；而在 21 世纪的今天，大部分读者应该会接受君王首先是个普通人。他们由于各种各样的原因成为君王，但他们中的绝大多数都不会是圣人，既然如此，我们又何必用最高等级的标准来苛求他们？有趣的是，远在南朝的刘义庆似乎也早已有了这样的态度。那些主动开玩笑的君王就好像丧子后不守礼数、尽情痛哭的王戎一样，主动放弃了成为完美无缺的圣贤之君的可能，而愿意像其他普通名士一样在"俗"中找寻一份快乐。刘义庆不含褒贬的叙述意味着他张开了自己的怀抱，将君王纳入了名士群体之中，让他们在名士的习俗之中尽可能地展现一个真实的自己。

刘义庆的态度影响深远。在很长一段时期内，阅读《世说新语》的后世读者绝大部分在现实生活中是君王之下的臣子，这些读者能够接受君王所开的玩笑，意味着他们和刘义庆一样将君王纳入了名士群体，从而使君王不再是高高在上的存在，而是成了读者中的普通一员。于是我们不用盲目为他们歌功颂德，也不用对他们的缺点报以冷眼，竞相指责，而是可以用平等的视角和他们展开隔空的对话与交流，分享彼此的喜怒哀乐。这也就难怪有人把《世说新语》当作一座宝山，而有人却会痛斥《世说新语》的危害了，对竭力维护等级差异的人来说，这的确不啻洪水猛兽。

义形于色的陈群

《世说新语》中所描述的君臣之乐不仅让君王重新获得了与朋友交往的满足感，更是让臣子找到了展现自己德行与个性的绝佳参照物。一方面，君王融入名士之中让臣子更有机会大胆地展现自己；另一方面，君王高人一等的客观地位使臣子个性的展现对读者来说具有更强的冲击力。《方正》第3则可以说颇具代表性：

> 魏文帝受禅，陈群有戚容。帝问曰："朕应天受命，卿何以不乐？"群曰："臣与华歆，服膺先朝，今虽欣圣化，犹义形于色。"

陈群忧愁的面容若不是摆在魏文帝的面前，而是展现在寻常的同僚眼前，那么他的正直感显然是要大打折扣了。毕竟在同僚面前愁眉苦脸地缅怀一下前朝，没有那么大的危险，而在新登基的曹丕面前如此，引得龙颜大怒的话，后果就会不堪设想。然而，名士化了的君王自然会遵守名士间的习俗，曹丕一定会向陈群问个清楚，从而给了陈群解释的机会，也就更加彰显他的"义"。

曹丕和陈群之间的对话非常微妙。曹丕问陈群，自己顺应天命而做了皇上，你为何不乐？曹丕的逻辑是君王的快乐应该也是臣子的快乐，说起来有着"君为臣纲"之意，而"应天受命"一词，多少让我们想到了庄子顺应自然之乐。陈群的回答并没有否认君王之乐和臣子之乐的一致性，恰恰由于君臣之乐的一致性，陈群才会随着汉献帝的禅让而悲戚。借用了曹丕的逻辑的陈群让曹丕无处发力，"义形于色"一词则更是将自己的戚等同于义，他一脸的忧愁于是便成了一脸的正义，让我们一下子就想到孔子的话：

子曰："饭疏食饮水，曲肱而枕之，乐亦在其中矣。不义而富且贵，于我如浮云。"（《论语·述而》）

孔子的快乐与义紧密相关，他不愿意在"不义"的情况下富且贵。陈群的脸上所自然浮现的"义"，也就是他快乐的象征。可以看到，当曹丕问陈群为何不乐的时候，陈群并没有承认自己不乐，而是以迂回的回答委婉回应。当他可以把对前朝的情感真实而自然地写在脸上，内心坦然地回答新君时，陈群究竟快不快乐？能否从陈群的苦脸中发现快乐，大约取决于读者究竟是不是站在曹丕的立场吧。

能够理解陈群之乐的读者自然明白魏文帝的存在对于陈群的重要性。没有了和曹丕的君臣关系，陈群就失去了"义形于色"的机会，也就无法体会到在朝代更迭之际作为臣子的心情。曹丕的存在让陈群找到了自己内心深处的坚持与现实之间的平衡。他无法为前朝而赴死，内心必然有所纠结，曹丕之问让他有机会表达自己对礼教的向往，而又不影响他的现实生活。这也是一种名教与现实结合的体现方式吧。

最有趣的是，陈群的回答还让华歆无故"躺枪"。故事中并没有提到华歆的表情，既然曹丕只是问陈群为何愁眉苦脸，那么我们默认遵守礼数的华歆并没有脸露戚容，因而陈群的潜台词是在指责华歆不念旧主之情。这样的暗枪在展现自己格调的同时，顺手打压了一下别人，虽然不够高尚，却也分外真实。刘义庆时时让读者记住，"义形于色"的陈群也不是一个完美之人，"与华歆"三个字在整个故事中看似突兀而多余，事实上却非常重要。

华歆在汉献帝禅让过程中究竟扮演了什么角色，史学家之间还有所争议，不过就《世说新语》的叙述来说，陈群、华歆有着相同的处境，而面露愁容的只有陈群，陈群强调了二人之间的同与不同，从而显示了自己"义"的独特性。虽然某些站在道德高度的后人对刘义庆笔下的陈群有所非议，例如明清之际的毛先舒就认为华歆固然是乱贼，而"陈群父祖世为汉臣"，在曹丕篡位后靠着满脸愁容就获得了"方正"之名未免可笑，[13]宋代的赵秉文甚至认为"若以《春秋》之法绳之"，陈群属于乱臣贼子，[14]但是如果我们置身于当时的情况之中，就会发现陈群的言行已属不易。

义形于色的陈群让我们看到了君臣关系制衡的一面。他的愁容与回答在实践上否定了"君为臣纲"的普遍性——作为臣子的陈群不需要复制曹丕的快乐。这并没有推翻君臣之间的尊卑之分，而是告诉我们在尊卑之分的基础上，臣子有着相当程度的主动性。运用这种主动性在君臣关系中找到快乐，而不是成为君王的应声虫，是当时不少臣子所遵循的习俗。

我的罪还不至于此

东晋的晋明帝司马绍有一次与群臣宴饮，在半醉半醒之时说："今天名臣聚集，和尧舜之时相比怎么样？"当时担任仆射的周𫖮厉声说："即使今上一样身为人主，可怎么能等同于圣治呢？"明帝大怒，写了一份诏书，命令廷尉收捕周𫖮，还想把他杀了。过了几天，明帝下诏释放了周𫖮。群臣前去看望他，周𫖮说："我早就知道死不了，我的罪还不至于此。"（《方正》第30则）

周𫖮的判断是帮助我们理解君臣关系的重要依据。"罪不足至此"表明君王并没有随意杀戮臣子的权力,臣子所做的一切会受到何等惩罚至少在一定程度上需要以"罪"为依归。《礼记·王制》告诉我们古代四种必杀之罪:"析言破律,乱名改作,执左道以乱政,杀。作淫声、异服、奇技、奇器,以疑众,杀。行伪而坚,言伪而辩,学非而博,顺非而泽,以疑众,杀。假于鬼神、时日、卜筮,以疑众,杀。此四诛者,不以听。"和秦汉相比,魏晋的法令日益完备,晋代所颁布的《泰始律》可谓中国古代法律思想史上"引礼入律"的典型代表,堪称中国古代社会第一部较为典型的儒家化法典。[15]在律令的管理之下,君王不能仅凭自己的好恶决定大臣的生死。周顗的"厉声"劝诫固然展现了他作为忠臣敢于直言的一面,却也离不开以礼法为依归的君臣关系。若是君王独自掌握着绝对的生杀大权,周顗还会不会选择厉声进谏呢?

以礼法为依归的君臣关系让君王手中没有绝对的权力,也为大臣"挑战"君王提供了作为参照的底线。把周顗和陈群合在一起,就可以发现臣子们在君臣关系中找到快乐的两大要素:一是罪不至死,二是义形于色。在罪不至死的前提下义形于色,于是一方面他们可以真实地表达自己内心所想,另一方面在大部分情况下又不至于丢了性命。因此,他们的内心从两方面来说都处于"安"的状态:尽情地展现内心是一种心安,不用担心性命是另一种心安。更重要的是,当大臣审时度势地向君王表述自己真实的想法时,看上去高高在上的君王宛如一个受到批评的"学生",尊卑的关系在此刻发生了有趣的调转。周顗可以公开地给晋明帝当头一棒，打破他成为圣贤之君的美梦，拒绝接受他的醉言，而晋明帝对此也无可奈何，只能施以小惩，在这一瞬间周𫖮应当是快乐的。

也许有人会问，既然周𫖮能获得快乐，那么别的大臣为什么不敢大胆开口呢？快乐是有一定代价的，周𫖮至少被抓进去了几天；要是得罪了不明事理的皇上，可能就会丢官失去宠幸。周𫖮选择属于自己的快乐时，当然明白这么做的后果，但并不是每一个人都会乐在其中。这样的快乐属于在君臣关系中主动寻找快乐之人。在臣子具有（以一定的代价）拒绝或是驳斥君王的权利之后，就可以在君臣关系中用自己的选择来实现快乐的主动性，而这样的主动性并非人人皆有。这便形成了习俗中的吊诡性：一方面大家会夸赞主动在君臣关系中寻找快乐的名士；另一方面这种被大家夸赞的行为并不普遍，或者说，正是由于不普遍才会受到大家的夸赞。

那么，像周𫖮这样直斥君王的行为到底是被大家接受，还是没有被大家接受呢？当我们说到习俗的普遍性时，需要在普遍赞誉和普遍实践之间做区分。有些人的行为会得到大家的普遍赞扬，大家把他们视为英雄，但是并不会复制他们的行为；相反，有的行为则会得到广泛的实践，但由于人人都能做到，也就不会得到大家的赞扬。主动在君臣关系中寻找快乐的习俗，大约是属于前者，他们会获得普遍的赞誉，但是并不会人人效仿，而效仿与否在很大程度上取决于名士的胆识。那些赞扬而不敢效仿周𫖮的臣子，可视作无胆无识之人。

敢于对皇帝说不的山涛父子

　　胆识不如别人的人，相对而言在君臣关系中能够主动拥有的快乐也就不如别人来得多，甚至还会对别人的选择产生错误的判断。《方正》第15则记下了这样一个故事，有一次山涛的大儿子头戴便帽倚靠在车里，晋武帝想要见他，山涛不敢推辞，就问儿子的意思，儿子不肯去。当时的舆论认为儿子胜过父亲。

　　这则故事的亮点在于君臣与父子双重尊卑关系的结合。父子关系正是君臣关系的缩影。按照"君为臣纲""父为子纲"的成见，君王和父亲对于大臣和子女有着绝对的权威，但在这则故事中，晋武帝尊重山涛父子的意见，山涛尊重自己儿子的意见，看似在等级关系最底端的山涛儿子不但拒绝了父亲，更拒绝了皇上。在当时，大家认为山涛的儿子胜过山涛，必然是因为儿子敢于对皇上说"不"，而山涛不敢。问题是，山涛固然不敢，那些夸赞山涛儿子的人自己究竟敢不敢呢？答案恐怕也是"不"吧。

　　虽然当时的舆论认为儿子胜过了山涛，但这并不一定代表刘义庆的观点，作为读者的我们也可以有自己的解读。那些当时如此评价山涛父子差异的人，应该是只会赞扬而不会实践的无胆无识之人。如果他们有胆有识，就应该知道这则故事中的关键正是在于山涛。

　　山涛是君臣父子双重关系中的枢纽：他既处于卑的一方，又处于尊的一方。他的"不敢辞"，既是对晋武帝的不敢，也是对儿子的不敢。所谓的不敢，不是胆小，而是对习俗的尊重。面对晋武帝，山涛没有选择直接推辞，而是看似把球踢给了儿子，事实上他已经拒绝了晋武帝，如果他对晋武帝有着绝对的服从，不敢对晋武帝说"不"，那么他根本就不需要也不可能去问儿子，而是会忙不迭地直接应承。

同样，既然晋武帝都不会强行要臣子服从，那么山涛作为父亲也保持着对儿子的尊重，因而他必须要问儿子，让儿子自己选择见或不见。换言之，山涛的儿子之所以能够拥有拒绝的权利，正是有赖于山涛对当时君臣父子之间习俗的理解。如果山涛直接替儿子推辞了，那么就剥夺了儿子选择的权利，从而违反了当时的习俗，可能这才是山涛"不敢辞"的原因。因此山涛的选择，让看热闹的人觉得缺乏了胆量，殊不知有"识"的山涛不需要通过看似大胆的行为就可以找到君臣（与父子）关系的平衡点，从而获得属于自己的一份快乐，而大胆的角色就让给自己的儿子来扮演吧。

一个有趣的事实是，在《世说新语》中说不见皇上的是山涛的大儿子，而《晋书》中说是山涛的三儿子。有的学者为此质疑《世说新语》的真实性，[16]事实上，这难道不是恰恰说明，在这个故事中儿子只是山涛的陪衬吗？说哪一个儿子并不重要，重要的是山涛没有答应皇上，并且让自己的儿子享受了说"不"的权利，而赞扬山涛儿子的那些人，还停留在只会欣赏"胆"的程度，他们会想当然地认为胆比识更重要，以为拒绝或是挑战君王靠的是一个人的胆量。

我今天才知道不如王导啊！

刘义庆告诉我们，其实识比胆更重要，就算是有胆量的周颢也会由于无"识"而错过快乐。我们来看一看周颢与好友、丞相王导之间的胆识比拼。晋元帝司马睿登基后，因为宠爱郑后，想要废掉明帝的太子位，而转立简文帝。当时诸多大臣认为废长立幼不合道理。周颢和王导等人都极力劝谏，只有刁玄亮一人想要迎合元帝的意旨。

晋元帝想要换太子，又担心大臣们不接受，于是就把周、王二人传唤入宫，然后出示诏告给刁玄亮，让他去宣布。周、王入宫后，晋元帝不与他们见面，让人带他们去东厢配殿。周颢不明白怎么回事，一旁的王导推开了晋元帝的侍从，直接走到皇帝面前，说："不知道陛下为何事召见臣？"晋元帝沉默不语，然后把怀里的诏书拿出来撕得粉碎，扔到了王导身上。从此之后，太子之事就定了下来。周颢事后才惭愧地感慨说："我常常自以为比茂弘（王导）强，今天才知道不如他啊！"（《方正》第23则）

在这一次君王和臣子的对冲中，周颢也属于主动驳斥君王的这一方，但是他的有胆无识让他没有像王导那样在瞬间看穿晋元帝的计谋，要不是王导果断采取主动，就可能无法阻止晋元帝更换太子的决定。晋元帝显然非常了解周、王二人的胆量，但还是低估了王导之"识"，没有找到合适的理由来稳住二位重臣，被王导一下识破，从而导致计划流产。

以无为而著名的王导在关键时刻毫不含糊，有胆有识、坚持原则。狼狈的晋元帝成了映衬出王导德行与胆识的背景墙，前者虽然恼羞成怒，但也对王导无可奈何，这再一次验证了罪不至死与义形于色的结合。当王导直奔晋元帝御座前时，必然是心怀坦荡、大义凛然，这一份来自内心的快乐是周𫖮所无法拥有的，想必这也是周𫖮感慨的原因吧！在君臣关系中拥有主动找寻快乐的权利固然是当时的习俗，但是没有足够的胆识也就无法真正获得快乐，而只能对别人报以掌声。

没有高高在上的君王，也就无法彰显臣子的胆识。君臣关系给予臣子快乐的独特性正在于君臣之间强烈的尊卑差异，这样的差异迫使大臣必须通过自身的主动性才能够拥有无限接近甚至高于君王的可能性。换言之，其中的快乐是可能的，但不是确保的，只有具有胆识的臣子才能够拥有。因此，对拥有者来说，这一份快乐尤其难能可贵；而对无法拥有的人来说，这一份快乐则特别值得艳羡。

关于胆识，我们可以参考三国时期刘劭的《人物志》，其中对此有详细的叙述。在刘劭品评人物的系统中，胆识与英雄相对应："聪明秀出，谓之英；胆力过人，谓之雄。"英和雄就如同识和胆，互相配合方能成事，有英无雄或是雄而不英都不足以成事："夫聪明者，英之分也，不得雄之胆，则说不行；胆力者，雄之分也，不得英之智，则事不立。"刘劭强调雄之"胆力"，并不狭义地指力气，他眼中胆力过人的代表是韩信，而韩信的胆力绝不体现在单纯的武力上，而是由胆量所产生的魄力，也就是对他人的震慑力——当我们看到王导质问晋元帝时，他的震慑力也是跃然纸上。

虽然刘劭对英雄做了两分,认为"英"对应的是文臣,而"雄"对应的是武将,但是他指出只有英雄合一——也就是胆识一体——才能够成就大业。刘劭心目中的英雄是刘邦和项羽,相比之下魏晋的名士自然是有所不逮,然而能文能武者也不在少数,王导、谢安等人都是文武双全。在刘劭的理论中,英乃草之精秀者,雄是兽之特群者,也就是说识和胆分别源于人与植物、动物的相似之处。那么,究竟如何才能取草兽之长,从而拥有超出常人的胆识呢?对此刘劭并没有做清晰的论述,不过我们从《世说新语》中谢安的一则著名故事中可以管窥刘义庆的态度:

> 谢安夫人教儿,问太傅:"那得初不见君教儿?"答曰:"我常自教儿。"(《德行》第36则)

谢安无疑是《世说新语》中最具胆识的名士之一,他当然也想让自己的儿子有胆识,而他教儿的要诀是"自"。有学者认为"自"是语气缀词,没有实际意义,事实上我们完全可以把"自"理解成顺应自然的"自"。谢安通过自己的言行,潜移默化地让儿子感受到何为胆识;同样,读者通过浸淫于刘义庆的叙述之中,也就会"自然"地有相应的修为。用日本学者杉林修的话来说:"谢东山之恬镇,实足令人兴起于千岁矣。"[17]一千多年后的我们依然会被谢安的一言一行所影响,同样,清代的王晫也说《世说新语》一书……垂千百年,学士大夫家,无不玩而习之"。[18]当我们为王导或是周颛而倾倒时,也就会在反复玩味他们的胆识之后尝试实践,尽管在21世纪的今天,君臣关系在中国已不复存在,不过对于草根敢于有理有节地挑战权威的憧憬与崇敬,却是可以遥相呼应的。

本是同根生,相煎何太急

当王导逼得晋元帝只能撕破诏书的时候,身为君王的晋元帝仿佛只是一个一筹莫展的普通人,堂堂君王成了大臣展示自己胆识与德行的背景墙。不过这并非君王的"特权",事实上在《世说新语》中,名士互为背景。既然君王也属于名士,那么他们也免不了要担任绿叶的角色。可是,他们同样会成为红花,而这时候的臣子也就成了君王的一面镜子,映照出他们的品行与气度。

在曹丕与陈群的对话中,我们曾经把陈群作为主角,相应地,曹丕就是陈群的背景墙;如果换一个角度,我们就会发现曹丕和陈群君臣间的问答也可以说是互为背景。曹丕允许陈群表达自己对前朝的眷恋,并没有对陈群做任何的惩罚,陈群的"义形于色"也就磨砺出了曹丕的宽容。让我们再来看一个几乎尽人皆知的例子:曹植的《七步诗》。

《文学》第66则的故事说魏文帝曾经命令东阿王曹植七步作诗,要是写不出来的话就要行大法——也就是杀头,曹植于是应声诗成,最后"帝深有惭色"。在通常的叙述中,《七步诗》的主角自然是才华横溢的曹植,而曹丕扮演的是一个连亲兄弟都不放过的反面角色。由于这则故事在《三国志》中并没有记载,因而被认为具有虚构的成分,问题的关键不在于它是史实还是虚构,而在于刘义庆留下的细节给我们带来了怎样的思考空间:故事的最后我们看到的是"深有惭色"的曹丕,而刚刚吟咏了"本是同根生,相煎何太急"的曹植则毫无表情——他的形象已被虚化,故事的主角和配角就在此时有了微妙的转变。心狠手辣的君王曹丕,被身为臣子与胞弟的曹植的诗歌所感动,进而感到惭愧,并且让大家感受到了他的惭愧。这就是真实内在情感的外在流露,曹丕没有虚伪地拍手叫好,也没有继续刁难,而是向我们展现了一个能够自我反思的君王形象。这也是曹植的功劳。

在《世说新语》中,曹丕绝不是一个完美的存在。他和父亲争抢女人,也会忍心杀害兄弟。然而,即使是这样一位不守通常伦理的君王在面对感人的诗句时,也会自然地在脸上浮现出惭愧的神色而不作任何遮掩。这固然是曹植诗歌的力量,却也是曹丕本真的流露。惭愧意味着反省,而反省则意味着在不断改正缺点的路上提高自己。

《世说新语》中另一处出现"惭"的著名故事与陈纪有关,陈纪父亲与一个朋友相约同行,结果朋友迟到了,陈纪的父亲就先走了,朋友到了之后大加抱怨,年幼的陈纪于是据理力争批评对方,最终令父亲的朋友感到惭愧。(《方正》第1则)

这两个故事的结构有类似之处,都是看似强势的一方气势汹汹,而看似弱势的一方则用语言让对方感到惭愧。一个是无名的友人，另一个是大名鼎鼎的魏文帝，两人同样的惭愧不禁让我们感到曹丕在某种程度上就是一个普通人。

让我们再来看看另一个关于曹丕的故事。《巧艺》第1则说曹丕擅长弹棋，能够用手巾的一角准确打中目标；有个客人自己说他的水平不错，文帝就让他表演一下。客人低下头用头上戴的葛巾的一角就能拨动棋子，他用头显然比文帝用手更绝妙。弹棋可以说是曹丕为数不多的爱好，对此他也颇引以为傲。可是，这位客人并不需要遮遮掩掩隐藏实力，而是可以大胆地展现自己的才华，即使会压曹丕一头。故事中这位不具姓名的客人可谓是一块理想的磨刀石，他不仅会提高曹丕的弹棋技艺，更是会让曹丕进一步体会到天外有天的道理，从而让作为君王的曹丕对故步自封保持警惕。想来在看到客人的精彩表演时，曹丕心中也会生出"有朋自远方来"的快意吧。若是没有这样的臣子，身边都是一群大声替皇上的神奇技艺叫好的马屁精，曹丕应该会觉得乏味得很，技艺也无法获得提高，更不能向大家展示他在"学而时习之"的过程中所获得的快乐。

陈群也好，曹植也好，这个无名的客人也好，都属于有个性的臣子。臣子的个性激发了君王的本能，让曹丕既不能够像教科书中的圣王那样以德示民，也不会沦落为毫无人性的昏君。有学者指出："对儒家的身心修炼来说，日常生活……是极为必要的条件……修身绝非一种'自我'的行为。正如鱼离不开水一样，只有首先在人与人之间关系的脉络之中，一种真正儒家意义上的身心修炼才能得以实践。"[19] 在刘义庆所讲述的君臣关系中，臣子就是君王提高自身修养的必要条件。

在董仲舒等人所构建的理想化的君主形象中，君王是一种完美而抽象的存在，仿佛无论面对什么样的臣子，他们都具有绝对的影响力。以尧舜禹为例，从一开始他们就具有圣人禀性，他人都是他们教化的对象，而不是使他们成为圣王的必要条件。这些圣王的快乐来且仅来自对百姓的单向教化。相反，《世说新语》中的君王是具体的，他们在和不同臣子的切磋过程中不断"习之"，而不同臣子给君王提供的具体场景各异，"时"的多样化意味着君王能够获得的快乐也具有不可预测的多样性。他们和我们一样需要一步步走向成熟，正因如此，我们可以从容地平视他们。

还我侍中！

众所周知，魏晋之际权臣众多，很多时候君王在大臣面前并非像曹丕那样处于强势，反而是弱势的那一方。在这种情况下，君王更加需要在与大臣的相处之中获得胆识，把来自大臣的挑战作为磨砺自己的机会。晋成帝和任让之间的恩怨对君臣之间的这一层关系做了很好的注解。

苏峻叛乱时，晋成帝司马衍迁到了石头城。参与叛乱的任让要在成帝面前杀害侍中钟雅和右卫将军刘超。成帝哭着说："还我侍中！"任让不听皇上的诏命，斩了钟、刘二人。叛乱平定之后，平乱有功的陶侃由于和任让有旧交情，就想饶他一命。恰好参与叛乱的还有许柳的儿子思妣，各位官员也想保全他，可是如果想要保全思妣，也就要看在陶侃的面子上保全任让，于是大家一起上奏请求宽恕二人。成帝说："任让是杀我侍中之人，罪不可恕！"众人由于不可违背少主之命，把两人都斩了。(《政事》第 11 则）

苏峻叛乱之时，晋成帝不过是个六七岁的孩子，对如何处理与大臣之间的关系，尚处于学习阶段。当他向任让哭诉时，从尊卑的角度来说是皇上的口谕，从实际的情况来说是幼主向叔叔、伯伯的哀求；任让的心狠手辣让晋成帝有了真切体会君臣关系的机会——君王的话在手持屠刀的臣子耳中不具有任何的效力。这个变故无疑大大加速了晋成帝的成长，让他在权力重新在手后处事果断，展露了明君之风。

如何回应众臣的上奏，这是对晋成帝处理君臣关系的极大考验。晋成帝的决定合情合理，用对钟雅的真情缅怀让大家无可辩驳。值得注意的是，当晋成帝决定不放过任让时，他并没有责备任让不听君命，而是强调任让杀害了钟雅。这看似是同一个理由，实则具有非常微妙的暗示。不听君命，抗拒的对象是晋成帝；而杀害同僚，则威胁的对象可以包括所有为他们求情上奏之人。晋成帝的暗示无比自然地转移了主要矛盾，具有极大的杀伤力：今天要是我放过了一个不听我的诏命而在我面前杀害同僚的人，那么将来如果他要在我面前杀害你们，我就算为你们求情也同样会无济于事。作为君王，晋成帝对侍中的钟爱体现了君臣之间的感情，而他要结果任让的性命，并不仅仅是要为钟雅复仇，更是为了让对他忠心耿耿的大臣们感到有所依赖——对于伤害忠臣的人绝不手软，就是对忠臣的最好报答。因此，众官员对少主之命的遵从恰恰符合他们自身的利益。

如此说来，任让可以说是晋成帝的一块磨刀石，把成帝长大后用来游刃太虚的这把刀磨得锃亮。要是没有苏峻的作乱和任让的杀戮，晋成帝可能只不过是一个聪慧的小朋友，还不会那么快懂得如何实践君王之道。目睹钟雅被杀是痛苦的，但是随之而来的成长则是快乐的。用拒绝大臣的上奏来获得大臣的支持，年幼的晋成帝配得上这个"成"字。最重要的是，晋成帝对钟雅的怀念是真诚的，是他的真诚感动了众位大臣，让他们相信只要自己忠心耿耿，就会受到同样的器重。因此，任让是晋成帝的砥砺，而钟雅同样是成帝成长的磨刀石。

说到侍中，西晋有一个同样英勇的侍中，他就是嵇康的儿子嵇绍。八王之乱时，身为侍中的嵇绍为了保护晋惠帝而血溅当场，付出了自己的生命。晋惠帝为嵇绍感动，坚持不让左右洗自己的龙袍，因为上面沾满了嵇绍的血。《世说新语》中并没有这个故事，或者说，《世说新语》中几乎没有以晋惠帝为主要角色的故事。这大约是晋惠帝的确没有在与臣子的交往中不断成长的缘故。值得一提的是，晋成帝在位时追念当年嵇绍之忠，追封了嵇绍的后人。（事见《晋书·嵇绍传》）想来成帝在遥想先祖的侍中之时，也是在用另一种形式怀念钟雅。

某在斯

如果说曹丕在大臣面前是一位强势的君王，幼小的晋成帝在臣子面前是一位弱势的君王，那么《世说新语》中也不乏在强与不强之间的君王，比如东晋的简文帝，权臣桓温则是简文帝不可或缺的砥砺。大权在握的桓温一直既是东晋朝堂的一大支柱，又是一大威胁。他亲自废了晋废帝司马奕，立简文帝司马昱。对司马昱来说，桓温是他长期交往的名士群体中的一员，广义来说属于友人，但是在司马昱成为君王之后，他和桓温之间的君臣关系就变得非常微妙。一方面他的统治对桓温有着极大的依赖，另一方面他又对桓温的种种行为心怀不满。可以说，简文帝和桓温相处的过程就是他作为君王在强与弱的两端不断寻找平衡的过程。

《雅量》第25则说，桓温有一次和简文帝、太宰司马晞乘坐同一辆车出行，他悄悄让人在车的前后捣乱，敲鼓大叫。太宰顿时惊慌失措，要求下车。桓温回头一看简文帝，"穆然清恬"，依然端庄严肃，若无其事。事后桓温对人说："朝廷中依然还有这样的贤能之人。"

这一次简文帝和桓温的交手应该还是在他尚未登基之时，不然的话君臣也不会同坐一车。桓温的心机可谓是司马昭之心，想看看司马家还有没有堪大任之人，要是没有就起兵叛乱取而代之。如若没有桓温这样野心勃勃的大臣，简文帝就无由展现他处惊不乱的淡定。刘义庆给我们的四个字"穆然清恬"特别值得咀嚼，淡定之中有着肃穆的威严，端庄之中含着轻松的潇洒，仿佛看穿了桓温的心眼。简文帝这一份真实的心安之感是一种可以掌控局面的快乐，即使桓温权力再大，也尽在简文帝的驾驭之中。

如果说这一次是简文帝在桓温主动进攻下采取的守势，那么他也不乏主动的进攻。《言语》第60则说，有一次简文帝在暗室中坐着，召见桓温，桓温到了之后，问皇上在哪里。简文帝说："某在斯。"这句话获得了当时的赞誉。

"某在斯"出自《论语·卫灵公》，说的是盲人乐师来见孔子，于是孔子一路为他带路，到了席前又一一告诉他"某人在这里"。事后弟子子张问孔子说，这是不是和盲人交流的方式，孔子说是。在这一次简文帝的主动进攻中，《论语》和现实生活的结合可谓完美。简文帝显然是故意选择了暗室，让桓温看不清楚，诱使后者发问，然后再用来自经典的"某在斯"来回答，一语双关，既从字面上回答了桓温的问题，又不落痕迹地提醒桓温：他只是一个看不清楚形势的"盲人"，在政治上还需要简文帝的引导。如果桓温只是一个普通的臣子，那么简文帝这么做有一点以上欺下之意，只有以桓温这样的权臣为背景，简文帝的有勇有谋才显得尤其难得，"某在斯"三个字表明简文帝在和桓温长时间磨砺的过程中逐渐找到了与臣子相处的模式，以至于让在人前能够侃侃而谈的桓温面对简文帝居然"不甚得语"：

桓宣武对简文帝，不甚得语。废海西后，宜自申叙，乃豫撰数百语，陈废立之意。既见简文，简文便泣下数十行。宣武矜愧，不得一言。（《尤悔》第12则）

此时无声胜有声，简文帝用眼泪让桓温感到羞愧，既对他废帝之举做了委婉的批评，又在众人面前表达了自己继位的无奈。简文帝不想受桓温控制，更不想被臣子们视为桓温手中的棋子，他主动让桓温无法辩解，也就向大家公然宣告废帝是错误的决定。简文帝的眼泪是真实心情的流露，它不但冲刷了自己即位后对前一任君王的歉意，而且宣泄了自己即位后对权臣桓温的忌惮。双重的不安随着他的眼泪自然地化作了心安，从而让简文帝可以从此相对安心地扮演君王的角色，在与桓温的周旋中保持相对的平衡。

简文帝的泣下成行很容易让人想到《诗经·邶风》中的名篇《燕燕》："燕燕于飞，差池其羽。之子于归，远送于野。瞻望弗及，泣涕如雨。"尽管学者们对《燕燕》的具体所指存在争议，不过它表达了送别之情当是公论。[20] 简文帝的眼泪是对晋废帝的送别，它有效地阻止了桓温企图批评晋废帝的行为，尽可能地捍卫了皇室的尊严。是的，简文帝的努力是为了维护君臣关系中的尊卑，汉代的《说苑·君道》说："尊君卑臣者，以势使之也。夫势失则权倾，故天子失道，则诸侯尊矣；诸侯失政，则大夫起矣。"如果简文帝不维护皇室的尊严，那么很有可能让桓温误以为有叛乱成功的可能，可是简文帝又没有足够的权力直接震慑桓温，因而只能用真实的情感来打动桓温，而桓温的惭愧让我们想起了曹丕和元方父亲的友人。和他们两个人一样，身为臣子的桓温是故事中实际的权力拥有者，作为君王的简文帝必须和陈群、陈纪一样用言行来让他感到惭愧。这也是我们说简文帝在强与不强之间的原因。重要的是,无论强或不强,《世说新语》中的简文帝在面对桓温时都能够从容应对,不但不落下风,而且风流逸致更是胜出一筹。

由于两晋之际战乱频繁、政局动荡,后人对当时君王的评价普遍不高。在礼教的鼓吹者看来,他们所做的一切摧毁了纲常;在自由的拥护者眼中,他们又束缚着别人。于是《世说新语》中君王成为被读者忽视的群体,大家津津乐道于名士风流,君王似乎只不过是名士的背景墙与对立面。然而,当我们把君王的故事放在一起,就可以看到,他们在为扮演好自己的角色而努力着。一方面他们试图保持君臣之间的尊卑,从而尽力维持政局的稳定;另一方面他们又努力地与臣子打成一片,成为其中的一员。事实上,魏晋的君王是秦汉大一统后第一次遭遇天下分裂的君王,对他们来说,一切都需要摸着石头过河,如何与臣子相处是一个"学而时习之"的过程。也许,这些缺点多多但却不失性情的君王也拥有了"人不知而不愠"的觉悟,在享受与臣子相互切磋的同时,做好了被后人误解甚至是攻讦的思想准备了吧。

将无同

宋朝的吕祖谦说晋代的"人主恐惧于上"[21],清朝的钱谦益说:"生于晋代者,其君弱而文,其臣英而寡雄。"[22]吕、钱二人所言为我们理解《世说新语》的君臣关系提供了一个前提:现实中君臣之间并未具有理论上的尊卑之分，显然不符合孔子所说"君君臣臣"的理想状态，甚至可以说，君臣关系在理论和实践上存在着巨大的鸿沟。

英国哲学家培根指出："所欲者甚少而所畏者甚多，这种心理是一种痛苦可怜的心理，然而为帝王者其情形多是如此。他们因为尊贵已极，所以没有什么可希冀的，这就使得他们底精神萎靡不振；同时他们又有许多关于危难暗祸的想象，这又使他们底心智不宁了。"[23]根据培根所说，"人主恐惧于上"是一种常态，而并非晋代帝王的专利。然而，这种对于君王恐惧的强调是中国儒道两家的思想中都未曾明确提及的。在孔子和老子看来，理想的君王应该从容把控天下的局势，如此理想化的境界对现实中的君王来说固然是一种鼓舞和指引，却也是一种实实在在的压力，让他们陷入怀疑自己的痛苦境地，而这种痛苦与一系列的恶果可谓互为因果：纲常不振，以下犯上，社会动荡……对于魏晋的君王而言，危难与灾祸并非只是一种想象，而是赤裸裸的现实。在这样的现实之中，曹魏也好，司马家族也好，除了对少数公开反抗的大臣严厉惩治之外，"对于朝中大臣是相当宽容的，甚至允许他们表现出留恋故主之情"。[24]有学者指出："纵观魏末晋初的历史，确实也很少能够找到司马氏擅杀大臣的事例，反而多见因司马氏过于优容功臣以至于宽纵功臣犯法的事例。"[25]

对于这一点，刘义庆应该了然于胸。可是，他并没有把笔触停留在君臣之间的残酷斗争之中，而是试图在扭曲的君臣关系中找寻一种快乐的可能。他对快乐的找寻基于对君臣关系的重新理解，而他对君臣关系的重新理解则基于哲学思想与当时生活所结合产生的习俗。让我们来看一个名场面：

> 司马昭功德盛大，坐席严敬，拟于王者。唯阮籍在坐，箕踞啸歌，酣放自若。(《简傲》第1则）

刘义庆的叙述极为简洁，然而寓意深远，看似司马昭和阮籍是其中的主角，实则留白处更加意味深长。通常学者都会把目光放在阮籍身上，认为他的简傲是对司马氏的不满。其实，司马昭才是简傲的鼻祖。刘义庆用"拟于王者"四个字提醒读者，司马昭不是君王，但就好像君王一样。把自己当作皇上一样，这难道不是更大程度的简傲吗？我们不禁要接着问：真正的皇上去哪里了？于是，缺失的皇上、司马昭和阮籍就组成了有趣的双重君臣关系。在这双重君臣关系中，司马昭成了枢纽：他既是皇上的大臣，又是阮籍以及其他大臣的君王。司马昭的双重身份引发了微妙的效果：大臣们对他的严肃庄重恰恰意味着他们对真正的皇上没有足够的尊重，因而如果只有乖乖听话的大臣，那么就坐实了司马昭想要称帝的野心。因而对既想手握大权又不想背上篡位恶名的司马昭来说，阮籍的存在就显得尤为重要了。

关于阮籍的放荡之举，学者通常认为阮籍表达了对礼法的蔑视，[26] 而司马氏为了笼络人心才对他报以容忍。其实，在加上了缺席的皇上之后，这个故事的结构与我们已经讨论过的《方正》第15则极其相似，阮籍对应的正是倚靠在车上向父亲和皇上说不的山涛之子，而司马昭则扮演的是山涛的角色。从习俗的角度来看，阮籍看似怪异的行为是司马昭所必需的，只有阮籍的简傲才能够将司马昭的简傲合理化。我们还记得山涛没有答应晋武帝的要求，而是把选择权给了自己的儿子，而其子的潇洒拒绝为山涛的态度做了完美的注解；同样，司马昭对从曹髦到曹奂数代魏帝的简傲也需要阮籍的简傲加持。如果司马昭自己在形式上不尊重魏帝，却要求大臣们对他尊重，那么他的态度就无法自洽；只有当他允许阮籍的怪异之举时，他自己"拟于王者"的姿态才可以被同样视为对习俗的遵守，而不是对王室的挑衅——毕竟他不愿意称帝。由于阮籍的存在，我们可以把司马昭的"拟于王者"也视为臣子表达简傲的一种方式，于是从逻辑上来说就变成了皇上包容了司马昭的简傲，而司马昭则包容了阮籍的简傲。

之所以要用近乎绕口令的方式来解读这个场面，是因为它完美地诠释了刘义庆对君臣关系的理解：君臣之间并没有明确的界限。先秦以降，经典中的君臣关系呈明确的两分，君王有君王之责，臣子有臣子之道，也就是所谓的"君君臣臣"。最重要的是，除了《春秋》中讲述了大量作为反面教材的篡位谋反外，儒道两家经典很少提及君臣之间可能存在的角色互换，而是默认君永远是君，臣永远是臣，一旦君臣关系出现变化就是篡位，也就是君不君而臣不臣。这让朝代的更迭缺乏了合法性：只有在前朝的君王是像桀纣那样的暴君时，新的君王取而代之才被认为是合理的。按照这一逻辑，曹氏和司马氏的君王之位都不具有合法性，这也是曹氏和司马氏被后人所诟病的原因。然而这一逻辑在道德上维护固有君王的同时也对君王提出了高要求：君王必须是仁义的。可是，现实中能够达到这一标准的君王可谓寥寥无几，而这些未能达标的君王就要背负种种恶名。与此同时，臣子必须是忠心的，而现实中能够达到这一标准的臣子也同样并不多见，当然他们也同样被后人所批评。

思想家齐泽克（Slavoj Zizek）曾经指出，因为一个体系的建立意味着会忽略现实生活中的多样性，所以一切系统都有其破绽，在遇到真实的情况时，想象中的理想体系就可能崩塌。[27]这一论述同样适用于孔子的君臣体系。事实上，从曹魏开始到南朝，儒家思想中理想的君臣体系就一直陷入困境，其间的皇权更迭几乎都采用了类似的模式。君臣的角色不断地在相互转变。见证了历史现实之后的刘义庆似乎从另一个角度接受了"君不君、臣不臣"——君王不一定永远是君王，而臣子也不一定永远是臣子。他们之间的关系是变化的，而他们之间的差异则是"将无同"。

说起"将无同"，可以算是《世说新语》中最著名的梗之一。王衍以老庄和孔子思想的同异之处问阮修，阮修回答说："将无同。"（《文学》第18则）魏晋名士习惯性地把孔子和老庄相融合，并结合到他们的实际生活之中，对他们来说，孔子和老庄之间纵然存在着不同，但没有本质的差异，都是当时习俗的组成部分。"将无同"当然不只是对于孔子和老庄的态度，而且是魏晋名士对于人生与万物的基本立场。既然生与死、人与物之间都是"将无同"，那么君臣之间自然也不可能——或者说不应当——具有不可逾越的鸿沟。

因此，刘义庆在叙述中不再强调君臣之间尊卑的固定性，同时也不再对这一时期的君王或臣子报以简单的褒贬，仁君、暴君，忠臣、奸臣，这样的标签化帽子被完全摒弃，取而代之的是让读者在每一个具体的故事中感受人物的多面性。他告诉我们不要先设立一个抽象化的道德标准，然后生搬硬套地根据这些人物的身份看似理性地来品评他们；而是让这些人物来到我们身边，用他们自己的言行与我们进行隔空交流，从而让我们不自觉地放弃了所谓的道德评价，依靠自身的感受与他们产生共情。

当然这绝不意味着道德虚无主义，或是彻底放弃对君臣的道德要求。相反，这能让读者对德行的体会更加具体化。英国哲学家休谟（David Hume）主张对道德的讨论应"建立在事实和观察基础之上"，而美德应该展现出"文雅、人道、慈善、和蔼可亲"以及"嬉笑、欢乐和兴高采烈"等吸引他人的魅力。[28] 换言之，我们抛弃仁/暴、忠/奸两分的标准，反而可以从更多元的角度对君臣进行品评。

可惜这个座位了！

让我们来看一下晋武帝和山涛之间的又一次"交锋"。晋武帝司马炎在宣武场和大家谈论军备，想要马放南山，大兴文教，因而召集全体大臣亲自宣讲。山涛对此持反对态度，与各位大臣谈论起孙武、吴起的用兵之道，在座的人都为之叹服，都说：

"山少傅所说乃是天下的至理名言。"后来众位王侯开始傲慢奢侈，事端频生，造成祸患。盗寇纷起，各地由于军备不足而不能制服，于是战火愈演愈烈，全部都印证了山涛的预言。当时之人认为"山涛没有学习孙、吴之道，却与兵法之理暗合"，王衍也称赞说："公暗与道合。"（《识鉴》第4则）

敏感的读者也许马上就会发现，一开始大张旗鼓的晋武帝不知道什么时候消失了。他究竟是灰溜溜地走了，还是默不作声地坐在那里听山涛和众臣的高谈阔论？这是一个有趣的暗示。就如何管理国家来说，君王也许反而不如臣子看得清楚，而大臣们在夸赞山涛所言是至理名言时，似乎也毫不顾忌君王的脸面——山涛的建议与晋武帝的主张针锋相对。君臣的尊卑在晋武帝的隐身之中有了微妙的调转。可是，我们能说晋武帝是个昏君吗？我想我们大可不必对他如此苛求。他在践阼之后想要休养生息，这无疑是利民之举，只是可能过于理想化罢了。如果他想要继续扩张，免不了又要背上穷兵黩武的恶名！如今他试图刀枪入库，又可能落下脑袋糊涂的骂名！可见对君王来说，本身就处处是两难的境地。晋武帝能够让山涛侃侃而谈，允许众人为山涛叫好，至少也显示出相当的胸襟。那么，从这个故事来看，晋武帝是一个明君还是昏君呢？想必刘义庆会对那些试图贴标签的读者报以一哂吧。

反过来看山涛，毫无疑问，能够起身直接有理有据反驳晋武帝的他是令人钦佩的，但是，我们能说他是个忠臣吗？可以看到，山涛的观点最终并没有被采纳，战乱纷纷只不过证明了他的观点。按照理论中的忠臣标准，山涛应该为了国家以死相谏，才符合伍子胥所树立的忠臣形象，但是他并没有这样做。山涛知道自己所具有的权利界限——他所能做的就是向君王表达自己内心真实的想法，其他的都不是他所能控制的。想必演武场上的山涛是心安的，他做到了自己所能做的，因而他虽然不是绝对意义上的忠臣，但也绝对不是奸臣。如何去评价晋武帝和山涛，就变成了读者自己的权利。

晋武帝最被后人所质疑的举动之一，无疑当属他的立储。《规箴》第7则中，晋武帝没有感觉到太子的愚钝，一定要传位于太子，诸多臣子直言相谏。有一次，武帝坐在陵云台上，卫瓘想要说自己的心里话，就装醉跪在武帝面前，用手抚摸着武帝的坐榻说："可惜这个座位了！"尽管武帝懂得他话中之意，却顺势笑着说："你醉了吗？"

当然，晋武帝最后也没有改变自己的决定。他的态度似乎在告诉我们他对"君王"的理解：君王并不一定要聪明。聪明如高贵乡公曹髦，反而由于他的聪明而决定与司马昭直接对抗，进而招致杀身之祸——这是晋武帝司马炎亲自看到过的，那么，把皇位传给一个大家眼中的"傻子"又何妨呢？晋武帝这样的决定究竟是固执的私心还是睿智的选择，也许不同的人有不同的看法。选择晋惠帝做太子，其实与其马放南山的决定如出一辙、互相呼应，在一定程度上减弱君王的势力而让臣子强大，从而试图达到君臣之间的平衡。可以肯定的是，晋武帝能够面对众臣的劝谏而不动摇，应当拥有一份真实的心安。

事实上，卫瓘敢装醉摸龙榻，就足以证明当时君臣之间的礼数并不是非常严格。不过,我们当然可以把不守礼的卫瓘视为忠臣,尽管他和山涛一样没有死谏,而是在尽自己本分的情况下就适可而止了。《说苑·臣术》云:"敢犯主之颜面,言君之过失,不辞其诛,身死国安,不悔所行,如此者直臣也。"卫瓘和山涛都做到了前半部分,而没有"身死国安",这大约也是作为臣子的适当尺度。

这一时期固然不乏忠心耿耿的臣子,但是以死谏闻名的"忠臣"却很罕见——身为侍中的钟雅之死并非由于死谏。或许这就是"将无同"观念的另一种体现形式:忠臣也可以有多种表现方式,山涛也是,卫瓘也是。虽然《世说新语》中与卫瓘有关的故事只有寥寥三则,其余两则与卫瓘的政绩完全无关,但是刘义庆用这则故事就让我们相信卫瓘是一个正直的人。也许有的人会站在道德制高点上批评卫瓘既效忠于曹魏,又为司马氏服务,可是这并不意味着他是一个没有节操的臣子。既然君臣的关系不断地在变化,昔日的臣子可能成为今日的君王,那么对其他臣子来说,又应该如何适应这种变化呢?

刘义庆在简文帝和许询的一次对话中为我们准备了答案:

简文与许玄度共语,许云:"举君亲以为难。"简文便不复答,许去后而言曰:"玄度故可不至于此。"(《轻诋》第18则)

许询面对简文帝居然敢说自己觉得在君王、父母之间取其一的话很难做选择，这无疑是直接打君王的脸。更微妙的是，简文帝竟然没有直接驳斥许询，而是在许询离开之后才说许询不用把如此令人尴尬的话直接说出来。简文帝的态度表明他其实理解许询的想法，只不过直接说出来终究会让君王难堪。可见无论是君王还是臣子，都默认臣子不一定会把君王放在第一位。正如日本学者福原启郎所说："司马氏的佐命之臣……多数来自地方名族，尤其是以学问、礼仪传家，或是以孝行知名的家族，即所谓'诸生'之家。这一点与……司马氏家族完全相同。反而言之，这些'诸生'之家相互联合起来，司马氏则是他们的代表。"[29] 唐长孺也指出："皇帝本身，在西晋时也是门阀贵族之一……以家门礼法著称。"[30] 对重视孝行的名士来说，家族的利益很可能比君王的利益更为重要。不过，对君王来说这并不一定是坏事，这意味着君王需要考虑的是在做一个真实自己的基础上如何与臣子之间展开双赢的合作，而不需要担负起教化臣子的责任，也不必须成为臣子的道德表率。

怎么能不认识水稻呢？

在《尤悔》第 15 则中，简文帝出门看见田间的水稻而不认识，于是问左右是什么草，才知道这是水稻。简文帝回去之后，三天没出门，说："怎么可以依赖于它的末却不认识它的本呢？"

这是一个充满了各种诠释可能性的故事。我们还记得在《论语》中樊迟问稼而遭到孔子批评，同样著名的是在《论语·微子》中（荷蓧）丈人对孔子的评价："四体不勤，五谷不分。孰为夫子？"可见对孔子来说，不认识稻子并不是一件值得自我批评的大事，重要的是君王在道德层面的以身作则——"上好礼，则民莫敢不敬；上好义，则民莫敢不服。"

简文帝对自己的批评当然可以看作是对孔子的回应。简文帝的自我批评委婉地表达了他的君王观：五谷不分的君王是可耻的。这意味着他站在了樊迟这一边。当然，简文帝应该不是要挑战孔子的圣人地位，恰恰相反，他的潜台词表明，礼义的教化只有圣王方能施行。在把孔子置于至高无上的地位之后，对圣人只能保持仰望的简文帝则希望自己能做一个接地气的普通君王，可以先和普通人一样能分清楚五谷——至少这是一个可以实现的小目标。如果眼前不再是遥不可及的准则，而是切实可行的目标，那么对君王来说，在学而时习之的过程中也就自然不难拥有快乐。更重要的是，在这个过程中，经典中的君臣关系在另一个维度发生了调转，简文帝的左右臣子成了他的老师。他自我批评的是不认识稻谷，而不是为问左右而感到羞耻，是他的"老师"让他弥补了不认识稻谷的缺憾。当他不再需要成为教化万民的老师后，反而可以在学的路上走得更远，真正地一步一步从生活的实践中提高自己的修养，从而获得更多的快乐，尽管他所学的内容可能是孔子所不以为然的。

既然君王不一定要成为在道德上毫无缺憾的圣君，那么臣子也就不用拘泥于"臣事君以忠"。但这并不意味着臣子可以随心所欲不受任何道德的约束，而是允许臣子对"忠"有着多样化的理解与实践。于是，君臣之间出现了新的互相成就形式。

我们先来看李喜的故事。司马师东征，让上党李喜担任从事中郎。李喜答应后，他问李喜说："以前先公征召，您不答应，现在我征召，您为何来了呢？"李喜回答说："您已故的父亲以礼待我，因而我可以以礼进退，现在明公您用法令来约束我，我不过是畏惧法令而就任罢了。"（《言语》第16则）

另外，司马懿、司马师父子虽然并非名义上的君王，但是他们完全符合我们对君王的理解——在他们身上，君王和臣子也体现出了"将无同"。李喜所言解构了孔子的话。孔子说："君使臣以礼，臣事君以忠。"（《论语·八佾》）按照传统的解释，这两者具有因果关系，如果君使臣以礼，那么臣必然能事君以忠。李喜则完全否定了其中有必然联系。他用事实表明，一旦君使臣以礼，那么臣可以选择不事君——我不做奸臣，但是我也不想为你效力！拥有这样选择权的臣子，可以按照自己真实的内心来决定出仕还是归隐，对他们来说，岂不是快乐满满？！

当然，刘义庆并不是怂恿大家去做隐士。《世说新语》中提及谢灵运却完全没有提到早于谢灵运的隐士代表陶渊明，这大约就是最好的暗示。一个社会终究还是需要大部分的人参与建设。《言语》第18则说，嵇康被诛后，向秀来到洛阳担任郡计，司马昭接见了他，问他："听说您有退隐山林的志向，那又为何来到这里呢？"向秀回答说："巢父、许由乃是孤傲自守之士，不值得仰慕。"司马昭对此大为赞叹。

不少人用嵇康之死来证明当时政局的黑暗与君臣关系的紧张，但几乎没有人把忠臣的帽子戴在嵇康头上。是的，清高也好，狂傲也好，嵇康和忠臣的标签无关，他的被诛也同样无关忠诚。嵇康死后，同为"竹林七贤"的向秀进京做官，这是一个极其强烈的对比。有人认为向秀是惧于威压而出仕，从史料来说并无明确的证据。事实上，嵇康被诛和向秀出仕之间只有时间的先后，并没有必然的因果关系。尽管司马师用法令来约束李喜，但是在《世说新语》中，绝大多数君王都没有强人所难之举。可以肯定的是，好友被杀没有让向秀对官场望而生畏。向秀的回答明确指出他对隐士的看法：如果每个人都洁身自好，不理世间的杂务，那么天下又如何能够太平？

拥有退隐的自由，而又愿意出仕承担责任，也就是说，臣子可以成为主动构建君臣关系的一方。在孔子所阐述的君臣关系中，臣子是相对被动的一方，他们要在"君使臣以礼"的前提下才能扮演自己的角色。臣子的主动也许在孔子看来有"臣不臣"的嫌疑，但是却重新界定了臣子的角色。他们可以主动出仕、主动隐退，因而他们不需要死谏；他们有的无为而治，有的尽心尽力，完全依循自己的本性。这就是各适其性的逍遥。《世说新语》指出郭象的《庄子注》剽窃的是向秀的《庄子注》，而郭象《庄子注》中对逍遥的理解正是"各适其性"，每个人都找到符合自己本性的快乐，这就是逍遥，[31]而这也是向秀的观点，也应该是他前往洛阳时的心情。嵇康求仁得仁而被诛，那是嵇康的个性展现；向秀选择出仕，这是向秀的性格使然。每个人都可以从自己的本性出发,在"以皇室司马氏为首的门阀贵族联合统治"[32]中找到自己感到快乐的位置。

这种个性的差异甚至存在于父子之间。在《世说新语》中,刘义庆借罗企生之口指出"昔晋文王杀嵇康,而嵇绍为晋忠臣"(《德行》第43则),嵇氏父子对司马氏的态度形成了鲜明的对比。同样在嵇康被诛后,山涛举荐嵇康的儿子嵇绍担任秘书丞。嵇绍问山涛究竟应该出仕还是归隐,山涛说,我为您考虑了很久了:"天地四时,犹有消息,而况人乎!"(《政事》第8则)嵇绍之问表明即使面对杀父之仇,他依然怀有与司马氏合作之心。如果他觉得司马氏杀他的父亲是错误的,那么他就不应该尝试为错误的君王效力;如果他觉得司马氏杀他父亲没有错,那么他又有对父亲不满的嫌疑。也许在嵇绍看来,父亲之死无论谁对谁错都"将无同",重要的是当下如何做出适合自己的选择。或者说,面对山涛的举荐,嵇绍已然做出了自己的选择,只是想在山涛这里获得支持——习俗的支持。

之所以说是习俗,是因为山涛的回答将《周易》巧妙地结合在当下嵇绍的选择之中,并且让嵇绍安心地出仕为官。《周易·丰卦》曰:"天地盈虚,与时消息,而况于人乎?"世间万物都会根据时间的变化而生灭盛衰,处于社会中的人也逃不开这个规律。持如此世界观的人就会顺时而动。顺时而动,既可以是学而时习之,也可以是顺应自然而无为。不合作而赴死,是嵇康的选择;合作而出仕,是嵇绍的决定。对于君臣关系,父子二人有着不同的理解,却不影响各自内心的快乐。

对于山涛的举荐与嵇绍的出仕，顾炎武报以严厉的批评，认为此举"败义伤教，至于率天下而无父也"[33]。顾炎武的观点其实了无新意，不过和许询相呼应而已。顾炎武把嵇绍的出仕视为单方面地为君王服务与奉献，而不明白在互相成就的君臣关系中，嵇绍同样会得到自我实现与满足。有学者认为顾炎武"明于知礼义而陋于知人心"[34]，可谓中肯之言。然而顾炎武的批评给我们提出了一个很好的问题：在君臣关系中找到了快乐之人，是否也能够在父子关系中获得快乐呢？

第二章　其乐融融的亲子

在刘义庆的眼中，嵇绍应该算是嵇康的好儿子。在《赏誉》第29则中，他一一列举了竹林七贤的儿子们：

> 林下诸贤，各有俊才子：籍子浑，器量弘旷；康子绍，清远雅正；涛子简，疏通高素；咸子瞻，虚夷有远志，瞻弟孚，爽朗多所遗；秀子纯、悌，并令淑有清流；戎子万子，有大成之风，苗而不秀；唯伶子无闻。凡此诸子，唯瞻为冠，绍、简亦见重当世。

这一则看似平淡无奇甚至有些寡味的记载，实则充满了"快乐"——"父子之乐"。"各有俊才子"一句，已然为这一层快乐做了明确的注解。即使是以洒脱闻名的"竹林七贤"，也都养育了优秀的儿子。他们并没有不羁到只关心自己，更没有放弃对天伦之乐的找寻，而是在血脉的传承之中感受到了作为父亲的快乐。无论是嵇康临死前的托孤还是王戎丧子后的痛苦，都体现出作为父亲的七贤对儿子的珍爱。因此，这一则记载尽管没有《世说新语》中常见的言语或对话，却依稀可以看到刘义庆在语重心长地劝告读者：做一个父亲吧，这是一件快乐的事……

"竹林七贤"两代人几乎都名扬天下。名士的气度首先在父与子之间传承——有其父乃有其子。刘义庆在肯定他们父与子之间传承的同时，提醒读者不应该从个体的角度来看待名士，而需要从家庭人伦的视角出发，来理解他们的言行。事实上，"竹林七贤"并非特例，《世说新语》中的名士大多都非常重视父子关系。不少学者认为魏晋时期是个人主义流行的时代，[1]可是名士们对父子关系的重视表明他们从根本上来说是一个把家庭置于重要地位的群体，个性的展现并不会影响他们扮演好父或子的角色。

从伦理的角度来看，父（母）子（女）关系是我们所要讨论的七种关系中最为根本的一种。一个人在出生之后，首先就会拥有与父母的关系。在传统的儒家思想看来，君臣关系不过是父子关系的延展。[2]《礼记》中多处父子与君臣并提时，父子在前而君臣在后。更重要的是，君臣关系是可能发生变化的，春秋到魏晋的历史清晰地告诉大家，君王并非固定不变，昔日的君王很可能成为日后的臣子；相反，父子关系却具有绝对性，无论在何等情况下，父与子之间的关系不可能发生调转。即使在《春秋》中充满了父子相残的场面，导致孔子有"父不父、子不子"之叹，但是无论是弑父的儿子还是杀子的父亲，都无法否认或改变他们各自的角色。

既然无法改变，那就坦然以对。无法改变听起来多少像是带有负能量，似乎是一种不能摆脱的羁绊，不过换一个角度来看，无法改变的父子角色让每个人都有同样的平等机会享受其中的快乐。一方面父亲有机会为儿子的才情感到骄傲，另一方面儿子也可能从父亲的风骨中获得熏陶。只有当父子双方都在其中找寻到快乐后，他们才有可能推而广之，在其他的人伦关系中游刃有余。或者说，作为人伦关系的基础，父子关系也是一个人快乐的最基本保障。在一个纷乱的社会中，当君臣等其他关系具有极强的不确定性之时，父子关系成了一个人最可以依赖的纽带。也许正因如此，《世说新语》中再放达的名士也大多会以爱子或慈父为傲吧。

风气日上，足散人怀

说到放达，名士王澄（平子）可谓是当之无愧的代表之一，和阮籍相比也不遑多让——阮籍至少还没有以裸体见人，"竹林七贤"之中的刘伶也只是酒后在家中裸露，而王澄就算不喝酒有时候也会裸露于人前。在《简傲》第 6 则中，他赴任荆州，兄长王衍和当时名流都来为他送行，路上挤满了人，当时庭院之中有一棵大树，树上有一个鹊巢，王澄忽然脱去了衣巾，爬上树去掏鸟窝，下来之后"神色自若，傍若无人"。

就是这样一位放达的名士，居然会在给他人的书信中夸自己的儿子"风气日上，足散人怀"（《赏誉》第 52 则）。王澄对儿子的喜爱和"傍若无人"形成了鲜明的对比。刘义庆的叙述给读者一个印象，对王澄来说，和王衍的兄弟关系以及和其他名流的朋友或是同僚关系，都无足轻重，似乎他是一个只在乎自己心情的人。即使自己的兄长贵为太尉，他也并不买账。可是，当我们看到他对儿子的夸赞时，才知道看似不通人情的王澄非常看重自己的"父亲"角色，并且从中获得了快乐。是的，夸儿子并不只是夸儿子，也是对作为父亲的自己的肯定：他不但是一位了解儿子的父亲，而且是一位给儿子带来了正面影响的父亲。换言之，一位夸儿子的父亲很大可能是一位参与型的父亲，他参与了儿子的成长过程，这样的参与不仅可以让父亲与儿子建立起亲密的联系，还可以让父亲不断发现自己，从而在见证儿子成长的同时体会到自己的成长。[3]因此，王澄渴望让他人体会到自己作为父亲的成就感，更向大家表明自己并不是对社会关系感到恐惧，而只是一直遵循着自己的本真，只愿意在能让自己内心得到满足的关系中投入精力。我们应该还记得，本真与满足正是我们所理解的快乐的两大要素。

王澄对儿子的短短几字夸赞就让读者感受到了他对父子关系的重视，毫无疑问，王澄是一位快乐的父亲，或者说他在做父亲的过程中拥有了快乐，而这种快乐是无法在别处复制的。刘义庆留给我们一个微妙的暗示，在《世说新语》关于王澄的故事中，很多时候他完全没有说话。这当然不是偶然——《世说新语》可是以记录名士的话语见长的，名士通过言语与他人交流，从而被大家所知，这本是当时的习俗。王澄在上树掏鹊巢之时一言不发，可见他不屑与送行之人解释自己的行为。相比之下，在这一则故事中，他愿意给人写信，这本身足以证明对方的重要性；而在给重要之人写信之时王澄特意夸赞了儿子，无疑是向这位对自己来说非常重要之人展现自己作为父亲的快乐。善于打破砂锅的人也许会追问，王澄这样放达的人，又会和谁认真地谈论这些生活的琐事呢？同样微妙的是，刘义庆没有告诉我们这位重要收件人的姓名或身份。[4]当我们看到王澄的话时，每一个理解他的读者都可以成为收件人，或者说，王澄也许只想要让他的收件人知道他作为父亲的快乐，而刘义庆则想让后世的读者通过了解王澄之乐体会到父子之间的快乐，进而在生活中找到属于自己的同等快乐。

他的神韵风骨似乎还可以

无独有偶，杀人不眨眼的大将军王敦也是一位在人前夸儿子的父亲。虽然在《世说新语》中王敦并不属于任诞一类的典型代表，但是他的言行也经常挑战多种人伦关系，其中最为另类的莫过于他的犯上作乱。对一个敢于叛乱的人来说，旧有的准则就是用来挑战的，即使是君臣关系都可以颠覆，他自己就是所谓人伦关系的定义者。可是在不少场合，离经叛道的王敦在作为父亲亮相时，同样会为儿子感到骄傲。他曾称赞儿子说："他的神韵风骨似乎还可以（其神候似欲可）。"（《赏誉》第49则）有趣的是，王敦的这番夸赞同样没有直接的聆听对象，刘义庆依然完全没有给我们任何的语境，似乎每一位读者都是王敦的目标听众。

作为听众的我们会不会对王敦夸耀儿子之举产生反感？会不会觉得他的快乐肤浅？众所周知，夸儿子并非儒道两家所提倡的行为。孔子在《论语》中不仅告诫自己的儿子孔鲤要读《诗》《书》，还在人前说他"不才"（《论语·季氏》），自谦似乎才是中国人的传统；[5] 老子反对一切的美言，庄子更是对包括父子在内的亲情不置可否。因此，可以说，王敦和王澄通过夸儿子而展现的自夸偏离了传统的哲学理论。可是，我们并不会为他们的"洋洋自得"而感到不适。从二人对儿子的夸赞上，我们才感到他们也是普通人。当看到王澄上树掏鹊巢时，我们会觉得这是一个率性到让我们望尘莫及的人；当看到王敦酒后唾壶击缺时，我们会感到这是一个我们无法效仿的、向曹操看齐的野心家。不过，他们对儿子的夸赞一下子拉近了我们和他们之间的距离，让读者感到名士也不过是一个普通的老父亲，而身为父亲——无论是名士还是我们——都会本能地想要在人前秀一下自己儿子的优秀（当然母亲也一样）。他们此时的快乐，读者可以本能地心领神会。[6]

我们大可不必把这样的"秀"视为一种肤浅的炫耀，而应该把它看作对我们所能拥有的最根本快乐的捍卫——如果连做父亲的快乐都要掩饰与剥夺，那么在诸多关系充满了不确定性的世界里，我们还能拥有什么？[7] 有趣的是，在《世说新语》中，王敦也同样有"傍若无人"的时刻。《豪爽》第1则说王敦年轻时，曾经被人称呼为乡巴佬。晋武帝司马炎召来当时的名流一起谈论技能才艺，别人多少都懂得一些，只有王敦自称只懂打鼓别的都不会。武帝就叫人拿鼓给他，王敦从座位上扬袖起身，拿起

067

鼓槌奋力击鼓，鼓声急促而和谐，神情气质豪爽昂扬，"傍若无人"。王敦和王澄在人群之中的"傍若无人"，说明他们不看重与他人的关系。在王敦看来，在座的武帝也许可以成为自己的臣子，而此时平起平坐的同僚他日也同样可以向自己臣服，因而他们的"傍若无人"更加反衬出父子关系的核心地位——在儿子面前他们不但不会"傍若无人"，而且还会欣赏对方，从而享受到独特的快乐。

也许我们可以说，父子关系是他们快乐的"根据地"，因为父子关系对他们来说才是最为稳固的关系。对儿子的欣赏成为魏晋时期名士的一种习俗，体现了当时身为名士的父亲对父子关系的理解。魏晋的思想家郭象有著名的"独化"观，认为万事万物都是在玄冥之中独自生成而变化着的，彼此之间并没有必然的关联。[8]独化固然给人以自由自在的权利，可是客观上也为颠覆固有的君臣或其他关系提供了理论甚至是借口。没有固定的人伦关系，不仅会使社会陷入无尽的混乱，更会让人充满焦虑。现代的心理学研究认为，一份稳定的关系会给人清晰的身份认同，反之则容易使人坠入抑郁的深渊。幸运的是，纵然魏晋之际人与人之间的众多关系并不固定，父子之间却依然具有无法否认的延续性，稳定的父子关系可以成为名士们情绪的天然港湾。因此，父亲在儿子身上找到快乐作为当时的习俗具有必然性。

如果把《春秋》中屡见不鲜的父子相残作为参照物，那么《世说新语》中的父子关系可以说是一种正向的纠错。《春秋》固然能让"乱臣贼子惧"，却也会给读者带来极度的负面影响，使人不再相信父子亲情，觉得父子之间不过是赤裸裸的权力争夺；相反，《世说新语》的读者会被作为父亲的名士所具有的脉脉温情打动。和《左传》中的父子相残相比，这一份快乐看似简单实则难能可贵。魏晋时期著名哲学家王弼曾借《老子》批判父子之间"怀情失直，孝不任诚，慈不任实"[9]，以王弼的批评为背景，我们不难发现名士对儿子的夸赞正是"诚实"的体现——心里对儿子感到满意就毫不遮掩地说出来，这样的父亲是绝不会对儿子下手的。

"诚实"并不是一件容易的事。就诚实的程度来说，王濛和王敦、王澄相比就略逊一筹。王濛的儿子王敬仁十三岁时作了《贤人论》。王濛把它给好友刘惔看，刘惔回答说："见敬仁所作论，便足参微言。"（《文学》第83则）这则故事中的王濛是个可爱的父亲。他显然是觉得儿子的大作写得不错，但是想对别人炫耀又没有足够的信心，于是向刘惔寻求意见。这当然是一步可进可退的棋：要是刘惔觉得好，就达到了夸儿子的目的；要是觉得不怎么样，那么在老朋友面前也不会太丢人。就是因为王濛对儿子的夸赞比较隐晦，所以他并没有真诚得彻彻底底。不过，作为父亲的王濛至少迈出了向别人展示自己儿子才华的重要一步，也告诉世人自己对儿子的重视和珍爱，就这一点来说，他和王敦、王澄一样在新的习俗中找到了快乐。可以想象，有了刘惔的正面评价之后，王濛有个优秀儿子的事实一定会人人皆知。大家都会知道王濛的清谈基因得到了继承，他儿子小小年纪就有了清谈之才，想来这也是王濛希望看到的结果。

恐怕王忱并不适合做你的朋友

诚实也好，本真也好，名士和普通的父亲一样，会发自内心地为下一代的才华与气度而高兴。这既是对父子之间秉性延续的肯定，也是他们内心价值观的体现。以王澄和王敦为例，两位父亲都为各自儿子的神情气度感到快乐，而并没有他们夸赞儿子像自己那样放达或是不羁。同样，以帅气而自豪的王濛也没有以自己儿子的容貌为荣，而是希望他在才华上能超出众人。他们似乎都对自己的某些方面并不满意，尽管他们的盛名正源于此，可是这些特点也容易给他们招致非议。阮籍对儿子的态度就是明证：

阮浑长成，风气韵度似父，亦欲作达。步兵曰："仲容已预之，卿不得复尔！"（《任诞》篇第13则）

阮籍儿子阮浑不但风韵气度都和父亲相仿，而且想要和父亲一样举止放达。刘义庆的叙述表明神情气度和行为是不可类比的。属于放达"天花板"级别的阮籍却不愿意儿子步自己的后尘，他劝阻儿子说阮咸已经走上了放达之路，你不能再这样了。阮咸是阮籍的侄子，阮浑的堂兄，也是"竹林七贤"之一。他的放达与其叔叔阮籍相比也不遑多让，不仅与猪共饮，还与人比穷，甚至娶了外族的女子。阮籍并不想要儿子向侄子看齐。

阮籍对儿子的规劝耐人寻味。以放达闻名于世的阮籍居然不想让儿子走自己的老路，只允许侄子和自己一起于竹林下饮酒逍遥,那他究竟对放达任诞持何种态度?放达意味着在不同程度上对人伦关系的挑战,阮籍希望儿子传承自己的风韵气度,但也要尽可能地处理好与他人的种种关系,这是否意味着他对自己放达一生的质疑与反省?抑或,是对世俗的妥协?

可以想象,阮籍在儿子面前摆着父亲的架子劝告时多半是一脸严肃的神情,毫无在人前的放浪模样。在读者看来,他多少有一些"双标":自己放浪一生,却让儿子规规矩矩做人。这样的"双标"对大多数的父亲来说并不难理解。父亲所做的一切都是为了给孩子铺路。魏晋时期家族的力量非常强大,[10]在长辈开创出一片天地于朝中奠定影响力之后,晚辈就能够在他们的荫蔽下获得出人头地的先机。阮籍的狂放为自己和家族赢得了盛名,但狂放并不是一把万能钥匙,而是一条危险系数颇高的险径。他希望儿子在洒脱之余踏实与人相处,无疑是为了阮浑日后的人生之路能够相对平稳。安安稳稳而不落俗套的一生,这就是作为父亲的阮籍对儿子的期望,似乎也是王敦和王澄他们对儿子的共同期望。《世说新语》中父子两代名士的不少,但父子两代狂生的并不多见(王羲之和他的儿子们属于这一小众群体),这是一种选择性的传承,由狂放的父亲为儿子做出中庸的选择,这样的选择既可以让儿子保持格调,又尽量让他们收起锋芒,在乱世中做一个高雅而合群的人,从而让在宇宙中"独化"的自己得以最大程度地延伸。

我们已经介绍过"独化"的概念。即使我们接受"独化"的观念,父与子之间的造与被造却依然是实实在在的,父亲是儿子的创造者（之一），儿子则成为父亲的延续，儿子能够安稳地生活于世就意味着父亲在去世之后依然能以不同的形式存在于世间。因此，越是推崇"独化"与自由，父子关系就愈显珍贵。郭象对"独化"的阐述要配合他对逍遥的解读加以理解。郭象认为逍遥就是"各适其性"——大鹏也好，小鸟也罢，只要过上符合它们本性的生活，那就达到了逍遥的境界；如果小鸟要执意高飞，或者大鹏想栖息于树枝之间，那么就都失去了逍遥。[11] 按照郭象的解释，疼爱儿子无疑是父亲的本性，就算是阮籍也希望儿子能够尽可能安安稳稳地过一生，因此，他对儿子的规劝绝不应该被视为对社会的妥协或是对自己的不满，而是父爱的自然展现，阮籍作为父亲的快乐就在其中。

阮籍对儿子的"管制"并非他的专利，而是不少名士都推崇的习俗。王恭的父亲王蕴，即王濛的儿子也同样对王恭的交友"指手画脚"。王恭和父亲在会稽时，王忱从京城来拜墓。王恭前去看望王忱，十多天才回家。王蕴就问王恭为何待了这么多天，王恭表示和王忱聊天令人流连忘返，于是王蕴对儿子说："恐怕王忱并不适合做你的朋友。"（《识鉴》第 26 则）后来王恭和王忱果然由于追求各异而分道扬镳。我们不知道王蕴的话和王恭日后与王忱的友情变得淡薄之间是否有直接的关系，但是可以肯定的是，王蕴对王忱的不满在于王忱在扫墓之时未做到自我约束——居然和自己的儿子畅谈了十多天，可见王蕴不想儿子成为一个忘记应有礼数的狂放之人，才直截了当地对儿子提出了意见。说到底，王蕴和阮籍的初衷如出一辙。与其说他们是想彰显父亲的权威，不如说两位父亲对儿子充满期待，希望他们继承的是自己的优点。

有了阮籍和王蕴对儿子的"管制"，我们才可以更好地理解王戎丧子时的心情。当山简安慰王戎说孩子不过是"抱中物"时，王戎解释说孩子正是我们普通情感的寄托。在这一点上，王戎和阮籍观念相同。正是因为名士的情感寄托在孩子身上，他们从孩子身上得到与众不同的快乐，所以失去之时也分外痛苦。《世说新语》中不少名士都经历了丧子之痛。《伤逝》第12则告诉我们，郗超去世时，左右告诉郗愔"郎丧"，刚听到消息的时候，郗愔"不悲"，淡定地吩咐左右去处理丧事，等到出殡送别之时，郗愔才"一恸几绝"。我们还记得乐广之问，名士们到洛水边玩耍，回去之后乐广问王衍："今天玩得快乐吗？"这也就意味着快乐是无法被他人感知的。同样，郗愔一开始的"不悲"只不过是他人看来不悲，就好像山简不理解王戎一样，外人也无法感受其内心的丧子之痛。如此说来，快乐和痛苦首先都是个人的体验，这倒是更加印证了"独化"之论。一个人的拥有与失去、快乐与痛苦，都是不足向他人道的。

《伤逝》第8则说，庾亮的儿子在苏峻叛乱时遇害。诸葛道明的女儿是庾亮的儿媳妇，在女儿守寡之后，诸葛道明就安排她改嫁，为此写了书信通知庾亮。庾亮回答说："贤女尚少，故其宜也。感念亡儿，若在初没。"

庾亮丧子的心情，连亲家都无法感同身受，人与人之间的感情相隔由此可见一斑。虽然有哲人说同情"是人类唯一具有的天然的美德"[12],但是在庾亮和诸葛道明之间,人类的悲欢显然缺乏了"同情"。正如在他人眼中丧子的郗愔"不悲"一样,诸葛道明也无法体会庾亮对已逝之子的悲思。我们大可不必对诸葛道明横加指责,觉得他是个现实至上的势利之人,他的反应其实恰恰证明了"独化":如果他原本就无法感受庾亮从儿子身上得到的快乐,那么他又如何能够对庾亮的丧子之痛产生共鸣呢?也许大部分父亲都从子女身上得到了快乐,但是每一个父亲的快乐都具有个体性,彼此之间并无法完全相通。庾亮丧子的心中之悲,与拥有儿子时的快乐成正比。每一个读者其实和作为父亲的诸葛道明一样,既然不能真切地感受到庾亮的快乐,也就不能共情地体会到他的苦痛。

众所周知,庾亮有一个出色的儿子庾彬,儿子完美地继承了他的气度,甚至可以说,儿子的存在才证明了他的风骨——因而儿子给庾亮所带来的快乐自有其独到之处。《雅量》第17则告诉我们,庾亮"风仪伟长,不轻举止",以至于当时之人都以为他是假装的。当时庾亮的儿子刚刚几岁,天生就有雅重之质,大家都知道小朋友的气度乃是天性。庾亮的好友温峤曾经躲在帐幕之后吓唬他,可是小朋友神色恬然,慢慢地跪下去行礼说:"您为什么要这么做呢?"当时有的人说:"看见庾彬如此,就知道庾亮不是假装的。"庾亮的禀赋在儿子身上得到了继承与发扬,从而庾亮在这个世界上不再是独自的存在,通过儿子,庾亮可以更好地为他人所知,也可以更好地认识自己。他们身上共有的气度令常人难以置信,但他们父子可以互为参照,这便是儿子给庾亮带来的独特快乐。因此，当儿子去世后他才陷入悲恸之中难以自拔，儿子的去世意味着属于他们的气度成了绝唱，从此真的只能"独化"于世间了。

王戎、郗愔和庾亮失去儿子时的悲伤从反面证明了作为父亲的快乐。不少学者早已反复阐述了魏晋时期家族与权力传承之间的重要关系，这多少会让人把父子关系简化、物化甚至是僵化成利益的更迭，从而忘记了作为父亲最本真的快乐。刘义庆在《世说新语》中用简洁的笔触告诉我们，儿子是父亲的情感寄托，而父亲则是儿子的制造者，父子之间的相似与关联为父子双方提供了天然的快乐之源。无论是名士对儿子的夸赞，还是对儿子的规劝，都表明作为父亲的名士渴望儿子能够成为自己的延续。这种延续带有强烈的个体性，同时又依赖于父子这一人伦中的核心关系，个体与群体就这样在其中交融，对儿子的期望也就是名士对自己的期望——期望自己以何种方式为后人所知。

《容止》第28则为父亲们的期望做了完美的注脚：

> 王敬伦风姿似父。作侍中，加授桓公公服，从大门入。桓公望之曰："大奴固自有凤毛。"

王导的儿子王劭风度神姿酷似父亲，当时王导已经去世了，但是当桓温远远看到王劭时，依然会感叹说王劭的确有其父亲的遗风。"凤毛"一语，也就成了儿子像父亲的通称。我们已经见识过王导和儿子下棋时的欢乐场景。和下棋时的快乐相比，这一场面中的快乐更加含蓄。即使在王导去世之后，我们从王劭身上还是可以感受到王导的存在。这不但意味着王导自己的神韵被他人记于心中，而且也表明他的儿子如父亲生前所愿，过着不失气度而相对安稳的生活。对一个父亲而言，还有比这更快乐的事吗？

覆巢之下，复有完卵

父与子的命运紧密相连，作为儿子的名士们从小就对这一点一清二楚。《言语》第5则讲了一个让人唏嘘不已的故事：

> 孔融被收，中外惶怖。时融儿大者九岁，小者八岁，二儿故琢钉戏，了无遽容。融谓使者曰："冀罪止于身，二儿可得全不？"儿徐进曰："大人岂见覆巢之下，复有完卵乎？"寻亦收至。

这个故事把父子之间的命运共同体展现得淋漓尽致。八九岁的小朋友就知道一旦父亲被捕处死，自己也自然无法幸免。通常的解读会以为故事的主角是孔融的两个小儿，其实从父子关系的角度来看，孔融一样是主角。对《世说新语》略知一二的人都知道，孔融小时候也是一个伶牙俐齿的孩子，《言语》第3则讲的就是十岁的孔融跟随父亲到洛阳后在李元礼家中语惊四座的名场面,当太中大夫陈韪说孔融"小时了了,大未必佳"时,孔融直接回怼说:"想君小时,必当了了!"

把小时候的孔融和他八九岁的儿子们放在一起,他们之间的相似之处可谓一目了然,对此孔融无疑应该心怀快慰。可惜的是,他自己招来横祸,无法让血脉得以延续。当我们看到狂放如孔融者在临死前依旧会像普通人一样乞求饶儿子们一命时,并不会觉得他不再潇洒,而是会感受到此刻的他也是一个普通的父亲。儿子对他说"覆巢之下,复有完卵乎",并不是因为儿子比他更加聪明或是更为豁达,而是因为他是父亲,所以尽管他也懂得这个道理,却还是会不惜放下自己往日放达的一面,竭力去争取留下儿子的性命——或者说自己的延续。可以想象,若是儿时的孔融遇到同样的境遇,他也完全可能对他的父亲说出类似的话。因此,这个故事固然是孔融和儿子的对话,却也可以看作作为父亲的孔融和作为儿子的孔融之间的对话——正是有孔融这样的父亲才有了这样聪慧到放达的儿子。

面对死亡,孔融的儿子们快乐吗?刘义庆的答案(很可能)是肯定的。在他的笔下,孔融噩耗传来时的"中外惶怖"和儿子们淡定游戏形成了鲜明的对比,外人很慌乱而当事人却很镇静。他们想必是在做着自己最为喜欢的游戏,这种向死而戏的态度洋溢着看透生死和世事的通透。父亲被捕,自己自然也脱不了干系,那么索性开心地度过世间最后的时光吧。对见惯了曹魏政权种种争斗的他们来说,早就知晓死亡随时可能降临。这大约就是庄子所谓的"知其不可奈何而安之若命"吧!但是,这绝不仅仅是小朋友们个人的放达展现，而更是小时了了的儿子们对大时亦佳的父亲孔融的最后捍卫，他们向"惶怖"的世人表明自己全然继承了父亲的气度，孔融的儿子不是惶恐不安的孬种！想必，此刻的他们也不会抱怨父亲，怪父亲给他们带来了杀身之祸，而是会以能够随父亲赴死而感到骄傲——他们的淡定正是来自父亲。

即使面临死亡、挑衅或是诱惑，也依然选择捍卫父亲，这是魏晋不少名士恪守的习俗。需要再次强调的是，我们说"不少"，并非就当时的社会而言——如果这是社会中"普遍"的习俗，那么刘义庆也不用大张旗鼓地记录下来，读者也不会被他们的言行所折服。所谓"不少"，是指《世说新语》中多次出现类似的场景，因而当我们说习俗时，只是狭义地指某些名士所共同遵循的观念，而这样的观念应该也是得到刘义庆肯定的。

何氏之庐

和孔融的儿子们相呼应的是《夙惠》第 2 则里年幼的何晏。当时的何晏只有七岁，"明惠若神"，曹操特别疼爱他，想要把他纳为自己的儿子。年幼的何晏却并不为曹操的权势所动，他在地上画了一个方框，自己站到了里面。别人问他这是在干什么，何晏回答说："何氏之庐也。"曹操知道了之后就作罢了。

和孔融的儿子相比，何晏的表现可谓毫不逊色，甚至胜出一筹。也许有人会说，孔融的儿子们面临的可是生死问题，难道不是他们更为难得吗？刘义庆的叙述已经微妙地暗示我们，孔融的儿子们是没有选择的，他们是在别无选择的情况下淡定地维护父亲——这当然已然极为不易。而何晏面对诱惑具有选择权，他可以选择认权倾朝野的曹操作父，也可以毅然拒绝——对很多人来说拒绝并不容易，然而何晏却拒绝得坚定而含蓄，甚至没有直接开口说不，而只是在别人询问后才做了解释。"何氏之庐"四字出自稚子之口格外掷地有声，即使我们不知道何晏的父亲是谁，也可以感受到何晏对父亲和家族尊严的捍卫。可以想见，父亲是令何晏自豪的。更重要的是，如果改姓曹，就可以一直住在宫殿之中，而坚持姓何，就可能只有简陋之"庐"，但是何晏仍然选择了后者。

刘义庆给我们带来的问题是：何晏这样的选择究竟是不是小朋友的冲动任性？答案应该是否定的。有学者认为何晏的言行体现了《论语》中孔子所言："父在，观其志。父没，观其行。"[13] 何晏站在"何氏之庐"之乐，并不是简单地过家家，而是对经典之乐的现实诠释。或者说，这是刘义庆用自己所讲述的故事在诠释经典。

在《世说新语》中，早已成名的陆机在东吴灭亡被迫北上洛阳后，面对他人的挑衅同样毫不犹豫地选择通过还击来捍卫父亲的尊严，从幼小的何晏到成年的陆机，名士在捍卫父亲的过程中所获得的快乐是一致的，而这也是刘义庆所推崇的习俗。《方正》第 18 则精彩地描写了这一名场面：

卢志于众坐问陆士衡："陆逊、陆抗是君何物？"答曰："如卿于卢毓、卢珽。"士龙失色，既出户，谓兄曰："何至如此？彼容不相知也。"士衡正色曰："我父、祖名播海内，宁有不知，鬼子敢尔！"议者疑二陆优劣，谢安以此定之。

洛阳地位颇高的卢志当众问陆机说陆逊、陆抗"是君何物"，这毫无疑问是想给陆机一个下马威。陆机的回答可谓针锋相对，他说就好像卢毓、卢珽和你的关系一样。听到兄长的回答，陆云不由得大惊失色，在离开之后对兄长说人家可能是真的不知道呢，何必如此反唇相讥。陆机"正色"说我们的祖父与父亲名扬天下，他怎么可能不知道！

陆机和陆云兄弟面对挑衅的不同反应，证明了捍卫父亲尊严只是"一部分"名士的习俗。陆云在挑衅面前退缩了，这是一部分人的正常反应；陆机选择的是正面还击，对于祖父与父亲的尊严寸步不让。这一画面中值得玩味的是陆机的"正色"，他的"正色"不但与陆云的"失色"形成了鲜明的对比，而且更需要注意的是他的正色针对的正是陆云的失色——陆机反击卢志时并未正色。因此，这个故事中被批判的主要对象并非卢志，而是陆云。像卢志这样恃强凌弱的人从来并不少见，我们也不可能使他们彻底消失，我们所能做的，是不要像陆云那样失去尊严。陆机的正色并不只是给陆云看的，同样也是给众多可能心怀怯意的后世读者的警示。或者说，是作为作者的刘义庆让陆机在此刻面露

"正色",通过陆机的正色让读者受到触动,从而促使读者去追求深层次的快乐,而不是安于怯懦地苟活。正如有的学者所言,东亚文化对快乐的追求在于通过自律与反思实现一个更为优秀的自己。[14]当我们尝试以陆云为负面参照物审视自己的内心,从而学会像陆机那样为维护家族的尊严而不畏强权时,自然会拥有陆机同样的快乐。

对经历了亡国之痛的陆机来说,在这个场合下是北方权贵眼中的天然弱者,而在父子关系中,儿子也是相对弱势的一方。对身兼双重弱者身份的陆机来说,捍卫父亲不仅可以在别人面前摆脱弱者的定位,更可以让自己以强者的姿态在洛阳开创新的天地。正如父亲在夸赞儿子的同时也是对作为父亲的自己的肯定一样,儿子在捍卫父亲尊严的同时也让自己的内心更加强大。儿子与被他捍卫的父亲就这样在此过程中合而为一。作为儿子的名士在维护父亲尊严之中获得的不仅是时人与后人对他们的赞誉,也是内心自我认同感的实现——任由他人否定父亲也就是否定了自己;而对已然成人的名士来说,维护自己的父亲也是对自己儿子的言传身教——希望将来自己的儿子也能够像如今自己维护父亲那样维护于他。[15]

自己维护父亲,而日后自己的儿子维护自己,这正是刘义庆笔下陈纪(元方)、陈谌(季方)兄弟的缩影。《德行》第 7 则中有客问陈谌说你父亲有什么功德,居然有这么大的声名?陈谌回答说:"吾家君譬如桂树生泰山之阿,上有万仞之高,下有不测之深;上为甘露所沾,下为渊泉所润。当斯之时,桂树焉知泰山之高,渊泉之深?不知有功德与无也。"刘义庆把这一对话放在《德行》篇,不知道是凸显陈寔(曾任太丘长,又称"陈太丘")的德行抑或是陈谌的德行。陈谌对父亲的维护,明显不如陆机和何晏难能可贵。他夸赞父亲的这段话,颇有一些"夸张"的色彩,把自己的父亲描绘得完美无缺。在《世说新语》中,关于陈寔的正面故事的确不少,可是以名士的自我定位来说,绝不会认为他们中的任何一个在各方面会像圣人一般毫无瑕疵。那么,陈谌对父亲的颂扬是否得体呢?相信每一个读者对此都会有自己的解读,不过可以确定的是,作为儿子的陈谌面对他人对父亲的质疑,不假思索地维护父亲的尊严,这样的举动和前面的几个儿子如出一辙。刘义庆反复强调的,是儿子从小就应该懂得维护父亲——这无疑是德行的基础之一。

在这一点上,陈谌的兄长陈纪也毫不逊色。《言语》第 6 则说有一次颍川太守对陈寔处以髡刑。有客问陈纪太守是个怎样的人,陈纪回答说是"高明之君",对方接着问陈纪你父亲是个怎样的人,陈纪回答说:"忠臣孝子。"对方觉得自己抓住了陈纪的逻辑漏洞,追问说怎么可能会发生高明之君处罚忠臣孝子的情况呢?陈纪反击说这个逻辑不对,指出古时候"高宗放孝子孝己,尹吉甫放孝子伯奇,董仲舒放孝子符起。唯此三君,高明之君;唯此三子,忠臣孝子"。于是,客人惭愧地退下,陈纪成功捍卫了父亲的尊严。

陈纪的这场较量应该说比陈谌难度来得更大——自己的父亲遭受了刑罚,乍一看再巧舌如簧也无法维护了。有人甚至会认为

《世说新语》的这个故事不可信，陈寔这样品德高尚之人怎么可能会做出违法之事？[16] 作为读者，我们所要考虑的是刘义庆给作为儿子的陈纪营造了一个极端的语境，而陈纪在这样的情况下依然没有放弃，还是和兄弟一样把维护父亲视为必须恪守的习俗，并且大获全胜。我们可以看到，刘义庆给每一个维护父亲的儿子塑造了一个"敌人"。和父亲不需要理由就夸儿子不同，儿子必须在对手步步紧逼的情况下才维护父亲，而他们获得的成就感大约也和对手的打击程度成正比。

陈纪和陈谌在维护父亲时可谓各有千秋，这一传统也延续到了他们的儿子之中。《德行》第8则记载了一个让人哭笑不得的故事：

陈纪子长文，有英才，与季方子孝先各论其父功德，争之不能决。咨于太丘，太丘曰："元方难为兄，季方难为弟。"

陈纪的儿子和陈谌的儿子都认为自己的父亲比对方的父亲优秀，争论半天也没有答案，最后竟然让祖父来分高下。这一则故事放在《德行》篇中，多少有一些调侃的意思：为自己父亲的德行唱赞歌的儿子，究竟是否懂得德行的意义？而当陈寔在说出颇具歧义的著名评价"元方难为兄，季方难为弟"之后，我们也忍不住会思考：陈纪和陈谌难为的不仅是兄弟，他们似乎也没有成为理想的父亲；如果陈纪兄弟不是理想的父亲，那么陈寔究竟是不是一个称职的父亲呢？

如前所述，儿子在捍卫父亲之时需要一个敌人，如此他们才有战而胜之的快乐。可是在这个故事中，原本就是堂兄弟的陈纪之子与陈谌之子在互相比拼各自的父亲，居然把自家人视为假想敌，可见他们的父亲似乎并没有让他们领会什么才是真正的德行。堂兄弟之间的互啄让他们无法从捍卫父亲的过程中获得或是享受足够的快乐。不过可以肯定的是，陈纪与陈谌把捍卫父亲的传统传递给了下一代，尽管习俗的传承在他们身上出现了一点点偏差。当然，我们大可不必对这一对争得不可开交的堂兄弟过于苛求，事实上，如果刘义庆的叙述让读者觉得他们两人荒唐可笑，那么恰恰可能是刘义庆有意提醒读者，在捍卫父亲的时候要注意场合与分寸，要是滥用习俗就有可能适得其反，原本可以拥有的快乐反而变成了烦恼。

叫他们拿温酒来！

刘义庆笔下的王戎和陶范对父亲的捍卫分别为恰当与不恰当做了注解。《德行》第 21 则告诉我们，王戎的父亲王浑声名远播，官至凉州刺史，在他去世之后，他所管辖过的地方为了报答他的恩情，筹资数百万钱送给王戎办丧事，但是王戎一概不收。王戎似乎并没有遇到"敌人"，他和何晏一样，面对的是诱惑。当然，无论是金钱还是权势，诱惑也许是我们心中最大的敌人。作为儿子的王戎并没有用言语来捍卫父亲的名誉,他完全靠的是行动。他拒绝重金,向世人展现了自己对金钱的态度——自己也许显得过于节俭又绝不贪婪。行胜于言,王戎不费一字就让大家知道自己继承了父亲的美德,也进一步巩固了父亲的美名。

和王戎相比,陶范对父亲的维护就多少显得有一些无理了。《文学》第97则说,袁宏写了《东征赋》,里面没有提到陶范的父亲陶侃,于是陶范把袁宏骗到了一间小房子里,用刀抵着他问:"先公勋业如是,君作《东征赋》,云何相忽略?"在此紧急关头,袁宏赶紧说自己在文章中反复提到了陶侃,并吟咏道:"精金百炼,在割能断。功则治人,职思靖乱。长沙之勋,为史所赞。"陶侃在《世说新语》中的形象,应该说也是一个"普通"的名士,他固然有不少优点,却也有自己的小算盘。从某种角度来说,陶范这样的极端性格也的确传承了其父特色,别人的文章里没有提到陶侃,陶范就用刀子来威胁,这究竟是维护还是损害他父亲的威名呢?

影响陶侃名声的不仅是陶范的鲁莽,还有他文学素养的低下——他甚至无法判断《东征赋》是否真的提到了父亲。如果《东征赋》中没有提到陶侃,陶范就不应该被袁宏急中生智下的吟咏所欺骗;如果《东征赋》中确实提到了陶侃,那就说明最初他根本就没有读懂袁宏的文字。这一画面中的陶范让读者对他本人的表现哭笑不得之余,还令人对他的父亲陶侃产生怀疑:若是陶范继承了陶侃之风,那么作为父亲的陶侃又是一个什么样的名士呢?

尽管陶范和王戎两人相比可谓高下立见，不过作为儿子的二人具有明显的相同点：他们都非常珍惜父亲的美名。一个敬重父亲功勋与美名的人，必然是一个珍惜家族名誉之人，即使他再莽撞粗暴或缺乏文学素养，也轻易不会做出有损家族荣誉之事。有学者指出陶范"努力想进入东晋主流社会"[17]，因而特别渴望父亲得到大家的认可。刘义庆叙述的妙处在于，即使我们不知道当时的其他情况，只凭借陶范捍卫父亲声名的认真劲儿，就知道他绝不会是一个作奸犯科之人。他掏出白刃的瞬间，必然是真诚的，而在听到袁宏的吟诵时，他的内心定是充满了满足感——原来父亲的威名如此深入人心。

和陶范相比，桓玄对父亲的尊重就显得不那么真诚。《任诞》第50则说，桓玄被委任为太子洗马，他坐船赴任，王忱前去探望他，桓玄给他安排了酒食。恰好王忱服五石散后有点醉，不能喝冷酒，就不断跟随从说："叫他们拿温酒来！"桓玄就低声哭泣流泪，王忱起身想走。桓玄用手巾擦拭眼泪，随即对王忱说："犯了我的家讳，关你什么事！"王忱叹曰："灵宝故自达。"

所谓犯讳，是由于桓玄的父亲叫作桓温。在这个故事中，桓玄口口声声说他所做的一切都是出于对父亲的尊重而王忱没做错什么，可是他的哭泣让王忱感觉索然，他的解释让王忱感到惭愧，而最后也只是招来了王忱对他本人的夸赞——无论王忱的赞誉是否带有讥讽，却无一字涉及桓温。之所以说王忱对桓玄之"叹"并不一定是赞赏，是因为我们还记得阮籍的儿子想要"达"而被父亲制止，对即将成为太子洗马的桓玄来说，"达"并不是他应当具备的品质。事实上，王恭的父亲已经嫌弃王忱过于"达"了——他在扫墓之时还和王恭厮混；如今连王忱都觉得桓玄"达"，那么桓玄所做的一切应当是异于常理的。

我们可以想象一下，当卢志询问陆机，陆逊和陆抗是他什么人时，陆机要是一听到祖父和父亲的名字就流泪，不知道卢志会怎么收场……我们也可以反过来想象一下，要是王忱要"温"酒之时桓玄直接指出对方的不妥，那么王忱也会觉得桓玄是一个爽直之人。关键在于桓玄的"扭捏"不仅让王忱也让读者觉得"过"了，他在此等场合下落泪在《世说新语》中几乎是绝无仅有的场面。如果他真心在意父亲的名讳，就不应该让王忱反复提及；如果他只是借此在消遣王忱，那么他对父亲并没有真正地怀有尊重。事实是，桓温作为东晋权臣位高权重，虽然权倾朝野，却始终不敢谋反，而桓玄却从小野心勃勃，最终走上了犯上作乱之路。在没有人用"达"来描述桓温的情况下，桓玄的"达"自然不是对父亲的继承，在相当程度上甚至是对父亲的背叛——他越过了其父设下的底线。因此，桓玄貌似尊重父亲的名讳，但却做出了损害父亲身后名之举动。我们还记得还是孩童的何晏在父亲去世之后依然不会做出有违父意的行动，但当我们用"父没，观其行"的原则来打量同样年幼丧父的桓玄时，就会发现他所做的其实并没有符合父亲的遗志。

父子之间不可能永远是理想化的循环：父亲夸赞儿子，儿子维护父亲，父子代代名士相传——这样的场景只停留在美好的祝愿之中。早已看透了六朝人世浮沉的刘义庆自然熟谙这个道理。

当个体的欲望或野心过大时，就会突破父子之间原本互相支持而又互相约束的关系，也就会出现桓玄这样的产物，从而造成父子关系的多样性，而刘义庆在《世说新语》中也的确向读者展现了多重父子关系。它们并没有改变或动摇父亲夸赞儿子、儿子维护父亲的基本框架，而是在这一框架的基础上对父子关系做了更具有现实性的补充，让读者感受到父子关系并非死板而僵化的，而是丰富多彩的。

怎么可以把女儿嫁到他家！

《方正》第58则中的父子之乐就别具一格：

王坦之做桓温长史时，桓温想要自己的儿子娶他的女儿。王坦之答应桓温说向父亲王述请示。王坦之回到家，王述把儿子抱在膝盖上——虽然王坦之自己已经做了父亲，可是王述还是非常疼爱他。王坦之在父亲的怀抱中说桓温求娶女儿之事。王述勃然大怒，把坦之从膝盖上推了下去，斥责他说："你怎么痴傻到这个程度，居然怕驳回桓温的面子！他不过是一个兵而已，怎么可以把女儿嫁到他家！"王坦之回复桓温说，下官家里原先已经为女儿找到了婆家。桓温说他知道是王述不肯答应罢了。最后，桓温的女儿嫁给了王坦之的儿子。

这个故事一波数折，映衬出多重父子关系。首先，王述和王坦之之间的父子关系可谓其乐无穷，今天的我们都难以想象一个几十岁的儿子还坐在老父亲的膝盖上,可以想象王述对儿子的疼爱,而王坦之也乐在其中;其次,王述疼爱而不溺爱儿子,坚持在权势面前保持自己的大族气度,对于原则绝不退让;再次,王坦之也没有被父亲宠坏,他对父亲非常敬重,自己女儿的婚事完全听从老父亲的决定;最后,桓温女儿和王坦之儿子的婚事,不知道是否经过了王述的同意?虽然有学者说当时的习俗是士族男子可娶寒门之女(手握大权的桓温出身寒门),但是按照王述的性格与他对桓温的鄙夷,大概率还是会对桓温说不。刘义庆并没有告诉我们,"后"究竟是等到王述去世后王坦之自己的决定,还是王述后来同意让孙子娶桓温的女儿。如果是前者,那么王坦之似乎并没有坚守父训;如果是后者,那么大约的确是男女有别,抑或是作为父亲的王述在晚年竟然态度有所改变。

  对有的学者来说,这则故事的亮点在于门第血统的根深蒂固[18]——王述之所以能不畏权势是由于门第高;而位高权重的桓温仍旧遭人鄙视是由于血统"贱"。可是从父子关系的角度出发,我们可以发现这则故事恰恰说明了父子两代人对门第血统的不同态度:当王述还坚持门第的重要性时,王坦之已经看重实际的权势了。王坦之出于对父亲的尊重,接受了父亲的批评和决定,但是从他没有直接拒绝桓温一事可以看出,其内心的价值观已然和父亲有所不同。推崇门第还是服从权势,在今天的读者看来并没有截然的对错或是高低,然而对当时的王氏父子来说,是一个原则性问题。父亲要求儿子无条件继承旧有的观念,而儿子则在尊重父亲的情况下悄悄做好了调整原则的心理准备。

你有一个好儿子

　　由于父亲也曾经——或者依然——是儿子，因此父亲对儿子的内心活动并非一无所知，毕竟父亲在不久前也拥有同样的心理。最能反映父子之间这种微妙心理"斗争"的是两个具有相同结构的故事：《言语》第4则和《言语》第12则。在这两个故事中，都是父亲昼寝，然后两个儿子偷酒喝。前者是孔融和他的儿子们，后者是钟毓和他的儿子们。两个故事都涉及几个要素：首先是父亲昼寝，接着是儿子偷酒，然后是父亲和儿子们讨论要不要行礼后再饮酒。两则故事之中都是长子依旧试图遵守酒以成礼的原则，觉得纵然是偷酒喝也需要行礼，而幼子则更为彻底——既然偷都偷了，就索性直接喝酒了事。

　　这两个出自《言语》篇的故事过于著名，以至于很多人都停留在对小朋友们伶牙俐齿的叹服上，从而忽视了其中隐藏着的父子关系。两个故事几乎一模一样的结构无比清晰地告诉读者，即使通常父亲会给儿子树立榜样，但父亲本身也不会是完美的存在，这意味着他们也会犯错，而他们犯错之时就会给儿子们可乘之机——要是没有他们的昼寝，孩子们就没有偷酒的机会。孔融和钟毓所犯的错，是被孔子在《论语》中痛斥的。《论语》中宰我昼寝，孔子直接骂他说朽木不可雕，[19] 以孔子在魏晋时期的圣人地位，孔融和钟毓必然是熟悉他对宰我的教诲的，但是他们依然会犯同样的错误，这再一次表明名士满足于做一个普通人。一个"普通"父亲的快乐，就在于他并不需要完美，至少在家中、在儿子面前可以放松地展现自己"朽木"的一面。让儿子看到自己昼寝，他们又如何去教育自己的儿子呢？也许，他们根本就没有想要死板地去教育儿子，而是让儿子看到一个真正的父亲，从而让儿子做出自己的判断：既然缺点是人不可避免的一部分，那么我们究竟是应该完全放任自己的缺点、竭力改正自己的缺点，抑或是在无伤大雅的前提下偶尔放纵一下？

因此，儿子们偷酒并不能算是对父亲的挑战或是反抗，反而可以说是一种传承，尽管这样的传承也许大家都不愿公开承认。父亲也好，儿子也好，都有偶尔想要"顽皮"地恶作剧一下的时候。当偷酒的孩子在犹豫是否要守礼时，其实昼寝的父亲已经给了答案。我们甚至可以说，也许父亲的昼眠就是为了鼓励孩子去恶作剧一下呢！我们不出意料地看到父亲并没有痛责孩子偷酒的行为，钟繇还饶有兴味地和两个儿子探讨起他们的行为来；同样不出意料的是儿子们纵使在犯错之时，也会犹豫是否应该遵守父亲所教导的原则，毕竟类似偷酒的恶作剧在性质上和父亲的昼寝有异曲同工之效。在这两则故事中，父亲与儿子互为镜子，映衬出两种人格的碰撞，寻求原则的儒家元素和崇尚逍遥的道家元素在父子两代共同完成的恶作剧中得到了另类的融合。

这样的放纵是父子之间的默契，或者说这样的放纵只存在于父子之间。由于父子天然的上下阶序关系，他们之间的放纵只会增加父子相处的快乐，而不会影响到根本性的原则，小小放纵而无伤大雅。属于父子的共同放纵也体现在父子间的玩笑之中。《排调》第40则就是一个典型的例子：张镇是张凭的祖父，有一次他对张凭的父亲说:"我不如你。"张凭的父亲不理解自己的父亲为何这么说,于是张镇解释说:"你有一个好儿子。"当时只有几岁的张凭敛手对祖父说:"阿翁!怎么可以用儿子来戏弄父亲!"

这是属于祖孙三代的放纵。张凭的父亲尽管连名字都没有被提到,但他承上启下,身兼父亲和儿子双重角色。张凭的祖父主动承认自己不如儿子,这属于父亲的"顽皮",就好像昼寝的孔融一样先露一个破绽。虽然父亲夸儿子属于习俗,可是夸儿子的同时贬低自己却不常见,也难怪张凭的父亲一下子没有反应过来。事实上,张凭的祖父故意隐去了身份:作为儿子,也许张凭的父亲不如张凭;而作为父亲,张凭的父亲则胜过张凭的祖父。当张凭的祖父说"我不如你"时,双方的身份是父亲;而当他说"你有一个好儿子"时,则偷换了比较的概念。张凭的祖父最终目的并不只是为了夸孙子,他也的确夸了自己的儿子:有一个出色的孙子表明祖父的风骨经由父亲而传承到了第三代,而张凭的父亲作为传承枢纽具有分外的重要性。在张凭的祖父看来,自己的儿子到底出不出色?想来答案应该是肯定的。

通过开自己的玩笑,进而开儿子的玩笑,最后能够把祖孙三代都夸赞进去,这般的其乐融融也许只能存在于父子之间。刘义庆的一个细节体现了这样的放纵并不会影响礼仪的教化:张凭在向祖父抗议之时的"敛手"。尚是幼儿的张凭已然懂得恭敬的礼节,同时他也懂得捍卫自己的父亲,只是这一次捍卫父亲则必须挑战祖父——于是守礼的同时又变得有些无礼,而无礼之时却又

092

不忘礼仪。当然，这本来就是张凭的祖父所期待的快乐吧。

千万不要让大郎知道

既然父亲也有缺点而儿子可能胜过父亲，那么即使儿子对父亲心怀敬意，也免不了在长大成人之后反过来规劝父亲。作为父亲的王导和郗愔都有着类似的尴尬。《俭啬》第7则说，丞相王导很是节俭，家中满满的水果却不给大家吃，以至于最后都烂掉。管家告诉他之后，他命令扔掉，并叮嘱说："千万不要让大郎知道。"大郎就是王导的长子王悦（长豫），想来王悦之前就向父亲提过意见，以至于王导心有余悸。以无为闻名于世的一代名相王导做父亲做得如此"狼狈"，旁人也许心有不忍，不过他却似乎乐在其中。《德行》第29则告诉我们，王悦是一个大孝子，有一个孝子督促着自己，王导应该是颇为自豪且深感快乐的吧，要不然他怎么会"见长豫辄喜"呢？

相比之下，郗愔就没有王导好运了。《俭啬》第9则是一个痛快淋漓的故事：郗愔大肆敛财，多达数千万，他的儿子郗超（嘉宾）很不赞同父亲的举动。郗超也是个守礼的孝子，按照郗家的家法，早晨晚辈向父亲请安的时候是不能坐的，郗超就一直站着谈了很久，最后谈到了钱财之事。郗愔对儿子说你不过是想要得到我的钱罢了，于是他开库一天，让儿子随意花。一开始郗愔以为也就被花掉几百万，结果郗超竟然在一天之内差不多把所有的钱都送给了亲友……郗愔听说后,惊讶不已。

千万不要以为郗超这样做会影响父子之情。郗超用实际行动表明自己并不爱钱,他所做的一切看似是有违父亲之意的恶作剧,却为郗家带来美好的名声,这是孝的体现。孔子在《论语》中对孟懿子说孝需要"无违",乍一看郗超似乎违背了"无违"的原则。实则不然。孔子对"无违"的定义是"生,事之以礼;死,葬之以礼,祭之以礼",郗超一早站着请安,在父亲的允许之下才开库散钱,他做的一切都是在守礼的前提下进行的。有孝子就有慈父,身为孝子的郗超自然也维护了父亲的声誉。郗愔在听到"噩耗"之后惊叹而没有发怒,这便是明证。只不过郗愔的惊叹说明他真的不够了解儿子,可是从上下文看来,他的惊叹并不一定是诧异于儿子花钱的能力,也可能讶异于儿子视金钱如粪土。郗愔最初以为儿子是自己要花钱,而千金散尽的壮举让他重新认识了儿子,想来郗愔的惊讶应该是欢喜多于懊丧,毕竟,父亲都希望拥有一个优秀的儿子,更何况郗超的这番操作让父亲郗愔不用亲自再在亲戚朋友面前夸儿子了!

可惜的是,郗超和王悦一样都英年早逝,这不得不说是冥冥中的宿命。我们已经见识了丧子后郗愔的心情,因此我们才可以断言郗超对父亲的反对并没有减少郗愔作为父亲的快乐。同样,《德行》第29则告诉我们,在王悦去世之后,王导从家里去尚书台,从上车就开始哭,一直哭到禁城的大门口。从王戎、郗愔到王导,名士丧子时的痛苦反复凸显了儿子给他们带来的快乐。刘义庆不厌其烦地向我们讲述那些送走黑发人的"白发"名士如何悲恸，与其说是为了反衬出他们作为父亲的快乐，不如说是在提醒读者不要无视自己身边的快乐，尤其千万不要等到失去作为父亲的快乐之时才懊丧后悔。每一个普通人即使有着这样那样的缺点，也并不影响拥有作为父（母）亲的快乐，无论是孔融和儿子们合作的恶作剧，或是张凭的祖父和儿子、孙子开的玩笑，都并非名士的专利，而是每个人生活中触手可及的快乐。

从开玩笑或是恶作剧的角度来看父子（女）关系，就可以对名士的某些看似费解的举动有不同的理解。众所周知，"竹林七贤"之一王戎一直以来都背有"吝啬"的恶名。《俭啬》中关于他的故事不少，其中有两则的内容类似。

《俭啬》第2则说的是王戎俭吝，他的侄子结婚，作为父辈的他只送了一件单衣，后来还要了回来。《俭啬》第5则说的是王戎的女儿结婚后向王戎借了几万钱，女儿回娘家的时候，王戎表情"不说（悦）"。女儿马上还了钱，他的表情才恢复正常。若是把王戎的不悦理解成单纯地在乎钱，那未免有些小瞧他的气度，就会沦落成误解郗超想要花钱的郗愔了。我们还记得王戎是如何在父亲去世之后捍卫父亲的声名的，他拒绝了所有来自他人的钱财。

我们不难注意到，王戎的这两次小气之举都发生在晚辈结婚时。结婚意味着他们马上就要从子女变成父母，而父亲所能做的是教他们最后一课。如果女儿在能够还钱的情况下不还，那么就是在婚后有意"啃老"，这个习惯一旦养成，就完全可能在王戎去世之后将他人送的钱财纳为己有（作为参照，郗超在父亲很有钱的情况下，一分钱都没有花），也就无法做一个合格的母亲。

　　王戎的不悦，是在用极端的方式对子女进行规劝与鞭策，就如同阮籍对儿子的劝告一样，只不过看起来更加夸张而已。他和张凭的祖父一样，有意扮演一个"恶"父亲的角色，从而让女儿重新审视父女关系，不仅让她学会如何与父亲相处，更重要的是让她做好为人父母的准备。他给侄子的礼物也可以做相同的解读，送单衣再要回来，这样的叔叔可谓是古今罕有，王戎在想出这样的恶作剧时估计得意得很。想来王戎的侄子和女儿一辈子都会记住王戎的教诲。我们不知道他们还会不会向别人借钱，即使会，眼前也必然会浮现出王戎"不说"的表情，于是赶紧收手吧……做一个顽皮的父辈吧，刘义庆通过王戎对我们说，即使被大家误解，又有什么关系呢，本来父子（女）间开玩笑和恶作剧的快乐，就不足为外人道吗！

连狗鼠都不吃你吃剩的东西

　　父子间这样的相处，究竟算不算"父父子子"？用魏晋时流行的句式来说，也许在算与不算之间。按照《论语》中父子的标准来说，最根本的是父慈子孝——皇侃在《论语义疏》中也作如是解。[20]王戎这样的父亲，似乎很难算作"慈父"；郗超散尽父亲钱财之举，也不符合大家心目中的孝行。然而，绝大多数情况下，《世说新语》中的父子的确都能够用自己的方式和谐相处，父子相残的场面可谓消失殆尽。都说魏晋是一个乱世，但和春秋相比，这个乱世中的父子关系却异常稳定。至少，父亲乐于做父亲，而儿子也乐于做儿子。

这并不意味着《世说新语》中所有的父子关系都非常和谐。如果说《春秋》中的父子相残基本发生在各国的诸侯与王子之间，那么《世说新语》中依然残留着一丝影子。《贤媛》第4则告诉我们，魏武帝曹操死后，魏文帝曹丕把父亲的宫女全部招来侍奉自己。等到曹丕病重后，曹丕的母亲卞太后来探病，看见曹丕的左右都是以前曹操宠爱过的人。太后问她们什么时候来的，回答说还在为曹操招魂时就来了。于是太后不见自己的儿子，并感叹说："狗鼠不食汝余。"在曹丕去世后，太后也没有参加丧礼。

《世说新语》中曹丕的形象并非全然负面，但是在这则故事中，他对父亲的所作所为无疑令人发指，显然违背了"死，葬之以礼"的原则，不仅侮辱了刚刚去世的父亲，而且也令自己的声名蒙羞。同时，这样的一个儿子也会让人质疑曹操作为父亲是否称职。一般说父慈则会子孝，根据这个逻辑反推，曹丕的"子不子"可能是由于曹操的"父不父"。《惑溺》第1则中曹操攻破邺城后急急搜寻袁熙之妻甄氏，左右告诉他甄氏已被曹丕带走了。曹操说这一次击败逆贼，正是为了这个女子。我们不需要纠结这一段曹操父子争抢女子的名场面是否完全属实，刘义庆的这个故事让所有熟悉《春秋》的读者都仿佛从魏晋穿越到了几百年前的春秋，那是一个诸侯动辄和儿子抢美女而导致父子反目的时代。刘义庆似乎在暗示我们，尽管春秋时期父子相残的人伦惨剧已然

097

消失殆尽，可是在君王之间，平常父子之间的其乐融融还是存在被权力吞噬的风险。父子抢女人的闹剧，为什么在普通人家极少出现，而在魏晋之际的曹操父子中还有此"遗风"？从历史上看，对女性的争夺从来不止于女性本身，而是权力争夺的象征。[21] 我们不难看到，在曹操曹丕父子之间，还隐藏着君臣关系（尽管曹操并未正式称帝），曹操和曹丕父子对女性的争夺，事实上就成了君臣之间权力的争夺，甄氏只能跟君臣中的其中一个，权力也是一样，非此即彼，而普通的名士父子之间很大程度上不存在这样的烦恼。

我们可以把刘义庆对曹操父子的叙述理解成对父子之乐的习俗划定了一条界限，那就是普通的名士才可能在更大程度上享受父子之乐，君王就可能会被剥夺这一份快乐。这样的划分让我们更加珍惜普通人的身份，拥有父子关系之乐的我们，作为儿子可以捍卫父亲，也可以与父亲恶作剧，作为父亲可以夸赞儿子，还可以和儿子开玩笑，那么，我们还有必要去羡慕"父不父、子不子"的帝王吗？我们也可以把刘义庆笔下的曹丕视为一种预言：有的读者可能会在意曹丕此事的真假，但是却无法否认，这样令人发指之事在后世仍然出现，隋炀帝杨广就是明证。这样的预言让读者反思究竟何为乱世。西汉盛世之时，也有武帝与太子之间的悲剧；隋唐一统天下，却引得父子之间的争斗。相反，被冠以乱世之名的魏晋，曹操和曹丕的争夺已经是《世说新语》所载父子之间最大的抵牾。至少，曹操不用担心曹丕会弑父，无须活在自己被儿子剥夺"父亲"头衔的恐惧之中。乱世中的不乱，大约正在于相对稳定的父子关系。

无论在上古中国还是古代西方，弑父都是一个无可回避的话题。由于君主制和父权制的结合，弑父成为权力更迭不可避免的方式之一。阿特金森（John William Atkinson）把弑父当成常规的继承手段，弗洛伊德则认为弑父是一种原罪。弗雷泽（J. G. Frazer）在《金枝》(The Golden Bough)中告诉我们很多原始民族都有弑父的习俗。要言之，在西方文化中，弑父与政治权力紧密结合，甚至认为弑父才是君主制通向民主制之路。《世说新语》中弑父的消失，固然是对历史的真实呈现，但刘义庆通过曹丕对父亲的态度表明魏晋时期的君王即使父子关系再恶劣，也业已摒弃了这种陋俗。通过选择性地讲述故事，刘义庆事实上对《论语》中孔子所说的"君君、臣臣、父父、子子"做了自己的诠释。当"父父子子"和"君君臣臣"连在一起时，可以有两种解读逻辑：广义来说，"父父子子"才能够"君君臣臣"，用孔子弟子有子的话来说，一个人在家孝悌，那么在外就可以做一个不犯上作乱的臣子，也就是我们所说的父子关系是整个君主制社会的基石；狭义来说，君臣父子并提时，指的就是像曹操与曹丕那样既是君臣又是父子的交错关系。无论是广义还是狭义，都默认"父父子子"就能够"君君臣臣"，两者存在直接的必然关联性。

《世说新语》微妙地把"父父子子"和"君君臣臣"做了剥离，让父子回归单纯的父子，而不再在君臣关系下审视父子，实际上否定了"父父子子"就能"君君臣臣"的逻辑，反之亦然。曹丕的"子不子"并没有影响他成为魏国的开国之君，反过来身为好父亲的王敦和为父亲名讳而哭的桓玄也一样会"臣不臣"地叛乱。从政绩来看,魏晋除了开国之君外,几乎没有强有力的君王,甚至不乏晋惠帝这样传统意义上的"昏君",但是这并不影响名士在父子之间找寻快乐;而父子之间的其乐融融也并没有确保"君君臣臣"进而开创盛世。因此,刘义庆在很大程度上消解了父子之乐中可能蕴含的政治因素,让父子关系变得相对简单而真诚。在读者的眼中,和儿子下棋时想要赖的王导,或是散尽父亲钱财时的郗超,他们只是一个可亲的父亲或是率性的儿子,不会由此联想到他们会是怎样的官员,会如何和君王相处。正如我们在前一章所看到的那样,"君不君、臣不臣"成为君臣相处的新模式,既然如此,那么不如把父子关系从捆绑式的君臣父子双重关系中分离出来,化整为零,把人的家庭生活与政治生活做一个相对的区分,把"父子"作为一个相对独立的整体,让名士和读者一起暂时忘记时势的动荡,还原亲情中的本真。这是刘义庆对父子关系的新诠释,也许这才是《世说新语》中父子之乐的源泉所在。这样的分离看似化整为零,实则更加强调了父子之间的合二为一。

长安和太阳相比,你觉得哪个远?

之所以强调相对,是因为名士本来就大多活跃于官场,很难在家事和公事之间划一条明确的界限。然而,即使是在朝堂之上抑或争斗之中，我们依然能感受到"父子"作为一个整体的独立性。《夙惠》第3则讲了一个关于晋元帝、晋明帝父子的著名故事：晋明帝才几岁的时候，有一次坐在元帝膝上，当时有人从长安来，元帝问起洛阳的情况，不觉伤心流泪。明帝问父亲什么事引得他哭泣，元帝就把西晋灭亡众人过江的经过一五一十地告诉他，接着问明帝："长安和太阳相比，你觉得哪个远？"明帝回答说："太阳远。没听说过有人从太阳那边来，显然可知。"元帝对他的回答感到惊奇。第二天，元帝召集群臣宴饮，就把明帝的话告诉了大家，并重问他一遍，想让他在众人面前展示自己的聪慧。不料明帝却回答说："太阳近。"元帝惊愕失色，问他："你为什么和昨天说的不一样呢？"明帝回答说："抬起头就能看见太阳，却看不见长安。"

关于这则故事的解读很多，大多都在纠结晋明帝为何前后两次说法不同，或者是长安和太阳象征着什么。[22] 从父子关系出发，我们就可以做一个单纯的读者。故事一开始我们一眼就能看到晋明帝坐在父亲晋元帝的膝上，马上能让人联想到王述膝上的王坦之，在这一刻晋元帝和明帝之间的君臣关系几乎可以被完全忽视，宠爱儿子就把他抱在膝上，这是所有父亲的习俗，晋元帝也不例外，如果脱去了龙袍，此刻的他就是一个普通的父亲。

作为一个父亲，晋元帝也和王敦、王澄一样，想在人前夸赞自己的儿子，因而才会先用自己的话把儿子昨天所说的意思向众人说一遍，再让儿子在人前展现一下才华，说到底和王濛看见自己儿子的大作就想在好友面前炫耀一下并无二致。

作为儿子，年幼的晋明帝则用当时流行的方式捍卫了父亲的尊严。也许有人会问，晋元帝高高在上，他的尊严还需要捍卫吗？在前一天了解了西晋东渡之后，晋明帝完全明白父亲和自己身上的重任，也知道如何用最好的方式帮助父亲赢得众人的信任——那就是让大家知道父亲有一个聪颖的儿子，如此才可能有连续的明君，也才有再次见到长安的可能性。必须承认的是，至此晋明帝为父亲分忧之举已经不可避免地涉及当时的政治，但是在这则故事中，作为儿子的晋明帝显然和父亲晋元帝是一个"整体"，他们之间不但没有利益冲突，而且是一个"共同体"。当我们看到晋明帝坐在晋元帝膝上时，父子二人实则是合二为一的。

熟悉魏晋清谈的人都知道，晋明帝所运用的是清谈中常见的技巧。《文学》第38则中就是最好的例子：别人把许询和王修相提并论，年少气盛的许询就很不服气，找了机会去挑战王修，想要在清谈上彻底挫败对方。他们选了一个话题，于是正反双方展开论辩，结果许询大胜；于是他接着和王修互换立场，再次论辩，还是许询获胜。由此可见，一个话题用两种截然相反的答案来回答，且均能自圆其说，这原本就是清谈能力的体现。晋明帝在名士最喜欢和擅长的领域展现自己的能力，可见他在平日所受的熏陶与名士的儿子们无异。通过在大家擅长的领域获得好评，晋明帝不仅向众人表明父亲后继有人，还微妙地告诉大家父亲教子有方。从刘义庆对曹操、曹丕父子与晋元帝、晋明帝父子的不同叙述中，我们可以明显感受到在君臣关系淡化后，父子之间的亲情猛增。

当然，这并不意味着两晋之际司马家族之中父子关系和谐无瑕，毋宁说是刘义庆有意识地截取了温馨的片段，让读者感受到父子成为共同体远比互相争权力夺女子更为快乐。我们说《世说新语》是一部快乐宝典，也正是由于它吸引我们把目光和心绪聚焦在快乐之上。正如有学者指出，快乐并不是外界发生在人身上的，而是需要内心主动去找寻。[23] 一个快乐的人，并不是没有遇到挫折或是苦痛，而是在遭遇不幸时也能将自己的情绪集中于快乐之中。身逢乱世，作为共同体的父子齐心协力以期安稳度日，这是属于这一时代的快乐，也为后世的我们提供了一份找寻快乐的经验。

别人都夸你，我可不夸你

《捷悟》第6则中，我们的老熟人郗超和父亲郗愔又登场了。郗愔拜了北府后，桓温忌惮他的兵权。郗愔对情势判断不清，还寄信给桓温说："我希望和您共同辅佐王室，修复先帝的陵园。"当时郗超正前往外地，在半路听说送信的人到了，急忙拿过他父亲的信来看，读完把信撕得粉碎，又赶回去代他父亲另外写了封信，信里说自己年老多病，不堪世事，想找个闲散的官位来休养生息。结果桓温收到信非常高兴，立刻下令把郗愔调为都督五郡军事、会稽太守。

这是一个惊险的故事，要不是儿子郗超，郗愔可能就会被桓温针对，结局如何也就不得而知了。我们不清楚郗愔在被调离北府之时是不是还一头雾水，以为自己被无端降职，抑或在知道儿子"捣乱"之后会不会生气。作为读者的我们，在为郗氏父子感到后怕和庆幸之余，完全可以体会到他们在一脚踏入鬼门关后又能全身而退的欢喜。在千钧一发之际，是作为儿子的郗超拯救了父亲，也拯救了自己。郗愔的糊涂表明他已经无法"父父"，而郗超的越"父"代庖严格来说也不能算是"子子"——他居然"敢"篡改父亲的心意，替父亲做出决定。可是，郗超用"子不子"换得了父子二人的平安，由此郗愔才可以继续做他的父亲，而郗超也可以继续做他的儿子。这就是"父不父""子不子"反而能"父父子子"的有趣悖论。这是一个事关政局但又无关政局的故事。之所以说无关，是因为我们能够感受到的不是政坛角力的险恶，而是郗超在对父亲犯糊涂的补救之中对父亲出于本能的关心，这样的关心正是父子共同体的体现。一个儿子不会看着父亲犯糊涂而置之不理，更不会向桓温献媚出卖父亲，这是父子关系的底线，只有守住底线，才能获得此中之乐。

让我们从另一对已经熟悉的父子身上再一次体会这种父子作为共同体的快乐吧。《方正》第 47 则讲述了王述、王坦之父子的一次"交锋"：王述升任尚书令时，文书到了立刻前去就职。他儿子王坦之提醒他说应该谦让一下，让给别人。王述问儿子是否认为自己不能胜任这个官职，王坦之解释说当然认为父亲能胜任，不过能够谦让总是一种美德，恐怕礼节上不能缺少。王述感慨道:"既然堪当此任,何必故作谦让呢?别人都说你青出于蓝,胜过我,我看你还是不如我啊!"

我们对王坦之坐在父亲王述膝上的场景记忆犹新,而这一场面下的王坦之则像是换了一个人,他不再唯父亲马首是瞻,反而开始"管教"起父亲来。按照我们通常的认知,《方正》第47则的故事似乎应该出现在《方正》第58则之前,但是这则故事中的王坦之明显甚有主见,似乎比商议女儿婚事时要老成。纠结于时间顺序的读者,可能会去考察王述升任尚书令和王坦之在桓温手下任职的时间先后,不过这多少失去了刘义庆简洁的本意。用学者刘强所创的术语来说,这就是刘义庆给读者提供的"大观视角"[24],"大观视角"指的是刘义庆在讲故事时彻底消解了书中的时间概念,读者完全不需要考虑各个故事的顺序,而是把它们都看成在平行时空发生的事情。我们的第一印象是,王述、王坦之父子又斗嘴了。上一次是王述把儿子从膝上推了下去,而这一次则是互斗,儿子主动"教育"父亲,让父亲注意"礼",随后父亲还击,批判儿子不如自己!

《世说新语》中斗嘴的场面不少,不过父子间斗嘴的并不多。和父子互夸相比,王述和王坦之之间的斗嘴更加值得玩味。通常都是父亲教育儿子要守礼,连阮籍都劝诫儿子不要放达——也就是要守礼,可是在此居然是听话的王坦之在劝谏父亲王述。可是,千万不要简单地以为王坦之是在责备父亲行事过于草率。他对父亲用的是"克让"一词,每一个熟悉儒家经典的时人都知道"克让"出自《尚书·尧典》,换言之,克让是尧所具有的品德,而王坦之希望父亲"克让",也就是对父亲报以极大的尊重。成名较晚的王述获得了符合自己能力的官职,这本身就是外界对他的认可,因而王坦之在没有必要捍卫自己父亲的情况下,作为儿子对父亲提出劝谏,希望父亲在履新之际注意与人相处之道。这时如果王坦之再对父亲大加吹捧,一口一个"恭喜父亲""贺喜父亲"的话,也许就会让人感到肉麻了。

同样,王述所言看似和儿子三观不合,他讲究的是率真,自己觉得能够胜任就不做多余的推辞,相反王坦之则认为适度的谦让是必要的。然而,王述的话也有含褒寓贬之意。他对儿子说:"别人都夸你,我可不夸你。"言下之意,自己已经不用像王澄、王敦那样在别人面前夸儿子了。王述自己获得他人的肯定出任尚书令,而在他人眼中,儿子已然超过自己,那么儿子的优秀自然也得到了公认,因此王述也同样需要适当地泼儿子一点冷水,告诫儿子守礼之余不忘风骨率性,以免儿子飘起来。想来当王述对儿子说完"定不如我"后,父子二人应该会会心一笑,父子之间又何所谓孰优孰劣呢,原本就是一荣俱荣、一损俱损,相互了解的父子彼此提醒携手共进才是正道。已然是父亲的王坦之依然会坐在自己父亲王述的膝盖上,父子二人身体的相连就暗示着他们是一个整体。当我们做如此解释时,王述和王坦之父子的互相指摘才当得上"方正"二字;如果我们只是觉得王坦之单纯认为父亲不够谦逊而王述认为儿子以下犯上多此一举,有虚伪之嫌疑,那么"方正"从何而来?在看到王述和王坦之斗嘴时,我们不会联想到他们在官场的表现,不会担心王述会不会胜任尚书令,而是会想:父子二人什么时候会相视一笑,喝上一壶呢?所谓共同体的妙处就在于,父子一定要默契地共同进退,若是一个夸一个骂,那么就会失去平衡,父子之间也就失去了传承,快乐也就没有了支点。

不一样的母子之乐

这样的默契来自父子之间的传承,由于父子是一个共同体,他人也许就很难理解其中的妙处。《德行》第36则的对话就微妙地指明了这一点——谢安的夫人教儿子,质问谢安说怎么没看到你教儿子呢?谢安回答说:"我常自教儿。"

谢安夫人的疑问表明她无法理解谢安和儿子之间自然而坚固的纽带,这种自然的影响对她来说甚至可能是隐形而看不到的。这大约就是父子与母子的区别所在。刘义庆并没有厚此薄彼,《世说新语》中同样洋溢着女性的色彩,但是父亲与母亲之间的差异,注定了母子之乐有别于父子之乐。

《文学》第82则从另一个角度印证了父母的不同。谢安问主簿陆退说:"张凭何以作母诔,而不作父诔?"陆退回答说:"故当是丈夫之德,表于事行;妇人之美,非诔不显。"张凭已经是我们的熟人,他拱手让祖父不要欺负父亲的样子甚是可爱。在父母去世之后,他只给母亲写了诔文,而没有给父亲写,谢安便有所疑问,外人很容易误以为是张凭和母亲感情深厚而与父亲疏远之故。陆退的回答十分精当,父亲的功德外人都看得到,甚至将来史书都会记载,而主内的母亲之美德,外人很难了解,因而需要谏文广而告之。

母亲和父亲的社会角色不同决定了母子相处方式的特性。和父亲相比,《世说新语》中慈母对子女的教诲非常直接。在刘义庆的笔下,父亲很少用大段大段的话来教导儿子,他们的确大多通过自己平日的言行影响着儿子,而列入《贤媛》中的母亲则倾向于把道理讲得透彻。因此对子女来说,和母亲的交流不需要过多的揣测与摸索,成长的快乐也就来得更为明显;而就母亲而言,快乐也同样简单:她们的快乐有赖于她们对孩子的教诲是否有所成效。

当我们说到母亲的快乐时,必须承认,《世说新语》中的母亲几乎没有直接告诉我们她们快乐与否,她们的快乐来自我们的判断,或者说按照我们的标准,她们应该是快乐的。《贤媛》第1则给我们树立了一个优秀母亲的样本:

> 陈婴者,东阳人。少修德行,著称乡党。秦末大乱,东阳人欲奉婴为主,母曰:"不可!自我为汝家妇,少见贫贱,一旦富贵,不祥。不如以兵属人,事成少受其利,不成祸有所归。"

这个故事亮点很多。第一,这是一个来自秦末的故事,和《世说新语》中绝大部分故事的时间相去甚远,即使是我们接受所谓的"大观视角",认为秦末和魏晋没有本质区别,我们也很难忽视它们中间隔着差不多整个汉朝。一个如此古老的故事,暗示着慈母的标准形象由来已久。第二,这则故事中的母亲明确对母子与君臣做了分离,并指出前者比后者更为重要,由此我们发现了刘义庆将父子从君臣父子中剥离的根源之一。第三,母亲也否认了快乐与富贵的关联——这让我们想到了孔子所说的"饭疏食饮水,曲肱而枕之,乐亦在其中矣。不义而富且贵,于我如浮云"。第四,母亲指出德行和称王之间没有必然的联系,不是一个有德行的人就能够且必须担任君王以拯救乱世。如果说以上几点都不足以让我们眼前一亮的话,那么最后一点则颇有些出人意料:母亲认为祸事可以让他人来背,让别人做王的话,事成之后自己固然不能将利益最大化,却可以确保失败之后担责的是别人,也就是说,陈婴母亲的快乐,与外人的悲欢离合是毫无关系的。若如此,我们忍不住想问:陈婴所修的德行究竟是什么?

陈婴母亲的态度看起来颇有些冷漠,实则暗含着积极的意义。它不但符合我们已经反复解释过的"独化"思想,而且也与儒家所主张的"穷则独善其身"相一致。秦末虽然距离魏晋甚远,但是却同样具有乱世属性,因而陈婴母亲对快乐的理解可以说为后世的母亲树立了标杆和参照。如果每个母亲都鼓励儿子自立为王的话,那么天下会从大乱到更乱,因此陈婴母亲明确反对逐利。在乱世之中,母亲的快乐在于看到儿子能够安稳度日,在此前提之下行德行之事,而不是鼓励儿子称王称霸,升官发财。想来陈婴在母亲的劝告下,在乱世独善其身,最后归顺汉朝得以封侯,也一定会对母亲心怀感恩吧！

我们不禁要问，如果母亲不鼓励有德之子称王，那么对她来说，儿子的德行到底具有哪些品质，又究竟有何用处呢？在《贤媛》第10则中，王经的母亲回答了前一个问题。王经少时贫苦，在官至二千石时，母亲对他说，你本来就是寒门之子，现在官至二千石，可以到此为止了吧。王经没有听从母亲，最后担任了尚书，由于他选择帮助魏国而不效忠于司马氏，最后被捕。临行前王经涕泗横流地告别母亲说，自己不听母亲的劝告才有了今日的下场。王经的母亲却毫无悲戚之容，对他说："为子则孝，为臣则忠，有孝有忠，何负吾邪？"

王经之母对儿子品行的要求是两个字：孝忠。值得注意的是，孝在忠之前。尽管她没有像陈婴母亲那样对母子君臣做了分离，可是她同样把母子关系放在更重要的位置。刘义庆在此处的叙述极为微妙：一方面用旁观者的口吻说王经"不忠于晋"，另一方面又借其母之口说他"为臣则忠"；一方面客观陈述说他没有听从母亲的劝诫，另一方面其母却认为他"为子则孝"。那么，王经到底孝否？忠否？也许，刘义庆暗示我们，孝与忠也没有完全客观的标准，不管常人如何评价，母亲自有判断。

王经身为魏国大臣，为魏国而身死，不能说不忠；出身寒门而成为尚书，为家族带来美名，不可谓不孝。我们不要忘记，名士的自我定位是有缺点的普通人，想来母亲也没有要把儿子培养成完美无缺的圣人，因而儿子不懂得听从母亲见好就收，即使在母亲看来也是属于可以接受的"缺点"，并不影响他的孝忠。当然,从王经由寒门到尚书最后身死之路来看,陈婴母亲的预判无疑是正确的,同样出身寒门的陈婴若是称王,多半也是同样的下场。不过和陈婴母亲相比,王经母亲显得更有担当。她的临别之言掷地有声,既是对儿子最后的肯定,也展现了作为母亲的骄傲。有这样一个儿子,她应当是心怀安慰的;而有了母亲的劝慰,王经在人生的最后时刻也应当无憾了。

听话的陶侃和不听话的温峤

陶侃的母亲则回答了后一个问题:儿子的德行对母亲来说有何用处?《贤媛》第 19 则和第 20 则都是陶侃和母亲联袂登场。刘义庆再次沿用了同一模式来讲述:母亲如何教育出身穷苦的儿子。前一个故事讲的是陶侃之母倾其所有款待前来拜访的范逵,甚至不惜卖了自己的头发,从而为陶侃打开仕途之门。这个故事让读者产生一种错觉,母亲不惜血本地投资,一定是想要将来儿子做官之后有所回报吧;然而后一个故事马上让我们了解了陶母之心:踏上仕途后的陶侃做过监管鱼梁的小吏,有一次给在老家的母亲送去一罐腌鱼。母亲封好腌鱼交给来人让他带回去,还写了一封信责备陶侃说:"你身为小吏就拿公家的东西给我,这不但没有好处,反而会增加我的忧虑。"

陶母的反应出人意料而又在情理之中。出人意料的是她当初倾尽所有为儿子铺路,居然丝毫不求回报。情理之中的是,刘义庆所记载的良母都是淡泊名利之人，她们对儿子的要求从来都不是物质上的回报，陶侃的母亲自然也不例外。嫁入寒门独自培养儿子的母亲不会把治国平天下挂在嘴边，她们对儿子所期望的底线是不要增加母亲的忧虑，而一个有德行的孝忠之子给母亲添忧的概率会大大降低，即使被杀也能昂首阔步、名垂青史，而不忠不孝之人则随时可能东窗事发、遗臭万年。从陈婴母亲到陶侃母亲，我们居然发现她们的身上有阮籍的影子——阮籍也同样希望儿子能够过上安稳一些的生活。母亲和父亲的快乐，于是有了互通之处。

也许我们可以说，希望下一代能安稳地生活是父母所共通的习俗，而让父母找到共同快乐的这一习俗又是孔子和庄子思想结合的产物。众所周知，庄子推崇养生而拒绝做官。楚王派人找他做官时，他以神龟为喻，指出与其死于庙堂之上，不如逍遥地曳尾于涂中。安稳过日子，就是希望尽可能地养生。然而，庄子的养生看起来未免有些不切实际，在乱世之中生活，无忧地隐居是需要钱财的，寒门子弟无法过上自得其乐的安稳日子。因此，王经母亲和陶侃母亲都并不一味鼓励出身贫寒的儿子保持贫寒，王经母亲是儿子到了二千石后才出口相劝的，陶侃母亲也希望儿子能够仕途顺利。既要走出贫寒，又要尽可能地安稳，这就需要儒家德行的加持。若是没有德行的加持，脱离贫寒后的名士就可能会被利禄所迷惑，这也是陶侃母亲连咸鱼都严肃拒绝的原因。有了这样的母亲，作为儿子的陶侃自然是快乐的。他在东晋的政治斗争中屹立不倒，在看到由于苏峻之乱而抱头鼠窜逃往九江向自己求救的温峤和庾亮时,应该无比庆幸自己听从了母亲的劝告吧。

读者一定会觉得刘义庆把温峤和陶侃放在一起的确是绝妙的对比。《尤悔》第9则说,温峤当初受司空刘琨之命,奉表劝晋元帝司马睿登基,他的母亲崔氏坚决不让他去,温峤割断衣裾就走了。直到他显贵以后,家乡人对他还是持负面的看法。一个是听母亲话的陶侃,另一个是不听母亲话的温峤;面对叛乱,温峤无计可施,而陶侃则成为温峤与朝廷的救星。(《容止》第23则)

这样的对比可谓意味深长。温峤的母亲是不快乐的,儿子绝情而去,把君臣关系置于母子关系之前;而她的不快乐显然符合习俗,乡人对温峤长期的负面评价就是明证——一个不顾母子关系的名士,即使为朝廷奔走劳苦功高,也不会被人认可,因为他极大地增加了母亲的忧虑,从而让母亲失去了从儿子那里得到快乐的可能。和父子一样,母子关系在君臣关系之前,这是乡人的习俗。同时,作为臣子的温峤固然是成功的,但作为儿子的他却是失落的——富贵而不能还乡,如衣锦夜行。

这个故事无疑是一个典型的反例,告诉我们母子之间快乐的重要性——它是君臣之乐无法弥补和替代的。最具有讽刺意义的是,为了君王而抛下母亲的温峤在君王遭遇困境之时,自己居然无法平乱,还要仰仗对母亲言听计从的陶侃。这恰恰证明把孝置于忠之前并不会影响大局,而自以为不用尽孝就能平天下的人反而顾此失彼。

这则故事放在《尤悔》而非《贤媛》,似乎也有暗指温峤之母并不成功之意。也许有人会问,王经也同样没听母亲的话,也

113

同样无法力挽狂澜，他甚至和魏国一起身死，而温峤得到了陶侃相助后还恢复了东晋的稳定，为什么王经的母亲位列《贤媛》，而温峤之母却不行呢？刘义庆笔下的一个细节也许暗示了答案：王经在临死前面对母亲流泪忏悔，并且得到了母亲的肯定，肯定他先孝而忠；而温峤则并没有类似的举动，母亲也未有宽宥之言。所谓尤悔，指的并不仅仅是温峤应当后悔，也指的是他的母亲——温峤母亲没有像王经或是陶侃的母亲那样育儿有方，因而温峤母子都无法从母子关系中感受到快乐。

如果母子之间的快乐完全依赖母亲教育有方，那么母子关系就缺乏双向的互相影响，毕竟即使在父子关系之中，儿子有时候也要承担起为父纠错的责任。儿子也同样可以影响母亲，从而让母子关系濒临危机的二人重新拥有快乐。王祥和继母的关系不怎样，准确地说是继母和王祥的关系不好，处处刁难王祥，但是王祥并没有因此而放弃在母子关系中找寻快乐，而是依旧非常严谨地依礼侍奉继母。他们家里有一棵李子树，结的果实非常好，继母一直让他看守，有一次风雨忽至，王祥担心果子掉下来，于是抱树而泣。《德行》第14则还提到一个典型例子，有一次，王祥在另外一张床上睡觉，继母就偷偷去砍杀他，结果正巧遇到他起身去小便，继母只是空砍了被子，王祥回来后，知道继母很是遗憾，便在继母面前跪着求死，"母于是感悟，爱之如己子"。

这是一个著名的故事，通常的关注点是王祥的孝行。在整个中国历史上，王祥都称得上是大孝子，其卧冰求鲤的故事更是位列二十四孝之中。可是，刘义庆并未给我们讲王祥卧冰求鲤的神奇经历，而是记录了这个看似有些匪夷所思的故事。这个故事的匪夷所思之处，在于继母为什么要杀人，当然，在文学性的叙述中这样夸张的行为也许是为了展示母子关系中"母不母"所可能出现的极端情况，让读者思考若是"母不母"，那么儿子应该怎么办。刘义庆给我们的答案明确而积极，儿子可以用自己的言行来感动并改变母亲，就好像作为儿子的郗超可以为父亲悬崖勒马一样。对关注母子关系的读者来说，这个故事的重要之处不在于王祥是孝子，而是孝子可以让原本顽冥的母亲感悟，从而激发了母爱，让母亲体会到之前面对儿子时所没有的快乐，这便是德行的力量。回头看看温峤，如果王祥面对如此极端的母亲都能让她感悟，那么温峤难道不应该更加容易找到让母亲快乐的方式吗？如果我们把王祥继母所做的一切视为对王祥的一种磨砺，那么温峤是否应该更合理地处理母亲给自己的难题，而不是简单粗暴地割断衣裾呢？

魏晋时期毕竟是一个乱世，《世说新语》中的名士大多数都经历了各种磨难，因而安稳的生活成为父母对儿子的最大期望，温峤也应该更好地理解母亲的苦心。在这样的习俗中，没有子嗣也就顺理成章地成为父母们最大的遗憾。也正是由于这个原因，王祥继母的试图杀子之举才更加不能只归结于"变态"。事实上，她的所为不亚于壮士断腕，她要亲手消灭儿子，而消灭儿子的同时自己也就不再拥有母亲的身份。她试图做的，是扼杀自己找寻大多数其他女性所天然拥有的母子之乐的权利。刘义庆简洁的白描给读者的印象是，王祥的生活中只有继母，而继母也同样只有王祥,父亲和他人是缺席的。在这样的情况下,继母选择不做母亲,其中也必有后世读者所无法理解的难处。正如清人李清在为效仿《世说新语》而作的《女世说》的序言中所说:"母亡而不遇后母慈……苦也,然为后母难。"正是因为王祥和继母都不易,而王祥体会到了继母的不易,所以他才能选择以自己的孝行来以德报怨,感动继母。

事实上,《世说新语》中并不乏王祥继母类似的举动。《赏誉》第140则说谢安很敬重邓攸,他曾为邓攸感到遗憾说:"天地无知,使伯道无儿。"邓攸曾经在战乱之中为了保全侄子性命而丢下了自己的儿子(《德行》第28则),且在南渡之后再也没能生育儿子。谢安自然是站在邓攸的角度,觉得上天对像他这样德行高尚之人居然如此不公;但是从被邓攸抛弃的儿子的角度来说,如果他还活着,又会对父亲持何等态度呢?我们可以发现一个微妙的相似之处:邓攸在逃避战乱之时抛弃儿子,实则等于"结束"了儿子的性命,他的所为和王祥的继母刀砍王祥可能造成同样的悲剧效果,尽管他的所为有一个高尚的前提。如果说王祥拥有改变继母的机会,那么邓攸之子连这样的权利都被父亲剥夺了。因此,我们才假设如果邓攸之子未死,作为牺牲者和当事人的他对于试图"杀死"自己而救他人性命的父亲,是会憎恨还是敬服?在被父亲抛下的瞬间,他会在绝望之中带有一丝快乐吗?

可以肯定的是,邓攸在主动丧失作为父亲的快乐之时,多少在侄子身上得到了另一种快乐作为弥补,这便是长幼相处中的快乐。或许我们还可以追问,那些被救的晚辈,又会在为自己得以保全性命而庆幸之余如何看待这些既心仁又心狠的长者呢?我们在下一章对长幼之间相处之快乐与习俗的讨论,也正试图为这些问题提供一个合理的答案。

第三章　包容平等的长幼传承

在兵荒马乱之中，邓攸选择抛下儿子带上侄子逃至江南。面对儿子和侄子，邓攸选择了后者，想来对他来说，帮助其他晚辈所带来的"快乐"必然大于失去儿子的痛苦。

根据刘义庆简洁的描述，父亲早亡的侄子在逃难路上只能仰仗邓攸的帮助，而邓攸的选择则让自己的儿子失去了父亲。他的选择，在客观上向他人展示了没有差等的爱是可能的。这便是"弃己子，全弟子"的意义所在。抱着如此心情的邓攸自然是快乐的。尽管《世说新语》中的名士几乎没有人复制邓攸在生死之际的选择，但是他的"极端"方式集中体现了刘义庆笔下所描绘的长辈对晚辈的态度，那就是爱护。

邓攸之子在战乱中被父亲抛下不知所终，孔融之子总角之际就随父亲慷慨赴死，《世说新语》中的小朋友似乎面对了太多在他们当时的年纪不应面对的残酷，也从小就亲身体会了快乐不可能持久的道理。我们可以想象，当幸存的小朋友长大后，他们必然会尽一切可能享受快乐，而对于他们的晚辈，也自然会怀有一份宽容。和父子关系一样，长幼之间，在很大程度上也是一种传承，只不过和父子之间的传承相比，长幼之间的传承更为宏大，父子是一个人影响一个人，而长幼则是一代人给一代人带来快乐。

你嘴里为什么开狗洞

在早慧的名士中，陈纪算是当之无愧的代表人物之一。《政事》第3则说：

> 陈纪年十一时，候袁公。袁公问曰："贤家君在太丘，远近称之，何所履行？"元方曰："老父在太丘，强者绥之以德，弱者抚之以仁，恣其所安，久而益敬。"袁公曰："孤往者尝为邺令，正行此事。不知卿家君法孤，孤法卿父？"元方曰："周公、孔子，异世而出，周旋动静，万里如一。周公不师孔子，孔子亦不师周公。"

很多人都会为陈纪的谈吐所折服，毕竟他才十一岁，但是这个故事中陈纪并非必然是主角。《世说新语》的读者大多都对陈纪的"护"父印象深刻，此处也不例外，陈纪侃侃而谈，给人的第一印象就是他又在颂扬自己的父亲，而其所言虽然看似气势磅礴，实则多少有些空洞，这倒是颇符合他的年纪与阅历。事实上，主导这一场景的并非晚辈陈纪，而是袁公，是袁公主动提问，诱导出陈纪的回答，而且袁公的提问逻辑非常微妙。

袁公先是很礼貌地问陈纪对自己父亲德行的理解，接着从陈纪的父亲引导出一个道理：通过点出父亲与其他长辈的共通性，或者说优秀地方官员的共通性，从而引导小朋友认识到父亲之外还存在着和其父一样优秀的长辈。袁公问陈纪是你父亲学我，还是我学了你父亲，多少有些调侃的意思，但实则也暗含他自己的答案：大家都以圣人为榜样互相学习互相影响。然而陈纪显然继续着他的年少气盛，用周公孔子作为他的答案，任何一个对儒家传统略有了解的人都知道他的逻辑漏洞百出——且不说周公当然是孔子学习的榜样，光是动辄将自己父亲与周公孔子相比就显得不知天高地厚。读者只要不被陈纪的气势吓到，就可以发现从头到尾其实是袁公在耐心地教导小朋友如何才能开创一个理想的政治局面：如果只觉得父亲是独一无二的存在，那绝对是不够的。

袁公的引导略带一点调侃，不过完全没有刁难晚辈之意。相反，这是一种开导，也是一种激发，让孩子天性中好胜好强的一面尽情地展现出来，而长辈则巧妙地隐藏在了晚辈身后。有学者指出，适当的调侃不但体现了两人之间关系的亲近，而且还能够让彼此通过特殊的言语交流找到自己的定位。[1] 在《世说新语》中，和袁公一样喜欢"逗"小朋友的长辈并不少。越逗，就越体现出长辈对晚辈的疼爱与提携。《排调》第30则说：

张吴兴年八岁，亏齿，先达知其不常，故戏之曰："君口中何为开狗窦？"张应声答曰："正使君辈从此中出入！"

这一次长幼之间对话的关键依然是长辈。是长辈在知道晚辈聪颖过人的情况下，故意和他开玩笑，才有了八岁小朋友的巧妙回答。更加微妙的是，此处的长辈甚至都没有姓名，只是冠以"先达"的称谓，换言之，他可以是任何一个有见识、有气度的长辈，而每一个有见识、有气度的长辈都可能这样"逗"聪明的晚辈，于是个体事件就可以被解读成一种习俗。

当长辈在"逗"小朋友时，尽管也许无法预知小朋友的具体答案，却可以预想到小朋友会做出精彩的回答，因此长辈才是"逗哏"，晚辈实为"捧哏"，有了长辈立下的杆子，晚辈才能顺着往上爬，晚辈即使爬得再高再欢乐，也需要长辈给他们机会——因为长辈并不会给所有的晚辈这样的机会，机会给的是那些天资异于常人的小朋友。当然，在一逗一捧的过程中，长辈和晚辈都获得了快乐。长辈依稀看到了曾经小时了了的自己，而晚辈则免不了为自己的精彩回答而感到得意。最重要的是，对长辈来说，在听到晚辈带有冒犯性的回答时哈哈一笑，更加彰显了他们的气度。

孙安国在什么地方

《排调》第 33 则的故事有着相似的结构。庾爱之去拜访秘书监孙盛，孙盛正好不在家。庾爱之看见孙盛的儿子孙放在外面，年纪虽小却很有灵气。庾爱之就想试试他，问："孙安国在什么地方?"孙放马上回答:"在庾稚恭家。"庾爱之大笑说:"孙氏家族有这样的儿子真是兴盛啊!"孙放又回答:"不如庾氏家族那样翼翼繁茂。"

在这场交锋中,也是身为长辈的庾爱之在看到孙放聪明伶俐后才主动"开战"的,他用孙放父亲的字提问,孙放则回应以庾爱之父亲的字。孙放接着再用孙放父亲的名"盛"来一语双关地带着调侃之味夸他,孙放于是用庾爱之父亲的名"翼"来还击。如果故事到这里结束,那么两人可谓打成了平手,但是故事的最后年幼的孙放回家后颇为得意地对人说他赢了,因为庾爱之只不过叫了孙放父亲名字一次,而他则叫了对方父亲的名字两次。

当读者看到小朋友扬扬得意的一幕时,多半会莞尔一笑——小朋友毕竟是小朋友,把长辈善意的调侃当作一场正式的比拼,甚至还以为自己是其中的赢家,完全不知道对方是在故意逗他。庾爱之在逗小朋友以前,自然做好了被他反击的准备,对他来说,乐趣在于看到小朋友像小大人一样和自己来一场嘴仗,至于输赢,那是完全没有关系的事儿。乍一看,读者的第一印象是小朋友在长辈面前毫无惧色,事实上更为难得的是站在对面任由小朋友回击的长辈。如果长辈一脸严肃,或者只允许自己逗别人而在对方回应之后恼羞成怒,那么孩子们根本就不会有展现自己早慧的机会。

发现聪慧的小朋友,和他们开个玩笑,给他们像小大人一样还击的机会,面对晚辈的反唇相讥不但不怒反而从中开怀一乐,这是《世说新语》中所描述的长者喜欢的习俗。和父子相比,长幼之间的玩笑似乎尺度更大，而玩笑的对象也更为多样。父子间的玩笑局限在家庭内，而长辈在选择开玩笑的对象时，可以是各种各样的孩子，拥有快乐的机会也就大大增加。对某些由于各种原因没有子嗣、失去父亲，抑或父子无法见面的名士来说，更是在一定程度上弥补了他们缺少父子之乐的遗憾。《排调》第1则讲的就是远在豫州而见不到儿子的诸葛瑾故意让自己的别驾去逗儿子的场景：

> 诸葛瑾为豫州，遣别驾到台，语云："小儿知谈，卿可与语。"连往诣恪，恪不与相见。后于张辅吴坐中相遇，别驾唤恪："咄咄郎君！"恪因嘲之曰："豫州乱矣，何咄咄之有？"答曰："君明臣贤，未闻其乱。"恪曰："昔唐尧在上，四凶在下。"答曰："非唯四凶，亦有丹朱。"于是一坐大笑。

和前面几个故事相比，这则故事的亮点在于结尾处的"一坐大笑"，在场之人都哈哈大笑，表明他们都不觉得长辈和晚辈斗嘴有不妥当之处。事实上，这一场斗嘴是身为上司和父亲的诸葛瑾吩咐下属去逗他的儿子诸葛恪的。他对别驾说"小儿知谈，卿可与语"，下属就听从了他的安排，想来也是因为长幼之间这样的言语游戏颇为常见。没想到的是，别驾去找诸葛恪时，诸葛恪却拒绝了：别驾去找诸葛恪就是代替诸葛瑾去见儿子，而诸葛恪拒绝见别驾也就是拒绝父亲，这也使得长辈和父亲的角色之间出现了重叠，让读者有一种感觉——长辈其实就是父亲的延伸而晚

123

辈其实就是儿子的延展，而儿子拒绝见代表父亲的长辈，多少对父亲有些许嗔怪。

长幼二人最后在张昭家相遇，别驾称呼诸葛恪为"咄咄郎君"，咄咄自是为了故意表明自己的惊怪之情——怪诸葛恪不愿意和自己见面。诸葛恪"因"嘲笑他说："豫州乱了，还有啥可以咄咄的？"一个"因"字指明了身为长辈的别驾掌握着主动，身为晚辈的诸葛恪所言是对别驾的回应，但是诸葛恪也反客为主，把"火"主动烧到了自己父亲身上。这样的开玩笑套路和大多数儿子维护父亲不同，让别驾有些难以招架，于是别驾的回答中规中矩："那里君主圣明，臣子贤良，没听说出了乱子。"诸葛恪继续展示自己的技巧，引经据典地讥讽别驾："古时上面虽有唐尧，下面仍有四凶。"他终于把自己的父亲比作尧，同时把别驾比作尧手下的乱臣贼子，别驾于是也顺水推舟拉诸葛恪下水，替诸葛瑾骂了一下诸葛恪："不仅有四凶，也有丹朱。"丹朱正是尧的不肖子。满座的人都大笑起来，听起来也应该包括了刚才针锋相对的二人自己，可见斗嘴并不影响彼此的心情与关系，彼此都把斗嘴作为长幼之间约定俗成的欢乐游戏，斗得越激烈恰恰说明双方棋逢对手。

这个少年不只是下围棋的水平高

说到棋逢对手，王导和晚辈江彪在棋盘前有一个名场面。

《方正》第 42 则说，江彪少年时，受到王导的邀请一起下棋。王导的棋艺不如江彪，可是他不想江彪让他，借此来看看这位少年会怎么做。江彪没有很快落子，王导问："你怎么不下？"江彪说："这样恐怕不行。"旁边有位客人说："这个少年的棋艺居然不错。"王导徐徐抬头，说："这个少年不只是下围棋的水平高。"

王导的棋艺大抵是不行的，我们还记得他和自己的儿子下棋也要悔棋，不过下棋也许是他观察晚辈的独特方法。从江彪身上，我们依稀又看到了王导儿子的影子，这也再一次证明晚辈是子嗣的延展。王导和江彪这个晚辈下棋，显然不是为了切磋棋艺，而是想看看他的为人处世。下棋又叫手谈，也是人与人交谈的一种方式。[2] 我们都知道，在《孟子》中有一个关于下棋的著名故事：弈秋是全国闻名的下棋能手，他同时教两个人下棋，其中一个专心致志，很听从弈秋的话；另一个虽然也在听，但心里面却老是觉得有天鹅要飞来，一心想着如何张弓搭箭去射击它，结果后者下不过前者。孟子得出的结论是做事就像下棋一样，不能一曝十寒，需要专心致志。因此，一个下棋出色的少年，应该是一个能够专心做事之人；而一个在棋盘上面对长辈寸步不让的少年，无疑是一个具有风骨之人。

王导故意在棋盘上给江彪出难题，这当然也是一种另类的"逗"，而江彪坚持自己的原则没有借坡下驴输给王导，算是给出了完美的答案，这一点和不让父亲悔棋的王导之子有异曲同工之妙。他恰如那些和长辈唇枪舌剑的晚辈，在长辈的"挑逗"之下迎面而上，从而获得了长辈的赞赏。对王导来说，他的快乐在于发现了一个优秀的晚辈,下棋输给晚辈,就好像其他长辈被晚辈在斗嘴中占了上风一样,反而是他的快乐之源。当长辈"逗"有才华的晚辈成为一种习俗后,如何用特别的方法来"逗"也就成了他们的乐趣所在。寻常名士都在言语上"逗",而王导则能采用与众不同的方式,想来他觉得自己能异于同侪,也会自得其乐吧。

说到对晚辈的与众不同,嵇康可谓无人能出其右。《简傲》第3则通常被认为是嵇康的名场面,说的是钟会精通才学玄理,起先不认识嵇康,有一次他邀请了一些当时的俊贤一起去寻访嵇康。嵇康正在大树下打铁,向秀辅助他,给他拉风箱。嵇康一直不停地挥锤打铁,好像身边没有其他人一样,过了很久也没说一个字。钟会起身要走,嵇康问他:"何所闻而来?何所见而去?"钟会说:"闻所闻而来,见所见而去。"

钟会仅比嵇康年幼一两岁,二人之间依然是长幼关系,尽管嵇康和钟会之间的长幼关系更像兄与弟,而不是父与子。传统观点认为这则故事中嵇康轻视钟会,从而被后者怀恨在心,以至于后来构陷嵇康,使他被司马氏杀害。其实单从刘义庆的叙述来看,这完全可以被解读成一个前辈在用独特的方式"逗"后辈的故事。一般有客人,主人自当热情招待,而年长的嵇康"不走寻常路",对客人不理不睬,用行动而不是言语给钟会出了一道难题,看这个号称精通才学玄理的后辈如何应对。我们知道,长辈会逗的是有才情的晚辈,因而嵇康此举可以说间接地肯定了钟会。钟会的表现可谓旗鼓相当,既然嵇康不说话,他也并没有主动搭话,在沉默良久后才起身而去。事实上,一个去拜访对方的后辈,完全可以主动向前辈开口问好,钟会的沉默表明他知道嵇康是在"逗"自己。既然长辈对晚辈的"戏弄"是一种习俗,那么他应该会预料到年长的嵇康会出奇招。

可以想象,嵇康一直在等钟会起身,才会在他离去之时抛出难度颇高的问题"何所闻而来?何所见而去?"在长时间的沉默后,忽然出声,无疑是给钟会一个出其不意,迫使他在瞬间做出反应,这比一开始就做好心理准备的唇枪舌剑难度要高出许多。此时的钟会完全在众人面前展现了自己的才华,"闻所闻而来,见所见而去",见招拆招,无一字多余,看似什么都没答,却又什么都答了,要论起简傲风流,钟会实则不落下风,甚至让人觉得他是有备而去的。因此,如果我们反过来看,就会发现一个有趣的逻辑:如果说长辈看见有才情的晚辈会展开"戏弄",那么当晚辈主动前去见前辈时,事实上就是在逼着对方出题来考自己,并通过化解长辈的难题来拉近相互之间的距离。

刚才的客人咄咄逼人

《世说新语》中对晚辈爱护有加的代表人物当属谢安,不过温厚长者在年少时也曾咄咄逼人。《赏誉》第76则说太傅谢安还未成年时初到京城,前去拜访长史王濛,两人清谈了良久。谢安离开后,王修问他父亲王濛:"刚才那位客人和您相比怎么样?"

王濛说:"刚才的客人说话娓娓道来,气势逼人。"

这是一个意味深长的场面,身为儿子的王修要父亲王濛自己与前来拜访的晚辈谢安比个高低,这对王濛来说并不是一个容易回答的问题。让傲娇的王濛承认自己不如晚辈,那多少是一件难堪的事情;若王濛对儿子说谢安不如自己,那么又会让儿子觉得父亲自欺欺人。抑或,王修给父亲的问题也是由于受了刚刚同辈谢安的影响,当他看到年少的谢安对父亲王濛的逼人气势之后,王修也效仿问了父亲这样一个棘手的问题。在此,晚辈和儿子再次出现了重合。整个故事都没有告诉我们气势逼人的谢安究竟说了什么,我们看到的最逼人的话却是王修的问题。我们可以试想一下,如果自己的儿子来问,他的同学和我们自己相比怎么样,我们会不会感到有些胸闷?

我们还记得诸葛瑾的别驾称诸葛恪"咄咄",在这里王濛说谢安"逼人",加起来就是"咄咄逼人"。在长幼相处之时,长辈即使会主动挑逗,却大多处于守势,咄咄逼人的居然是晚辈。晚辈的咄咄逼人来自长辈的有意培养与宽容。有学者指出,通常来看,长辈通过让晚辈拥有主动性,使年轻人能够决定彼此之间关系的方向,这有利于建立晚辈对长辈的信任。[3]但是,在形成风气之后,"咄咄逼人"就变成了一种晚辈不自觉的行为,他们也许并未意识到这是长辈给予他们的自由与权利,而是可能把长辈的"败退"完全归于自己的优秀,因而"战胜"长辈的过程不仅让他们快乐,也会让他们的自信心膨胀。

《轻诋》第1则很好地证明了长幼之间的这种互相影响。王衍问自己的儿子王玄说："你的叔父是名士，你为什么不推崇他尊重他？"王玄回答说："哪里有名士成天胡言乱语的？"王衍父子所说的叔父，也就是我们熟悉的王澄——一个自己放达但依然喜爱夸赞儿子的名士。王衍父子之间的问答，生动地向我们展示了包括父亲在内的长辈对晚辈的宽容——王衍无法管教儿子，让他尊重叔父，如果连父亲都无法管教儿子，那么遑论其他的长辈。因此，王玄的回答是对长辈的整体否定：不但否定了叔父王澄，实际上也否定了父亲。作为父亲的王衍认为王澄是名士，而作为儿子的王玄则压根不承认叔父王澄的名士身份。换言之，长辈对他的宽容已然让王玄觉得自己就是评判标准的制定者，可以取代长辈来管理这个世界。

王玄当然不是个例，而是一部分晚辈的缩影。《赏誉》第17则中的王济最初也是看不上叔父王湛，王济每次去给祖父扫墓时，几乎都不去看望在旁守丧的叔叔，而王济的父亲也不会加以干涉。同样对长辈轻慢的，还有王羲之的几个儿子。《排调》第44则展现的是王徽之对自己的舅舅极尽调侃之能事。我们还记得郗愔曾被任命为北府，身为外甥的王徽之前去拜贺，并且反复地说："应变将略，非其所长。"郗愔担任的是北府督将，外甥竟然说作战并非他的长处，自然是让人感到出言不逊，因而郗愔的二儿子郗融就怒了，对哥哥郗超说："父亲今日拜官，子猷说话太不恭顺，实在无法容忍。"郗超说："这句话是陈寿对诸葛亮的评价，人家把你父亲比做诸葛武侯，你还有什么好说的！"

在这个喜庆的场合下，长辈完全没有调侃晚辈，是身为外

129

甥的王徽之主动挑衅，用文字游戏来嘲讽舅父。他固然引用了陈寿对诸葛亮的评价，但是其中蕴含着浓浓的调侃之意。敏感的读者会讶异地发现，在作为晚辈的王徽之主动调侃后，身为舅父的郗愔在故事中"消失"了，他没有任何回应，出面的是他的两个儿子。

长辈的"隐身"是一个微妙的细节，按照通常的思维，面对晚辈的调侃，长辈或是会生气，或是会出面教训，而刘义庆笔下的舅父却毫无反应。一方面是被委以重任，而另一方面是在晚辈面前无力还击，以至于让读者心中不由得怀疑他是否能够胜任要职——这当然也让我们不禁想起后来郗愔不知道桓温对他的忌惮而需要儿子郗超出手相助之事。

如果说那些主动调侃晚辈而在晚辈还击后选择成为配角的长者是为了给晚辈展现自己的舞台，那么像郗愔这样被晚辈主动调侃而无力还击的长辈的"隐身"则多少透露出一丝无奈和残酷，有被晚辈赶下舞台的苍凉感。年少的读者也许还会为王徽之的放达击节叫好，但对上了年纪的长辈来说，却不免有"风流总被雨打风吹去"之叹。事实上，《简傲》第15则也告诉我们，王献之兄弟原本去见舅父时还讲究礼仪，但在郗超去世之后，他们都穿着高齿木屐一脸傲慢地去见舅父，[4] 郗愔让他们坐一会儿，外甥们都说有事没工夫坐。郗愔所能做的，只是在他们走后感慨说："使嘉宾不死，鼠辈敢尔！"

能对王徽之、王献之兄弟产生约束的是他们的同辈表兄弟郗超，而身为长辈的郗愔居然不敢当面斥责晚辈，这表明长幼关系已然失控。相比而言，父子之间即使不乏儿子对父亲的规劝，也不会出现儿子对父亲的全然无视。对面对长辈简直为所欲为的王氏兄弟来说，他们也许是快乐的。长辈的确不应该过于约束晚辈，可是当晚辈失去了对长辈应有的尊敬后，这样的快乐会持久吗？王氏兄弟可能觉得舅父郗愔缺乏才情，王玄则认为叔父王澄过于放荡，他们都抛弃了长幼关系中原本的要素——年纪或是辈分，而用自己的原则来决定如何与长辈相处。这意味着长辈一旦选择成为配角，就有可能彻底失去自己的舞台，这大约就是《世说新语》中的一些长辈感到某些晚辈咄咄逼人的缘故吧。

小时了了，大未必佳

说到晚辈对长辈咄咄逼人的范例，则当属年幼时的孔融，他所打造的名场面我们之前已提及。《言语》第 3 则说，孔融十岁的时候随父亲到了洛阳，当时李膺很有名望，只有才子名流和李氏近亲才能去拜访。孔融到了李膺家门口，对差役说："我是李府的亲戚。"差役通报之后，孔融得以进前落座。李膺问他说："您和我有什么亲戚关系？"孔融回答说："以前我的祖上孔子和您的祖上老子有师生关系，所以我和您是累世交好。"李膺和宾客对孔融的回答都感到惊奇。太中大夫陈韪后来才到，有人就把孔融的话说给他听。陈韪说："小时了了，大未必佳。"孔融回答："想君小时，必当了了。"陈韪非常尴尬。

这则故事中没有人主动调侃孔融,是他初到洛阳就去挑战长辈,而且明显有"擒贼先擒王"之意,先挑李膺下手。李膺对小朋友尊称为"君",态度不可谓不尊重,想来李膺也知道这样的小孩子不可小觑。不过李膺的问题中规中矩,对孔融来说毫无难度——他既然说自己和李膺有关系,那么这个答案显然是早就准备好了的。李膺和宾客的惊叹无疑极度激发了孔融的自信:京城的名士不过如此,居然连这样的玩笑话都大惊小怪。这一轮比拼晚辈已经占据了优势,因而孔融不再主动出击。如果说李膺和孔融的对话尚未明显体现出长幼之间可能存在的冲突,那么陈韪的评论则凸显了长幼关系中的矛盾。他指出孔融是"小",而他们是"大",并且默认身为长辈的他们是"佳",潜台词中充满了长辈的优越感。之所以说陈韪并非有意在"逗"孔融,是因为故事的最后他颇为尴尬。那些主动逗晚辈的长辈,在被晚辈还击甚至奚落后都是不会感到尴尬的,反而会感到快乐。

我们稍微细品一下孔融的回答,就知道和陈纪对袁公所言一样充满了逻辑漏洞。陈韪说的是小时候优秀长大了不一定好,"未必"一词指出的只是可能性,他的逻辑其实完全没问题。根据陈韪的逻辑,孔融根本就推演不出陈韪小时候"了了"的结论——长大了不佳的,小时候可能了了,也可能不了了。因此,孔融如此轻松打赢这场嘴仗实属侥幸,要是遇到一个善于清谈的长辈,也许还将继续纠缠几个回合。如果说王氏兄弟只不过打击了一个长辈,那么孔融面对的可是一大批洛阳的前辈名士。刘义庆暗示我们,自以为可以提携后辈让他们鲤鱼跃龙门的李膺门下,其实并没有什么实力强劲的前辈，也许这也是他们感到晚辈咄咄逼人而担心被晚辈赶下历史舞台的原因吧。

这则故事中同样消失了一位原本地位相当重要的人物——孔融的父亲。是他带着儿子孔融到了京城，可是当孔融前往李膺府上时，却是孤身一人。我们不禁要问：爸爸去哪儿了？这是不是意味着父亲还不如儿子，或者说儿子完全不需要父亲？有意思的是，《世说新语》中根本就没有提到孔融父亲孔宙的名字。我们还记得王玄对父亲王衍所言提出质疑的情况下否定了叔父王澄，而孔融则是在完全不需要父亲带领的情况下独战洛阳的前辈名士，这样相似的模式一而再、再而三地告诉我们，晚辈们对长辈的咄咄逼人首先源于儿子不再全然听从父亲。可是，由于父子关系中等级的牢固性和特殊性，通常情况下儿子不可能不给父亲留任何情面，因而对长辈主动出击的晚辈就格外显得咄咄逼人，尽管事实上晚辈在挑战长辈的同时，也同样挑战了父亲的权威。

《言语》第46则中的谢尚对长辈的挤对就同时驳了父亲的面子。当时谢尚只有八岁，他的父亲谢鲲带着他去送客人。由于他那时已经展现出了极为优秀的语言悟性，大家都一起赞叹他，说这样的少年人可以称得上"座中之颜回"。面对长辈的夸赞，谢尚的回答丝毫不留情面，他说："在座的没有孔子，又怎么能够识别颜回呢？"

率性的读者完全理解谢尚的态度——大家对他的夸赞多少有些奉承他父亲的成分，一个少年对这种奉承有着本能的抵触，自然会回击。谢尚的回答也称得上咄咄逼人，直接剥夺了长辈品评人物的资格,告诉他们不要端着长者的姿态评论晚辈——你们这些长辈和我一样,都不过是圣人孔子的信徒。从圣人的标准来看,再优秀的长辈和晚辈相比,也的确是五十步和百步的差别而已。然而,谢尚否定的不仅仅是父亲的客人,也包括他的父亲——须知他的父亲也在座中。

一个八岁的孩子已然认为自己的父亲不是一个像孔子那样完美的人,那么他会如何看待父亲的缺点,又会如何看待有着这样那样缺点的长辈呢?刘义庆没有告诉我们听了谢尚所言后大家的反应,但是由于长辈们并没有故意调侃谢尚而是在夸奖谢尚,因而想来谢尚不留情面的回答出乎了他们的意料。满座的愕然映衬出谢尚的快乐,但是不知此时他的父亲是乐还是怒——儿子伶牙俐齿固然可乐,但是儿子在自己面前贬低自己以及客人,终究是一件尴尬的事情。

此时,如果我们单纯地为谢尚的父亲感到尴尬,也许就辜负了刘义庆的美意。长辈的调侃激发了晚辈的还击,而在还击成为习惯之后,晚辈就自然而然地采取了攻势,此时如果有的长辈因才情不足而任由他们进攻,那么就可能被后辈无情地击垮,然而这并不是长辈的末日。像郗愔这样怨天尤人的长辈,也许自有其可恨之处,也是刘义庆给我们的反面教材,告诉我们作为长辈不能够像郗愔那样倚老卖老,在被晚辈戏弄之后所能做的只是怀念自己的儿子。事实上,对被晚辈羞辱的长辈来说,知耻而后勇未尝不是一种快乐。每一次被晚辈咄咄逼人震撼,就意味着长辈原本可能已经闭合的视野又被强行打开了缺口,从而在晚辈的刺激中又重新获得了学与习的压力与动力。毕竟，晚辈们咄咄逼人的大多是口舌之利，长辈们并不会轻易溃败，而从人生阅历上看，长辈依然有天然的优势，若是能保持风骨与才情，不断提升自己，自会收复失地，赢得晚辈的尊重，成为晚辈的指路人。也许对刘义庆来说，在年幼时作为晚辈咄咄逼人，而年长后作为长辈循循善诱，才是一个在长幼之间游刃有余的名士典范吧。

长辈典范谢安

作为《世说新语》中出场最多的人物之一，谢安就是这样的一个典范。尽管出场次数很多，但有趣的是《世说新语》中几乎没有谢安和父亲或是儿子交流的画面，倒是有众多分别与长辈和晚辈的交往场面。可以说在刘义庆的笔下，长幼之乐在谢安的身上得到了集中的体现。他年幼时是在王濛面前咄咄逼人的少年，长大后依然站在舞台的中央，对晚辈悉心教导，以至于有时候会让我们产生一个有趣的念头：如果是年长后的谢安遇到年少时的谢安，那会是一幅怎样的景象？

如果我们听信王濛的一面之词，那么就会把少时的谢安定格在咄咄逼人的形象之上。事实上，在其他名士眼中，作为晚辈的谢安也具有好学与懂事的一面。《文学》第24则说，谢安少年时请光禄大夫阮裕为自己讲解《白马论》，阮裕专门写了一篇论说文给他。当时谢安没能马上理解阮裕的话，就反复请教直到全部都懂得。阮裕就赞叹说："不只是能讲的人难得，就是真的想弄明白事理的人也很难得啊！"

先秦哲学家公孙龙的"白马非马"，称得上是中国历史上最具诡辩性的命题之一。[5]《世说新语》中小小年纪就谈锋甚健的晚辈不少，但愿意认真思索且能够认真思索《白马论》的并不多，少时谢安的独特之处也正在于此。王濛感到谢安气势逼人，也许正是其思维跟不上谢安的缘故。面对阮裕这样博学的前辈，谢安就化身敏而好学的后辈，学习的快乐在他身上得到了充分的体现，而一个好学的后辈也会让他所求教的长辈感到欣慰和满足。

和在长辈面前口无遮拦的孔融与王氏兄弟们相比，谢安又是一个对长辈充满爱心之人。《德行》第33则就是明证：谢安的兄长谢奕担任剡县县令时，有一个老头儿犯了法，谢奕就惩罚他喝烈酒，老人醉得很厉害，谢奕却还继续罚他喝。谢安当时只有七八岁，穿一条蓝布裤，坐在哥哥膝上，劝告哥哥说："哥哥，老人家多可怜啊，你怎么能这么过分呢！"谢奕的脸色立刻缓和下来，说："弟弟，你想把他放走吗？"于是就把那个老人打发走了。

面对一个因犯法而被灌酒的老翁，七八岁的谢安并没有顽皮地加入捉弄对方的队伍之中，而是心怀同情加以制止。他制止的理由出于本能：老人可怜。见到长辈可怜而不忍见，就是孟子所说的恻隐之心。他制止的方式也出于本能：他一声阿兄叫得亲热无比，让身为兄长的谢奕无法拒绝的同时也保全了兄长的脸面。坐在兄长膝上的谢安原本应该是被呵护的一方，结果他不但给兄长提了意见，而且保全了老翁，俨然成了长辈的呵护者。我们不知道这位老翁清醒后是否会庆幸遇到了一个懂事的孩子，当然这并不重要，重要的是刘义庆的叙述让我们忍不住思考，一个体恤长辈的孩子和一个肆意开长辈玩笑的孩子，究竟哪一个更可爱？如果我们身处老翁的位置，是希望遇到谢安，还是遇到一个大声嚷嚷再给他喝一杯的小朋友？

因此，年幼时的谢安作为晚辈就具有多面性，一方面他具有传统的优秀品质，好学而善良；另一方面他又不墨守成规，而是充满了冲击力，会让学识不足的长辈感到压力。

在转变成长辈之后，谢安同样不千篇一律，一方面他注重教导提携晚辈，另一方面他的引导往往采用非常手段，从而让晚辈体会到教诲而无约束和刻板之感。让我们先来看看《言语》第71则所描述的画面：

这是一个寒冷的雪天，太傅谢安召集了家人，跟子侄晚辈谈论讲解文章义理。一会儿雪下得很大，谢安欣然说："白雪纷纷何所似？"侄子谢朗说："撒盐空中差可拟。"侄女谢道韫说："未若柳絮因风起。"谢安高兴地大笑起来。

在此，很多人关注的是谢安侄女谢道韫的才华，把这位谢安兄长谢奕的女儿、左将军王凝之的妻子视为故事的主角。对我们来说，重要的是终于看到了长幼之间的温馨场面。长辈没有故意给晚辈出难题，晚辈也没有气势逼人，长幼两代人在雪景之中切磋诗歌，其乐融融。看多了长幼之间唇枪舌剑的激烈场面，不免觉得有点闹腾，这般场景反而让人体会到了一份久违的宁静。尽管这一幕中也有对话，可是长幼之间的对话是慢节奏的，长幼的心情是宁静的，是祥和的，是从容的。一问一答之间，是和蔼的长辈和好学的晚辈所做的妙语交流。最后，作为句号的是谢安的笑声，他的笑声是对后辈回答的肯定和赞赏，于是原本可能寒意逼人的雪天瞬间变得温暖起来。

谢安同样会用历史掌故来教导晚辈。《言语》第 78 则告诉我们，晋武帝给山涛的俸禄经常偏少，谢安问子弟们原因何在。谢玄回答说："应该是由于山涛想要的不多，从而使得给钱的人不觉得给得少了。"同样，这则故事中的主角看似是谢安的侄子谢玄，可是我们千万不要忘记把晚辈聚在一起培养他们思考能力的是长辈谢安。我们知道山涛是一个知人善用的好官，他举荐的官员都能够恪尽职守。如果山涛所求不多，那么他所举荐的官员也会效仿，从而会形成廉洁之风。虽然谢安的提问是从晋武帝出发的，但是谢玄的回答转向山涛的立场；同样，作为读者的我们，虽然看到作精妙回答的是谢玄，但是不能忽略作为长辈的谢安从中所起到的作用。事实上，历史中的人物也是后人的长辈，品评前人的言行正是为了从长辈处找寻到成长的经验与教训。对喜爱思考的晚辈来说，应当为谢安高质量的提问感到欢喜；当然对以提携晚辈为己任的谢安来说，听到谢玄的回答，也自当会心一笑。

谢安并不只是聆听晚辈的答案，有时候也会明确表明自己的立场。《文学》第 52 则说谢安问子侄《毛诗》中哪一句最好，谢玄说最喜欢"昔我往矣，杨柳依依；今我来思，雨雪霏霏"。而谢安听了之后说"訏谟定命，远猷辰告"才最有"雅人深致"。最常见的解释是以为谢玄的选择出于艺术性的考虑，而谢安则出于政治性的考量。从长幼关系来看，我们完全无须纠结这些诗歌的具体内容和含义，单是问答之间就可以找到谢安对晚辈教育的合理性。一方面，他的提问告诉我们子侄对《诗经》非常熟悉，否则就无从选择自己最喜爱的诗句，这说明晚辈有扎实的儒家经典基础，而这离不开谢安的教诲；另一方面，他的问题给予晚辈极大的自主性，大家都可以有自己的判断，根据自己的原则做出自己的选择。长辈并没有直接把自己的喜好作为唯一的标准答案灌输给晚辈，而是用启发的方式来询问他们的观点。在谢玄做出回答后，谢安才说出自己的答案。双方都没有详细解释自己为何做出这样的选择，也许是因为他们觉得无须解释。这些选择都是传统和个人相结合的产物，一个人受到长辈的影响，再根据自己的个性和阅历做出属于自己的选择，谢玄如此，谢安亦如此。因此，谢安的答案也只是一家之言，后辈并不需要无条件地接受。

《品藻》第71则又是一个耐人寻味的场面：谢玄等晚辈一起在讨论"竹林七贤"的优劣，这时谢安说："先辈初不臧贬'七贤'。"这一幕到此为止，简洁得略出人意料，刘义庆完全没有告诉我们谢玄或是其他晚辈的观点，仿佛在暗示他们所说的无足轻重，而谢安的教诲才是重点。和之前几个场合中让晚辈各抒己见的谢安相比，此处的谢安终于露出了长辈的姿态，向晚辈表明了自己的态度。

在《世说新语》中，"竹林七贤"绝不是完美的存在，他们各有各的长处，也有着形形色色的缺点。那么，谢安为何要制止晚辈对"竹林七贤"品头论足呢？谢安的话颇值得玩味。他向晚辈表明这是一个传统——他的前辈不会品论"竹林七贤"的优劣，作为晚辈的他也不会，因而作为他的晚辈的谢玄等人也不应该对"竹林七贤"品长论短。谢安并没有解释前辈为什么不评论"竹林七贤"的优点和缺点，似乎在告诉晚辈他们所需要做的只是效仿前辈。或许我们可以推测，即使在咄咄逼人的年轻时节，谢安依然在一定程度上遵从长辈的权威性。

站在我们的角度，臧贬"竹林七贤"的确存在着一定的"危险性"。《世说新语》对"竹林七贤"有着明确的定义："陈留阮籍、谯国嵇康、河内山涛三人年皆相比，康年少亚之。预此契者，沛国刘伶、陈留阮咸、河内向秀、琅琊王戎。七人常集于竹林之下，肆意酣畅，故世谓'竹林七贤'。"（《任诞》第1则）

所谓"七贤"，就是七个一起喝酒的人。当我们用"七贤"来称呼他们时，通常会把他们看作一个整体，从而忽略了他们各自身处的社会关系和每个人不同的个性，所做的评价也就会失之偏颇。我们看到，谢安并不拒绝评价古人，甚至还会主动引导晚辈讨论"七贤"之一的山涛，重要的是此时他们所论的是作为"个体"的山涛，而并非作为"七贤"之一的山涛。山涛对金钱的要求甚少，而王戎对财物则颇为看重，"七贤"之间本来就有着各种差异。动辄说"七贤"如何如何，就会在抹杀这些差异的情况下误读他们的种种言行。这对于我们理解《世说新语》中的名士之乐有重要的启示。如果我们试图用宏观的规律替代具体的个性，把《世说新语》中的名士作为一个整体来进行臧贬，那么就会抹杀名士内部的多样性——很显然，同样身为长辈，谢安和郗愔与晚辈的相处方式就截然不同。

作为长辈的谢安甚至还曾经故意用自己的"缺点"来开导晚辈。《纰漏》第 5 则说谢据曾经上房熏老鼠,谢朗从来不知道父亲做过这件事,后来听人说有一个傻子做了这种事,就嘲笑这个人,时不时就会把这事儿当笑话说。谢安明白谢朗并不知道做这种事的恰恰是他的父亲,于是趁着聊天之际告诉谢朗说:"世人老拿这件事情来毁谤你父亲,还说是我和他一起做的。"谢朗听了才知道一直嘲笑的是自己的父亲,当下后悔莫及,关在书房里一个月不出门。故事最后,刘义庆评价说,谢安假托自己的过错来开导晚辈,使谢朗醒悟过来,这可以称得上是德教。和故意调侃晚辈的长辈相比,谢安故意调侃的是自己,他用自嘲让晚辈失去了攻击的目标,彻底瓦解了晚辈咄咄逼人的可能性,进而让晚辈反思自己的言行。

从谢朗身上我们也可以看到,取笑长辈对晚辈来说是一件寻常的事,只有当他意识到取笑的对象是自己父亲时才感到了后悔——若是取笑别人的父亲,他内心并不会有愧疚感。和父子关系相比,长幼之间的等级关系的确脆弱得多。我们不知道从此之后谢朗会不会转变自己的态度,不知道他把自己关起来闭门不出是懊悔嘲笑了父亲,还是在反省不应该嘲笑长辈,抑或是自己以为在嘲笑别的长辈之时其实是自己的父亲在被人嘲笑。不过可以肯定的是,他应该对谢安充满了尊重与感激。那些主动"逗"晚辈的长辈,心里多少还拥有一些长辈的优越感,而谢安把原本和自己不相干的糗事说得和自己多少也有点干系,用自己的尊严来

141

换得侄子的醒悟，这分明是把谢朗看得比自己还要重要。儒家的快乐，正在于不断地自我反省。想必谢朗在书房里闭关的一个月里，应该是反省得彻彻底底，出关之后定能以全新的面貌与长辈相处，而看到晚辈的成长，作为叔父的谢安自然也是乐在其中。

在《言语》第92则中，谢安委婉地阐述了晚辈在他心中的重要地位。他问众子侄："你们跟我有什么关系，为什么我总想把你们培养成优秀的人才？"没人回答。车骑将军谢玄说："就像那些芝兰玉树，总想让它们长在自己的庭院中啊！"谢玄的回答是否符合谢安的心意，我们不得而知，不知道是不是刘义庆故意不告诉我们。《晋书》中讲到这个故事的时候，指出谢安听了之后"悦"（《晋书·谢安传》）。刘义庆省略了谢安对谢玄回答的反应，客观上让我们觉得谢玄的答案并不重要，重要的恰恰是谢安的问题本身。谢安此问也许更像一个设问句，根本就不需要答案。作为长辈，谢安总是想把晚辈培养成材。他并不满足于和晚辈唇枪舌剑，也不把晚辈视为对手，更不想端着架子一本正经地教训他们，而是会用各种非常手段来推动晚辈的成长，对此谢玄应该深有体会。

《假谲》第14则说，谢玄年少时喜欢佩戴紫罗香囊。谢安对此感到忧虑，又不想伤他的心，就假装跟他对赌，用紫罗香囊作为赌注，赢了之后就马上拿来烧掉了。谢安为什么不喜欢谢玄佩戴紫罗香囊，是不是因为紫罗香囊过于阴柔，学者早有解释，这并非我们关注的重点。我们所关注的是谢安居然会用与晚辈打赌的方式来解决这个问题。赌输赢，这当然更多出现在平辈之间，虽然我们不知道他们具体怎么赌的，但是谢安显然在赌技上也高出晚辈一筹。在放下长辈的架子之后，谢安用晚辈最能接受的方式赢得了紫罗香囊，再用最顽皮的方式把它烧毁，从而断了谢玄的念头。也许有人会问，输掉了香囊的谢玄再寻人做一个不可以吗？这便是谢安教导晚辈的高明之处。他用赌的方式从谢玄手里赢来香囊时，谢玄并不知道谢安的态度，也许以为叔父也同样喜欢；而在谢安烧了香囊后，谢玄显然明白谢安到底想说的是什么。此时的香囊已经不属于谢玄，而是属于谢安，谢安烧的是自己之物，并没有烧晚辈之物，这是谢安给谢玄留有的情面，也是他的委婉之处；但他焚烧香囊的手法则是直接的，让大家都知道了他对紫罗香囊的厌恶，见此场景的谢玄自然也不敢造次。

　　从咄咄逼人的少年到循循善诱的长辈，谢安的角色转变可谓无缝衔接，无疑是成功的典范。我们还记得谢安的夫人曾经责怪他不教儿子，而《世说新语》的读者却一次又一次地看到谢安给予晚辈教导，以至于读者心中不由得产生一个念头：也许正是因为谢安对晚辈的关心，才让他的夫人谢安觉得应该花更多的时间在自己儿子身上。这让我们想到了逃难之时抛下自己儿子而保全侄子的邓攸，谢安所为和他有异曲同工之妙。他把精力放在对晚辈的教导上，为的就是可以让长辈和晚辈之间形成整体良性的相互影响，从而不只在父子之间做到互相尊重与爱护，也能让那些没有父亲的晚辈同样可以受到来自长辈的关爱——谢朗的父亲谢据英年早逝。必须指出的是，当时叔侄关系和父子关系并没有本质区别，很多人在兄弟去世之后，就承担起抚养侄子的任务，有的侄子对叔伯甚至也会以父亲相称，[6]因此当我们把谢安和子侄的关系定义成长幼时，更多的是从现代的角度出发。作为父亲一样的叔父，谢安对晚辈关爱的目的绝不像谢玄所说的那般狭隘，谢玄说是为了把芝兰玉树种在自己家的院子里，而谢安的目光也在院子之外。《言语》第75则就是证明：

谢安云："贤圣去人，其间亦迩。"子侄未之许。公叹曰："若郗超闻此语，必不至河汉。"

谢安认为圣贤和普通人的差别不大，可是他的子侄却并不同意。此时的谢安和郗愔一样，怀念起郗超来。他觉得郗超一定会理解他的这个观点。虽然同样是晚辈，但是论关系，自然是子侄和谢安更近，但是谢安却认为更能理解自己的是别人家院子里的郗超。在这则故事中，从头到尾只有谢安自己在说话，刘义庆只字未提他的子侄究竟说了什么，想来并没有精彩之处。圣贤和常人的关系究竟如何，也许没有唯一的答案，谢安所叹，大约是由于子侄只是单纯的反对，而没有精彩的回应。由此可见，谢安绝不是一个狭隘维护自家家族利益的长辈，晚辈姓谢还是姓郗并不重要，重要的是才情与秉性。无论是哪一家的晚辈，只要是贤能之人，就都能够让偏安一隅的东晋王朝得以持久。

因此，谢安所要教导的晚辈中最重要的那一个，乃是年少的孝武帝。谢安会在遵循君臣礼仪的前提下，从长辈的视角把孝武帝当作一个晚辈来劝谏。《夙惠》第6则说：晋孝武帝十二岁那年，在冬天时他白天不穿夹衣，只穿五六件丝绸做的单衣，夜里睡觉的时候却要铺上好几层被褥。谢安规劝他说："圣上的贵体应该遵循时令。陛下白天太冷，夜里太热，这恐怕不是养生的办法。"孝武帝说："白天活动着就不会冷，夜里不动弹就不会热。"谢安退出来，赞叹说："皇上说理不比先帝差。"

这个场景的前半段几乎人人都似曾相识，作为晚辈的我们难免听过长辈的唠叨，让我们加衣服，而作为长辈的读者也免不了嘱咐晚辈别着凉。孝武帝的父亲司马昱驾崩时，孝武帝才十一岁，如何辅佐一个年幼的皇帝，并不是一件容易的事。作为长辈，应当给他关怀与建议，而作为臣子，则需要尊重他的威严。这时谢安对付晚辈的方法就显示出了优越性，他平时就善于用各种方法循循善诱，因而他对孝武帝的规劝拿捏得恰到好处。

粗粗看来，我们大概会以为谢安是为了劝孝武帝注意冷暖，但仔细品味谢安与孝武帝之间的对话，就会发觉并非如此。如果只是冷暖，那么我们会有一个直接的疑问——那些照顾孝武帝起居的宫人去哪里了，他们为什么没有好好照顾皇上？很显然，这并不是一个如何穿衣服、盖被子的问题。孝武帝用夸张的举止，向臣子抛出了一个难题，看谁能够提出合理的问题，能够让他顺水推舟，在解答问题的同时向大家解释他反常之举背后的原因，从而展现自己的才华，让那些比自己年长的臣子真心敬服君王。换言之，谢安和孝武帝的对话关乎的是皇上的才情与威严。因此，既是长辈又是臣子的谢安使出了自己的拿手好戏：装傻。

我们已经看到谢安在谢朗面前装上房捉老鼠和自己有关，在

145

谢玄面前装自己喜欢赌博，这一次他虽然知道孝武帝肯定葫芦里装了药，但还是假装关心的只是孝武帝的冷暖，告诉晚辈生活要有规律，但并没有具体告诉对方应该怎么做——如果他提出具体的建议，那么孝武帝还需要进行针对性的驳斥，而在现在的情况下，孝武帝需要做的只是解释自己"怪异"行为背后的原因。

果然，在谢安指出"有常"的重要性后，孝武帝顺势解释了自己对有常的理解——冷暖并不只和春夏秋冬有关。在他看来，别人眼中的反常恰恰是"有常"，白天动所以热，晚上不动所以冷。问题在于，白天皇上动臣子也动，为何臣子要穿厚衣服呢？孝武帝的言下之意很明白：自己动得比别人多！同样，晚上大家却安于享乐，动得比皇上多，因而被子盖得比皇上少。他要向大家表明，尽管自己是一个年幼的君王，也一样会白天操劳持政、晚上清净修身。如果没有这一层意思，那么孝武帝所言就缺乏足够的逻辑。谢安当然明白皇上的心意，因而在出去后向他人赞赏的是幼帝的玄谈能力，将他与先帝司马昱相比，从而肯定了"晚辈"的执政能力，为幼帝的成长起到了保驾护航的作用，也才有了后来淝水之战的胜利。由此可见谢安在进去之前，就知道和晚辈讨论的不是冷暖问题，要是他把冷暖作为要务，那么出来的时候应该垂头丧气才是——毕竟，皇帝根本没有说会改变自己的穿衣睡觉习惯。他从一开始就知道自己所要做的，是从冷暖入手引出孝武帝想要说的玄理来。这就是我们说谢安是在装傻，而装傻是为了爱护和提携晚辈——即使这个晚辈是君王。想来出来时的谢安心中应该是欢喜的，自己要辅佐的是一个有才的少主。

才情：长幼平等的新准绳

从冷暖到玄理，看似毫无关系，但一问一答之间却让人觉得顺理成章。其实这样的问答，就是魏晋名士最常见的清谈形式。清谈通常是捉对厮杀，一个人出题，是为"难"；另一个人回答，是为"通"。每一次长辈的故意刁难，都是一个古怪的"难"，也就是一次充满个性的提问；而晚辈的每一次咄咄逼人的回答，均为一个有趣的"通"，也就是不同寻常的回答。[7]当然，通常名士之间的清谈动辄几个小时，到三更半夜是常态，相比之下长幼之间的清谈则是简化版的，讲究点到则止。和父子相比，长幼之间的相处与相知更为依赖这种简化版的清谈。尤其是初次见面的长辈与晚辈，在互相不了解的情况下，清谈式的一问一答可以让双方迅速探明对方的才能，从而决定究竟是长辈循循善诱，还是晚辈咄咄逼人。因此可以说，清谈让长幼之间具有了一定的平等性。长幼之间相处的模式取决于彼此谈论玄理的能力，也就打破了年龄的大小所赋予的长幼天然秩序。可是，这并不意味着长幼有序的理想状况完全消失。在《世说新语》中，由年龄决定的长幼有序的确难以寻觅，但才情决定了长幼之间的新秩序。

《德行》第4则中的李膺可谓是传统长幼观念的代表，此则说的是李膺风度高雅，品行严整，在德行上自视甚高，把在天下扬礼教、定是非作为自己的使命。后辈读书人能够踏入他的家门听到他教诲的，都觉得自己登了龙门一般。这一段叙述充满了讽刺的意味，尤其是在我们看到过孔融"大闹"李膺府上之后。李膺所构建的长幼体系被孔融粉碎得彻彻底底，跳上龙门的诸位居然被一个初到洛阳的小朋友挤对得目瞪口呆。不知道那些规规矩矩执后辈之礼为了登龙门的年轻人，在见证了少年孔融的逼人才气之后，会不会感到一丝羞愧；也不知道自以为为天下人立规矩的李膺在宾客被孔融抢白之后，有没有觉得尴尬万分。一个相信自己能够指点所有晚辈的长辈，究竟是不是一个合格的长辈，有没有过于自信？毕竟，连《论语》中的孔子都会受到弟子的责问，都会说自己有的弟子不适合做官。《世说新语》几乎没有讲述那些能够出入李膺府上的晚辈，想来这是一群仰仗长辈而缺乏才情之人。

李膺和他的晚辈原本所在的小圈子就如同一口井，他们在井里是快乐的，孔融的出现打破了这个圈子原有的宁静，为长幼的关系重新做了定义。长辈开始用平等的目光来评价晚辈，把他们视为未来的名士，而才情也就成为长辈考察晚辈的关注点。

《识鉴》第5则说：王衍的父亲王乂任平北将军时，有一件公事，派人去办没有办成。当时王衍在京城，就命人驾车去拜访尚书左仆射羊祜和尚书山涛。王衍当时还只是个总角少年，然而容貌才学皆是卓尔不群，他的语言表达流利顺畅，讲述道理有条不紊。山涛对这个孩子大感惊奇。等到王衍离开时，山涛仍然看着他，最后感叹道："生儿子不就应该像王衍这样的吗？"羊祜却说："我看将来扰乱天下的，必然是这个人。"

山涛和羊祜都没说错，帅气的王衍长大后成了太尉，但是对西晋的灭亡也负有不可推卸的责任。山涛和羊祜的评价代表长辈对晚辈的两种态度：在山涛身上，长辈与父亲的角色在一定程度上发生了重合；而在羊祜眼中，眼前的少年王衍和他一样，是一个要为天下太平负责之人。羊祜这一预言性的论断体现了其长幼之间的"平等"观。在传统长幼有序的情况下，面对可能乱天下的晚辈，长辈大可以采取两个手段：一是不让他有乱天下的机会；二是教化他、改造他，让他在长大之前成为另外一个"他"。羊祜所言中的一个"必"字透露出一丝无奈，是长辈无法改变晚辈的无奈。晚辈和长辈一样，具有相同的自身发展权利，且不被长辈所左右。

和羊祜相比，山涛对晚辈的态度相对传统，他把晚辈看作儿子的延伸，这意味着在一定程度上长辈依然具有教育晚辈的权利与责任。但是山涛也脱离了李膺的模式。我们还记得，当晋武帝要见山涛之子时，山涛允许自己的儿子做出不见的选择，因而我们可以想象山涛不会像李膺那样要全靠自己制定的是非规则来引领晚辈。刘义庆给我们的细节非常有趣：山涛几乎是盯着王衍看，甚至在王衍离去时仍意犹未尽，山涛和王衍之间的重心在晚辈，这与李膺等着晚辈前来朝拜的姿态全然不同。

在魏晋的名士之中，哪一种长幼观更加常见？哪一种长幼观更加让人感到快乐？哪一种长幼观最能代表当时的习俗？这也许见仁见智。在《世说新语》中，羊祜这一派颇有市场。《识鉴》第6则说潘滔看到少时的王敦，说："君蜂目已露，但豺声未振耳。必能食人，亦当为人所食。"潘滔的话和羊祜对王衍的评价颇为相似，只是他更加直接，是当面对王敦说的。我们看到，他

149

尊称王敦为"君",这样的尊称意味着对王敦平等相视;而一个"必"字则与羊祜所言遥相呼应,小小的王敦将来必定会吞噬别人,也一定会被人吞噬。他的判断基于王敦的外貌,潘滔认为他有蜂目豺声,因而必然会祸害人间。

这样的命定论完全否定了儒家礼乐教化的功用,也彻底消解了长辈对晚辈的影响。尽管晚辈尚未咄咄逼人,可是长辈却已经放弃了自己的主导地位,这多少带有一丝被动"无为"之意,也会形成长辈否定晚辈而晚辈又轻视长辈的恶性循环。《识鉴》第12则说,王澄一向不赏识王玄,曾评价侄子说:"志大其量,终当死坞壁间。"王澄的"终"和潘滔的"必"相呼应,它们具有同样的必然性。叔叔预言侄子终将死于充满争斗的小城堡之中,而不愿意提出忠告改变他的命运。这也难怪王玄对自己放达的叔叔不以为然,把他摒除在自己所认定的名士范围之外。刘义庆没有告诉我们叔侄之间的相互恶意孰先孰后,长幼之间如此交恶,因果先后已不重要,重要的是双方的的确确会互相否定,如果一代人与另一代人之间的相互否定不断传承,那么整个社会就将陷入恶性循环。这样的长幼关系充其量是一种消极的平等,与其说是平等,不如说是长辈的不作为,晚辈的发展轨迹都是"必",坏的轨迹长辈无法改变,好的轨迹长辈也没有功劳。

《识鉴》第17则说:戴逵十多岁的时候,在瓦官寺画画,王濛看见他说:"此童非徒能画,亦终当致名。恨吾老,不见其盛时耳!"王濛不知道看到的是戴逵的画,还是他画画时的神情,无论怎样,作为长辈的王濛相信戴逵"终当"获得盛名,而他所说的名望指的并不是画技。一个十多岁的孩子有必然的发展轨迹，颇有"小时了了，大必然佳"之感。在王濛眼中，戴逵的成功同样是不可改变的，一方面即使是试图"作乱"的长辈也无法影响他，另一方面优秀的长辈也不要贪天功为己功，以为这样晚辈的成长有赖于自己的教诲。要言之，不管盛世、乱世，他长大后都会有名望。

这样的长幼观自然离不开一种命定的人性观，带有一些东汉思想家王充的影子。[8]它认为人有不同的种类，有的生性作乱，有的能获名望，并非人人都是相同的善或恶；它认为这些都是注定而无可改变的；这让长幼双方都有了一种解脱束缚的感觉，晚辈固然不需要受到管教，长辈也无须挖空心思提携后人。

此等长幼观及其背后的人性观和儒家思想存在内在的抵触，虽然孔子说过上智和下愚是不能改变的，但是王敦也好，戴逵也罢，怎样也不在此列。持这样观点的长辈大约会心安理得地放任晚辈自由成长，颇有《老子》"生而不有""功成而弗居"的无为之意。这种观念的缺点也很明显，缺乏长辈管教的晚辈也许会有无所适从的感觉，而不用引导晚辈的长辈则多少有一些失落感。因此，山涛这一派的长幼观就变得必不可少了。

魏晋时期的皇侃在《论语义疏》中的确多次提到"人性各异"或是"人各自有性"，而每个人"性"的不同是由于"气"的厚薄所致，但是他强调人是会受到环境影响而改变的，而环境的影响无疑包括长辈。[9]山涛等人的观念在强调天性不同而无法用统一名教教化的同时，也依然没有忘记长辈的责任，从而在李膺和羊祜之间找到了一个平衡。李膺等人的快乐非常脆弱，他们严重依赖于长幼之间的等级，一旦被打破可能无法修补；羊祜等人的快乐则多少有些落寞，他们自己无法参与到晚辈的成长过程之中，所能做的最多不过是评价他们的好与坏，然后对着脑中浮现出的几十年后的晚辈形象责骂或是夸奖一番。相比而言，山涛他们的快乐最为持久，可以帮忙改造晚辈的缺点，发现晚辈的优点，在晚辈的成长中也获得自己作为长辈的成就感。

拿手巾来给谢郎拭面

《文学》第88则是长辈发现晚辈优点的典型：袁宏少时贫穷，曾经被人所雇运送租粮。镇西将军谢尚有一次坐船出游，那晚风清月朗，他听见江边商船上有吟诵诗歌的声音，很有情趣；而所吟诵的五言诗，又是自己从未听到过的，于是不住地赞叹。他派人辗转询问，原来是袁宏在吟诵自己写的《咏史》诗。因此谢尚就邀请袁宏过来，对他大为赞赏。如果说孔融这样的少年尚拥有出入李膺府上的机会，那么袁宏这样贫穷而有才华的晚辈就需要在长辈主动发掘的情况下才能够出人头地。我们不知道袁宏吟咏自己的诗歌，究竟只是自娱自乐，还是期待有前辈成为知音，但可以确定的是，他并没有要挑战长辈的企图。谢、袁二人相谈甚欢，为我们提供了一种理想的长幼相处模式。作为长辈的谢尚成了伯乐，发现了一匹千里马，而作为晚辈的袁宏则得到了前辈的认可，也许从此不用再以干粗重活为生了。

谢尚之所以能对晚辈和蔼可亲，是因为他自己在年少时也曾被长辈温柔以待。《文学》第 28 则说：谢尚年轻时，听闻殷浩擅长清谈，就前去拜访。殷浩并没有过多地发挥阐述，只给谢尚揭示了各种义理，谈了数百语，既解释得别开生面，又语言华丽，具有强烈的震撼力。谢尚听得全神贯注，汗流满面而没有察觉。殷浩缓缓地对左右说："拿手巾来给谢郎拭面。"

如果说谢尚和袁宏在江畔舟上论诗颇具雅意，那么谢、殷二人这一场面则充满了温情。少年谢尚虚心前去请教长辈，而长辈殷浩则悉心教导后学；满脸的汗水见证了晚辈的快乐与兴奋，而殷浩一声"谢郎"则体现了长辈对晚辈的爱护与欣喜——要知道不是每一个晚辈都能听得如此入神，能遇到这样的晚辈，对长辈来说也是可遇不可求的。从殷浩到谢尚，再从谢尚到袁宏，我们看到的是长幼之间关爱与尊重的传承。尽管《世说新语》中没有讲述袁宏提携后辈的故事，但是我们可以想象他在遇到后辈时的场景。

虽然《世说新语》没有直接告诉我们袁宏是否从此得到了谢尚的照顾而衣食无忧，但通过《赏誉》第 35 则我们可以做出肯定的推测。庾亮年少时被王玄赏识，在庾亮从洛阳过江到建康后，赞叹王玄说："庇其宇下，使人忘寒暑。"正是那个看不上自己叔叔的王玄，对自己欣赏的晚辈能够关怀备至，再一次表明王玄并非要彻底打破长幼之间的秩序，而是在寻找年纪以外的标准来重新打造新的长幼之序，这种基于才情的长幼之序也许比传统的更具有可持续性。

在庾亮自己成为长辈之后，他也会用同样的心态去提携晚辈。《言语》第 50 则说：

> 孙齐由、齐庄二人，小时诣庾公。公问齐由何字，答曰："字齐由。"公曰："欲何齐邪？"曰："齐许由。"齐庄何字。答曰："字齐庄。"公曰："欲何齐？"曰："齐庄周。"公曰："何不慕仲尼而慕庄周？"对曰："圣人生知，故难企慕。"庾公大喜小儿对。

孙潜、孙放兄弟一个字齐由，一个字齐庄，兄弟二人的字的确代表了各自的理想：向许由和庄子看齐。庾亮大喜，是因为他看到了后辈的潜力。在这则对话之前，《言语》第 49 则讲述了他和孙氏兄弟孙齐由、孙齐庄的另一次对话。孙盛是庾亮的记室参军，在跟着庾亮打猎时，带了两个儿子同行。庾亮并不知道，忽然在猎场上看到了当时七八岁的孙齐庄，就对他说："君亦复来邪？"孙齐庄应声答道："所谓'无大无小，从公于迈'。"

也许有人会说，庾亮分明是逗了孙齐庄一下。没错，庾亮所问虽然也可以说给孙齐庄一"难"，但也是一个常见的问题——见到意想不到的人问一下对方怎么在这里也是人之常情。小朋友可以把长辈的话当作一个普通问题选择简单的答复，或是展现自己的才能给出漂亮的答案，完成一次"通"。这就是庾亮作为长辈的厚道之处。庾亮所问的亮点在于一个"复"字，可见庾亮和小朋友已经见过多次了，长幼之间应该很是熟稔，尽管庾亮知道孙齐庄才华横溢、妙语如珠，但是也不会特别刁难他。长辈的厚道换来的是晚辈的尊敬。孙齐庄的回答在机敏上不逊于独闯李膺府上的孔融，但是在内容上却是无比的恭敬。"无大无小，从公于迈"出自《诗经·泮水》，写的是得胜回朝的鲁僖公接受权臣朝贺时的场景，歌颂的是他的才略与德行。孙齐庄合理地断章取义，既形象地讲述了自己来参加打猎的原因，又表达了自己对庾亮的敬仰。如果说庾亮觉得自己获得了王玄的庇佑，那么孙齐庄也同样得到了庾亮的关爱，而一代又一代长辈对晚辈的关怀则在于他们赏识晚辈的才华。

《轻诋》第5则也从侧面证明了庾亮对晚辈的态度。王羲之年少时羞涩不善言辞。有一次他在王敦家，恰好王导和庾亮前来，作为晚辈的王羲之就想溜走。王敦留他说："尔家司空、元规，复可所难？"王敦的话可以有两种解释，"复可所难"既可以平直地理解成有什么可为难的，又可以把"难"解读成清谈中的专有名词，也就是说他们不会发问，尤其是不会提让王羲之为难的问题。元规就是庾亮，可见庾亮和王导一样，对有才晚辈的爱护是当时闻名的。

这一派的长辈并不满足于仅仅赏识晚辈的才华，他们的乐趣还在于给予晚辈指点，让晚辈得以进一步提升自己的才华。《文学》第13则说：诸葛厷年少时不愿意学习，但一开始跟王衍清谈就显示出他的高超造诣。王衍感叹说："卿天才卓出，若复小加研寻，一无所愧。"诸葛厷后来读了《庄子》《老子》，再和王衍清谈，就完全能跟他相抗衡了。

细节是生活中的快乐之源。这个短短的故事中有两个不可忽视的细节。一个是王衍对诸葛厷的称呼。我们还记得潘滔对晚辈王敦称为"君"，不免有过度尊重之感，一个长辈用过度尊重的态度对待晚辈，反而让人觉得带有一种傲慢感（庾亮同样称呼孙齐庄为君，则多少是由于他们之间的熟悉，而潘滔则是初见王敦）。相反，王衍对诸葛厷的称呼就非常合适，一个"卿"字，体现出了长幼之分，但又没有调侃晚辈。和羊祜等人喜欢用的"必"字相比，王衍用了"若"，表达了一种可能性，而不是必然性。这种可能性需要长辈的建议和晚辈的努力共同配合，才能够转化成现实。王衍和诸葛厷之间的长幼关系也是一种和谐的平衡，王衍愿意给晚辈建议，但并不希望自己一直引领着晚辈，诸葛厷虽然才华横溢却也没有咄咄逼人，而是听从了长辈王衍的建议，最终能够和王衍相抗衡，这也是王衍指点诸葛厷的目的所在。长幼之间互相影响，能够抗衡，这才是一种积极的平等。

朝闻道，夕可死矣

良性长幼关系的更进一步表现，则是规劝误入歧途的晚辈迷途知返，其中的代表人物则当属陆机、陆云兄弟。《自新》中的两则故事都与陆机相关。《自新》第1则讲的是周处的故事：周处年少时凶狠霸道，是乡里的祸害。义兴郡的河里有蛟龙，山上有跛脚虎，都是危害百姓的东西，于是义兴人把他们叫作三横，其中危害最大的就是周处。有人劝说周处去杀虎斩蛟，实际上是希望三横之中只留下一个。周处随即便去刺杀了老虎，又下水去击杀蛟龙。蛟龙有时候浮出水面，有时候又潜入水底，游了几十里，周处始终与蛟龙缠斗不休。经历了三天三夜后，乡里人都以为周处已经死了，开始互相庆贺起来。没想到周处竟然杀死蛟龙从水里出来了，当他看到乡亲们在为他的死而庆祝时，才知道自己多么被讨厌，自此开始有了改过自新的想法。于是周处来到吴郡寻找陆机、陆云兄弟，当时陆机不在家，只见到陆云，就毫无掩藏地把过去的事都告诉了陆云，表达了自己的决心，并且说："我虽然想要改过自新，可是光阴虚度，恐怕我会一无所成。"陆云说："古人重视'朝闻道，夕可死矣'，何况您的前途还大有可为。一个人最可怕的是不能立志，又何必担心美名不能传扬呢？"于是周处便努力改过自新，重新振作起来，最终成了一个忠臣孝子。

　　周处和陆云的对话也像是一对难与通。周处提出了问题，而陆云则用《论语》做了精彩的解答。我们可以想象要是羊祜这一派的长辈见到了周处这样的少年，一定是选择放弃，让他自生自灭，世上也就多了一个祸害，而少了一个忠臣孝子。陆云的回答不仅引经据典，表明对晚辈的劝诫是儒家的传统，还准确地回应了周处最大的疑惑——也是我们很多想要自新的人共同的疑惑：我们还来不来得及？因此，陆云的回答也是对我们所有晚辈的回答：只要想改变，一切都来得及。

《自新》第2则的结构如出一辙，只不过主角变成了戴渊和陆机。少时的戴渊是个抢劫过往船只的头目，有一次恰好抢到了陆机的头上。陆机淡定地望着戴渊对他说：你有如此不凡的才能，还要当强盗吗？于是戴渊归附了陆机，两人还成了忘年好友，陆机还为戴渊写了推荐信。戴渊在渡江后成为征西将军。

这则故事中的亮点是陆机和戴渊二人成了朋友。此时的陆机已经名动天下，而戴渊尚未成年，二人之间的朋友关系让前辈和后辈之间的关系彻底平等化。当陆机望着指挥手下抢劫的戴渊时，眼前面对他的仿佛是一只迷途待返的小羊羔，陆机心中不但没有半点害怕或是嫌弃，反而充满了对晚辈的怜惜。他相信自己有能力也有义务让戴渊回头，这正是陆机作为长辈的责任感和使命感，可是让陆机心中责任感油然而生的，是戴渊的才情。陆机慧眼识珠，敏锐地注意到指挥手下抢劫的戴渊才华不凡，才有了规劝晚辈之举。

陆机和戴渊从长幼到朋友的关系转变集中展现了长幼关系的多元性、包容性与不稳定性。可以想象，李膺和他的晚辈应该不会变成朋友，而可能更像是师长和门生；山涛眼中自己和王衍的长幼关系类似于父子；潘滔则把晚辈王敦视为祸害，也就是自己的对手或敌人。反之亦然。晚辈可以把长辈当作朋友，当作师长，当作父亲，当作竞争对手，当作并不值得尊重的人。这样的多元性是君臣关系或父子关系无法比拟的。

乍一看，《世说新语》中长幼关系的多元性似乎意味着长幼失序，但事实上身处其中的每一个人——无论长幼——并没有因失序而陷入焦虑和茫然，反而都如鱼得水，用自己最舒服的姿态扮演着自己的角色，以实践为长幼关系重新下了定义。从这个意义来说，长幼也许是当时最能给予名士多重快乐的社会关系。

从正面的角度来说，长幼关系所具有的不稳定性恰恰让名士可以通过多种方式来获得在其他关系中无法拥有的满足感和成就感。需要通过体力劳动来谋生的袁宏显然不能在父亲的帮助之下向世人展现自己的才华，谢安之子在《世说新语》中的隐身也暗示谢安在其他晚辈身上获得了更多的愉悦和欣慰。长辈可以根据自己的立场来鼓励晚辈、提携晚辈、调侃晚辈或是批判晚辈，而晚辈同样能够从自己的个性和需要出发来挑战长辈、质疑长辈、尊重长辈或是依赖长辈。在各取所需的情况下，具有包容性的长幼关系也成了名士宣泄情绪的主要出口。无法挑战父亲或是君王的人可以恃才让前辈难堪，而失去儿子的名士也可以通过爱护晚辈获得别样的满足。

然而，《世说新语》中的长幼关系绝非全然无序。如果说长辈对晚辈的爱护是长幼关系的基础，那么才情取代年龄成了长幼之间相处、相知、相诘难和相抗衡的准绳。才情不但为长幼之间带来了平等，而且是长幼之间快乐的根源。虽然刘义庆并没有对各式各样的长幼相处模式做出评判，但是以才情为准绳的长幼相处模式显然更具有良性循环的可能。晚辈以才情获得长辈的赏识，他们会感到长辈对自己的爱护并非凭空而来；长辈以才情获得晚辈的尊重，也就不会觉得晚辈对自己的推崇流于形式。如此，长幼之间的相处自然就会融洽，而两者之间的年龄差异也会越来越模糊，忘年交也就成为可能。当然，才情所带来的平等也是相对的。才情的高低也会自然地将名士们重新分类和排序，从而使性情相投才情相近的人走到一起，于是就出现了我们将在下一章所讨论的关系——朋友。

第四章　不确定的朋友

什么是朋友？这也许是到目前为止第一个需要定义的关系。君臣、父子和长幼这几种关系似乎是不言自明的，而怎么才算是朋友，就缺乏统一的答案了。虽然《论语》首章就有"有朋自远方来"，可是究竟何谓"朋"，历代注家的注释也有着不同见解。[1]《世说新语》并未给朋友下明确的定义，但是很多故事中名士们的相处方式会自然而然地让读者感到他们是朋友，这是一种只需要意会的关系。当然，这也决定了"朋友"的不确定性——在有的读者眼里是朋友的，在别的读者眼里也许不过是普通的熟人。

或许，这种不确定性正是朋友的特质。也许魏晋名士本身也并没有单一而明确的标准来界定朋友。《栖逸》第9则说：

> 南阳翟汤与汝南周邵少相友，共隐于寻阳。庾太尉说周以当世之务，周遂仕。翟秉志弥固。其后周诣翟，翟不与语。

翟汤和周邵年少时是朋友，他们一起隐居在寻阳。在庾亮的劝说之后，周邵出山为官，而翟汤更加执着地坚持隐居。后来周邵再去拜访翟汤，翟汤没有和他说话。这则并不复杂的故事向我们展示了朋友的"真谛"。首先，朋友是两个人之间的关系，而当第三者出现时，就可能会造成这一关系的消解。如果没有庾亮的劝说，那么翟、周二人也许会继续一起隐居下去。其次，朋友需要两个人性情相投，都保持同样的观念，一旦其中一个有所改变，也就为友情画上了句号。再次，为官是影响朋友关系的重要因素，仕途的多变性注定了它会加剧朋友间观念的差异，从而成为友情的终结者。最后，当朋友的关系破裂之后，双方的交情甚至可能赶不上路人。故事最后的"诣"字颇具深意，它意味着周、翟二人再也不是亲密无间的平等关系，一个人去看另一个人的时候变成了拜访。尽管我们不知道周邵的"诣"是带着礼物兴师动众的，还是自己一人却态度恭敬的，"诣"本身就拉开了二人的距离，两人之间的亲密感已然不再，翟汤自然也就不会和他说话了。要言之，朋友是一种不断变化着的关系，具有相当的脆弱性。[2]

在不断变化的过程中，亲密或是亲近感也许才是朋友关系的要素。[3] 在独化的世界中，亲密感是难得而易逝的，从而也更加让人珍惜。当两个陌生人之间的距离感消除后他们就成了朋友，而距离感的消失与亲密感的出现与年龄和背景无关，前一章我们所看到的陆机和戴渊就是明证。这种亲密感源于相互的欣赏与默契。如果说君臣、父子和长幼都带有不同程度的固有等级，那么朋友之间的相处则完全基于自己的选择，由此也更加体现了个人的自主性，从而令快乐成倍增加。亲密感、自主性再加上脆弱性，决定了名士们和一千多年来的读者一样，在交友和断交中用各种方式追寻着友情给自己带来的快乐。

一见倾心的王导和周𫖮

《世说新语》中多次成对联袂登场的朋友颇多，比如王导与周𫖮、王濛与刘惔、庾亮与温峤……能够成为朋友，彼此之间必然会互相欣赏。相互欣赏的最高境界并不需要长期的相处与了解，更多的只需要瞬间，而在瞬间征服对方的，可能是容貌，可能是举止，也可能是言语。《言语》第 40 则描绘了王导与周𫖮见面的场景：

> 周仆射雍容好仪形。诣王公，初下车，隐数人，王公含笑看之。既坐，傲然啸咏。王公曰："卿欲希嵇、阮邪？"答曰："何敢近舍明公，远希嵇、阮！"

周𫖮和王导同场出现多次，被隆重称为周仆射的时候很少，似乎暗示此时两人之间还颇有距离，很有可能是尚未成为朋友的周、王二人一见倾心的场面。容貌帅气、气质非凡的周𫖮"诣"王公，再次表明双方并不亲密。周𫖮下车的时候要好几个人扶着，这是故意用夸张的方式在王导面前展现自己的另类。面对举止放达的周𫖮,王导并未显得诧异或是厌烦,而是一直含笑,想来已经有了欢喜之心。看到他并未开口,周𫖮继续发挥,开始长啸吟咏——啸是前辈嵇康和阮籍的标志性行为。[4] 王导于是开口问他是不是想要效仿嵇康、阮籍,周𫖮回答说怎么敢舍近求远效仿嵇康和阮籍,自己仿效的分明是明公(王导)您!

周𫖮所言为自己夸张的举止作了最好的注解:当是周𫖮欣赏王导在先,他知道王导亦怀嵇、阮之风,而自己以此相激,在得到王导的应和后,他和王导之间才能从单方面的赏识变成相互赏识,于是方能成为好友,一如当年的嵇康和阮籍。微妙的是,在整个《世说新语》中,刘义庆几乎都没有讲述王导类似的放达之举,那么周𫖮对王导的了解,可以说是透过现象看到了本质,从王导的一举一动中就看透了他的内心。因此,王导的笑是会心的笑,他从周𫖮身上看到了自己;而周𫖮的傲却是假傲,他用自己的傲来激发出王导心中的傲来。我们不知道究竟是周𫖮的容貌、举止还是言谈征服了王导,但我们可以肯定王导让周𫖮欣赏的应该是他的气度,面对周𫖮的种种行为,王导从容应对,这才有两人最后的相互赏识并成为好友。

才情与气度似乎是朋友之间互相欣赏的必要因素。《文学》第4则说的是服虔擅长《春秋》,计划作《春秋》注,想要参考比较他人的观点与自己的同异。服虔听说崔烈给不少门生讲解《春秋》,于是隐名埋姓,去为崔烈的门人做饭。每当崔烈讲课时,就隔着墙壁偷听。等到他知道崔烈没有超过自己后,就和崔烈的门生一起讨论其观点的优劣。崔烈听说后,不知道这个参与讨论的人是什么身份，不过他以前就听说过服虔的大名，怀疑这个神秘人士就是服虔。第二天一早，趁着服虔还没睡醒，就大声叫道："子慎！子慎！"服虔在睡梦中惊醒，本能地应了一声。两人"遂相与友善"。

这是一个完整的从陌生人变成朋友的过程。"遂"表明了因果关系，两人由于《春秋》结缘，崔烈欣赏的是服虔对《春秋》的见解，而服虔在觉得对方的解读不如自己的情况下，欣赏的应该不是崔烈的见识，而是崔烈的气度，甚至可能是他探明服虔身份的"狡猾"方式。"相与"则强调了双方的相互性，一方单纯仰慕另一方不会达到朋友之间所必需的平衡。这则故事的主角看似是服虔，其实崔烈才是真正掌握朋友关系走向的人。如果他对服虔的偷听勃然大怒，或者嫉妒对方的才能，那么就不会有两人成为朋友的佳话。作为对比，《文学》第1则中的马融就在门生郑玄展露才能的情况下心怀忌惮，甚至想要阻止郑玄学成回乡。因此，服虔的才华固然难得，但更难得的其实是崔烈的气度。他在见识了服虔才华之后是欢喜的，就好像王导看到周颢的怪诞之举后的"含笑"一样。

《文学》第18则也再一次展现了才华与气度之间的碰撞，并且几乎有着一模一样的结局：

> 阮宣子有令闻，太尉王夷甫见而问曰："老庄与圣教同异？"对曰："将无同？"太尉善其言，辟之为掾。世谓"三语掾"。卫玠嘲之曰："一言可辟，何假于三！"宣子曰：

"苟是天下人望，亦可无言而辟，复何假一！"遂相与为友。

我们又看到了三个熟悉的字："遂"和"相与"。这一次的因果关系略显复杂。原本是王衍和阮修之间的对话，然后又变成了阮修和卫玠的斗嘴，最后是阮、卫二人成了朋友。王衍问阮修老庄和孔子的教诲有何相同和相异之处，阮修回答说："将无同？"阮修的回答是千古名言，意思是"恐怕差不多"——不是完全相同，但是也没有完全不同。王衍对他的回答甚是满意，于是让他担任曹掾。卫玠嘲讽阮修说一个字就够了，何必要说三个字，阮修回击说要是为天下众人所仰望的话，不说话都可以。正当我们以为两人要继续抬杠的时候，故事戛然而止，两人就这样成为朋友。

此处看似阮修出众的是才华，其实他的气度同样出众。卫玠的"嘲"无疑是故意的挑衅。普通人面对挑衅大多会选择正面还击，而阮修并没有直接驳斥卫玠，而是顺着对方的话否定了自己的答案，然后再借力打力否定了对方的论点。被天下人所仰望的只能是圣人，而他们显然都不属于此列，因此他们都需要通过自己的言语来获得他人的肯定。既然如此，又何必纠结于言语的多少呢？又何必相互否定呢？可以想象，阮修在回答之时神情应当是从容而淡定的，他的淡然换来的是卫玠对他的欣赏。相对来说，阮修对卫玠的欣赏也许更多是源于卫玠的才华，因为卫玠能够针对阮修看似完美的回答提出问题。不过卫玠的气度也不逊色，我们觉得故事戛然而止，是因为卫玠没有再继续纠缠，他没有要在口才上分出高下，而是收起了自己原有的嘲弄，在嘲弄和安静之间收放自如,这也是气度的体现。因此,两人才会惺惺相惜成为朋友。突然的安静正是由于两人瞬间的相互欣赏。他们成为朋友的过程也印证了"相互"的重要性。

说起瞬间,那么不得不提及《任诞》第22则中张翰的任性之举。话说贺循到洛阳去任太孙舍人一职,经过吴地的阊门时,在船中弹琴。张翰原本不认识他,先到金阊亭中,听见琴声清幽,就下船找到贺循。两人聊天后,"便大相知说"。张翰问贺循:"你要去哪儿?"贺循说:"到洛阳去就职,正在赶路。"贺循说:"我也有事要北上去京城,顺路搭你的船吧。"他就和贺循一起出发。一开始他没有告诉家里,家里追寻起来,才知道这回事。

"相"意味着相互,"知"也就是赏识,两人相互赏识而成为朋友,"说"则是成为朋友所带来的快乐,"大"表明了程度——两人互相欣赏和快乐的程度之高。"便"便是瞬间的明证,一听琴声就拉近了张翰和贺循两个陌生人之间的距离,便再也不需要更多的了解,就可以同舟共渡,真是配得上"知音"二字。这样的瞬间美好而神妙,让人艳羡之余也感慨它的不可复制。试想,若是差了一天甚至是差了一个时辰,两人也许就会错过,大约这就是独化于世间的二人偶然间的缘分吧。

陶侃那个溪狗我很了解

正由于瞬间的相知而悦不可复制,因此有时候朋友间的相互欣赏具有滞后性。《容止》第 23 则说的是陶侃对庾亮一见倾心的过程：由于苏峻作乱，朝廷倾覆，温峤和庾亮投奔到陶侃那里求救。陶侃觉得庾亮正是造成苏峻作乱的罪魁祸首，放言说不杀他不足以向国人谢罪。庾亮在温峤的船后，听见这些话非常忧虑。温峤劝他去见陶侃，庾亮犹豫着不敢去。温峤说："陶侃那个溪狗我很了解，你只管去见他，一定没事的。"果然，庾亮的相貌风度使得陶侃一见便改变了原来的看法。他和庾亮畅谈宴饮了一整天，对庾亮"爱重顿至"。

就这个故事来说，看似在讲陶侃单方面对庾亮的赏识。让陶侃瞬间欣赏庾亮的，是他的"风姿神貌"。可是，似乎并没有庾亮欣赏陶侃的证明。不过刘义庆给了我们另一个故事。《俭啬》第 8 则说：

苏峻之乱，庾太尉南奔见陶公，陶公雅相赏重。陶性俭吝。及食，啖薤，庾因留白。陶问："用此何为？"庾云："故可种。"于是大叹庾非唯风流，兼有治实。

这一则故事虽然和上一则不在同一"门"，但是放在一起却可以相互补充。在这里庾亮表达了对陶侃的欣赏。也许有人会说，这则故事分明出现在《俭啬》之中，难道俭啬还可以得到他人的赏识？我们已经说过，王戎对女儿的吝啬可以是一种对后辈的教诲，同样，在这里陶侃和庾亮的吝啬也可以是一种治国的态度。庾亮出自名门望族，而陶侃则来自寒门，但在国家危难时刻，却是原本地位低下的陶侃起到了中流砥柱的作用,这当然值得庾亮反思,并向陶侃学习。故事说陶侃生性节俭,吃饭的时候他们吃薤菜,庾亮留下了薤菜的根白。陶侃问他为什么这么做,庾亮回答说根白部分还可以用来种植。陶侃于是更加欣赏庾亮,觉得他除了风流倜傥之外,还有务实的一面。

尽管刘义庆反复提到的是陶侃对庾亮的欣赏,可是在这一则故事中我们还是不难发现庾亮对陶侃的赏识。可以想象,在遭遇叛乱之前,在京城过着舒适生活的庾亮是不懂得节俭的,甚至还会对陶侃的俭朴不以为然——在京城以节俭闻名的是王导,而庾亮和王导并不友善。苏峻的叛乱改变了一切,庾亮甚至痛失了爱子,也许这令劫后余生的庾亮开始认识到生活的不易与俭朴的可贵,从而在仿效陶侃之时自己也潜移默化地节俭了起来。这让我们想起了周顗的话:他说自己的怪诞之举是对王导的仿效。真正的赏识,大约就是从朋友身上看到打动自己的闪光点,而在举手投足中自己也成为一个那样的人。以"风姿神貌"为世人所知的庾亮,居然甘于如此琐碎,像一个俗人一样细心地把薤菜的根白留起来,丝毫不介意自己的风度会受影响,这本身就是一种气度。至此庾亮和陶侃之间已经达到了相互的推崇,可以说成了真正的朋友。若是没有战乱,庾亮和陶侃之间就不会有相互赏识的机会,这是战乱给人带来的不同的快乐可能性。尽管战乱本身是残酷的,可是它在客观上也更能让人发现并珍惜寻常日子里意识不到的快乐。

如果庾亮是为了讨好陶侃而故意装作节俭的样子,那么刘义庆大可把这则故事放在《假谲》之中。在《世说新语》中，几乎找不到名士为了某种目的而拍别人马屁的故事，因而庾亮留下薤菜的根白，更大的可能是他真心被陶侃的节俭所影响，而不是做作之举。陶侃最后对庾亮的夸赞也证明了这一点。留薤菜的根白，本身就带着风雅的色彩。在中国古代的文化中，薤菜有着重要的象征意义，[5]《薤露》是汉魏时期著名的挽歌，而在朝廷生死存亡之际，则更有着现实的意义。因此，庾亮留薤菜的根白说"故可种"，绝不只是在说种出新的薤菜，而是暗示着自己返回建康重拾河山的决心，这一点陶侃也自然心知肚明，因而他才会夸赞庾亮风流而治实。至此，陶侃和庾亮的心心相印已然是不争的事实。

刘尹知我，胜我自知

正是由于朋友之间的互相欣赏，朋友才有可能会发现对方自身都没有注意到的特点。《赏誉》第109则中王濛说："刘尹知我，胜我自知。"王濛所言有几层含义：首先，一个人对自己的了解是有限的，而朋友对你的了解可能更为全面；其次，一个人在知道朋友眼中的"他"之后，可以更好地认识自己；再次，一个人知道朋友眼中的"自己"比自我认知更加全面时，他对他的朋友也必然很了解，因此他们之间的了解是相互的。王濛对刘惔的评价说明他也很"知"刘惔。《世说新语》中"知"出现次数不少，含义也比较多，除了了解之外，还有欣赏之意。王濛所言的"知"，似乎也可以理解成欣赏，而理解成欣赏的话，似乎更有趣味。王濛觉得刘惔比他自己更欣赏"他"。

那么，刘惔究竟是如何评价王濛的呢？《赏誉》第87则说：刘惔每次提到王濛，都会说"性自通而自然有节"。在《品藻》第43则中，刘惔甚至抚摸着王濛的背，夸他比王导的容貌还要美好。《品藻》第44则中在王濛酒酣起舞后，刘惔夸赞王濛，说他不减当年"竹林七贤"中向秀的风采。

《赏誉》第83则说的则是王濛对刘惔的赞誉。王濛对支遁说："真长可谓金玉满堂。"乍一看，似乎王濛和刘惔互相欣赏的点略有不同。刘惔谈到的是王濛的气度容貌，而王濛说的是刘惔的言谈才华，但事实上双方对彼此气度的推崇是相通的。在这则故事中，支遁接着问王濛说："既然是金玉满堂，他说话时为什么又要挑选言辞呢？"王濛回答说："他不是挑选，只是本来就言语寡少罢了。"支遁的意思是刘惔如果才华横溢，就应该口若悬河，在一个崇尚清谈能力的时代，少言寡语的人大约通常会被认为能力不足。王濛通过自己对好友的了解，为刘惔的才华作了辩护。事实上，王濛同时也肯定了刘惔的气度：他自己并不愿意去和别人解释自己的寡言少语，被别人误解也并不在意，这当然也是一种"通"的性格。当然，以刘惔对王濛的了解，也许他早就知道好友会出手相助的，他自己只要偷着乐就可以了吧。看来朋友并肩作战可以平添一份默契，比单枪匹马具有更多的乐趣。

这一份默契从另一层面让朋友关系显得脆弱。和君臣、父子以及长幼等关系相比，相互欣赏的朋友关系不具有可延续性。儿子可以成为父亲，从而拥有自己的儿子；晚辈可以长大成人，进而变成别人的前辈；甚至君臣之间，在君王驾崩之后，也还会有新君登基。可是，在朋友消失之后，很可能再也无法享受到默契的友情。《伤逝》中刘义庆反复地讲述各种面对好友去世而悲痛欲绝的故事，从反面证明了拥有互相欣赏的朋友是多么的可贵与快乐。

《伤逝》第 10 则描写的是王濛病重时在灯下躺着，看着手里转动的麈尾，叹息道："像我这样的人，竟然连四十岁都活不到！"王濛死后，刘惔去参加他的葬礼，将一把犀角柄的麈尾放到了王濛的灵柩中，悲痛得晕倒在地。王濛的哀叹固然是为了自己，可是从朋友的角度出发，也意味着友情的短暂。虽然不少朋友会像周、翟二人那样由于观念的不同而分道扬镳，但是即使是一生的挚友，也只能"短暂"地相处。拥有知心好友是一种幸运，而好友的逝去不仅是失去了好友，也失去了另一个自己。没有了能够欣赏自己的人，也就失去了更好认识自我的可能性，在这个世界上能够获得的快乐又少了许多。因此，在这样的悲痛面前，几乎没有名士能够依旧把持住气度，伤心欲绝成了常态。

事实证明，所谓的潇洒逍遥，魏晋名士在痛失好友的局面中往往显得异常无助。《伤逝》第 11 则中，精通《逍遥游》的高僧支遁在好友法虔去世后精神颓丧，风采大减，自称懂得了伯牙失去知音子期的痛楚，一年后他便也殒命西去了。支遁在哀叹中说"冥契既逝，发言莫赏"，形象地向我们解释了朋友所带来的快乐。

有趣的是,《世说新语》中并没有关于法虔的其他故事,而支遁则是经常出现的角色。这样的一个"当红"名士和众多名士的交往,居然抵不过与一个默默无闻者的友情,由此反而更加衬托出朋友的不可复制。失去默契的朋友之后,说话再也没有人能够欣赏,这意味着朋友就是那个在世间欣赏自己的人。朋友之间相互的默契欣赏建构了双方的自我认同,以至于在失去挚友之后就可能失去了自我,也就没有了存在的意义。

这种源自内心的深层失落感,是主张出世的佛学和推崇逍遥的老庄思想都无法抑制的。《庄子》中莫逆之交的子桑户、孟子反、子琴张信奉的是"相忘以生",当子桑户去世后另两位不但没有悲伤,反而是弹琴唱歌(《大宗师》)。相比之下,谈论起《庄子》时头头是道的支遁,完全没有能够实践庄子的思想。即使是积极入世的儒家思想,似乎也没有如此之风。且不说《论语》完全没有告诉我们孔子有什么知音,即使是他的弟子之间也没有这般的友情。这样的默契相知,也许是可遇而不可求的,否则在好友去世之后,再找寻一个便是了。这意味着即使每个人是独化的个体,大家也依然渴望拥有"冥契"之人,拥有的难度越大,获得的快乐也越多。

你怎么把自己当成栋梁了啊!

如果把朋友狭义地定义为"冥契",那么难免有过于苛刻之嫌，不少人可能终其一生也无法遇到"最高境界"的朋友。《论语》中说"有朋自远方来"，其中的"远"固然说的是距离的远近，但也可以是指心灵的距离。两个人相交，总是从远到近，直至亲密无间。其中固然有瞬间就相互欣赏的知音，也有慢慢熟悉的朋友。在这个过程中，到底多远或者多近的距离才算是朋友，也许同样是见仁见智的。在《世说新语》中，颇有一些名士成日于各种场合厮混，一起清谈，互相逗趣，也许他们不会因为对方的去世而悲痛欲绝，但他们同样会在相处之时获得快乐，尽管这一份快乐也许没有知音之间那般深沉。

有学者指出，理想的友情离不开斗嘴。斗嘴能够帮助两个原本并不投缘的人成为朋友。[6] 顾显和周𫖮这对好友就是斗嘴促成的。《方正》第29则说顾显有一次对周𫖮劝酒，周𫖮却不肯喝。顾显就转而向柱子敬酒，对着柱子说："你怎么把自己当成栋梁了啊。"周𫖮听了这话反而很开心，"遂为衿契"。两人不斗不相识，是斗嘴让周𫖮看到了顾显平时被他忽略的一面。顾显颇具幽默的调侃瞬间征服了周𫖮，两人于是成了意气相投的好友。和王导含笑看着周𫖮的那一幕相比，顾显和周𫖮之间友情的开始多少缺乏一份默契，可是斗嘴也同样能够激发出彼此之间的欣赏，为那些不能一见倾心的朋友创造了二次了解的可能性。

对已经成为朋友但距离知音尚有差距的人来说，斗嘴不失为朋友之间的另类交流方式。我们知道刘惔与王濛是生死之交，但是刘惔还有一个老"冤家对头"，他就是桓温。让我们先来看看

《方正》中的两个精彩场景。《方正》第 44 则说的是有一次桓温去拜访刘惔，刘惔躺在床上不起来。桓温就用弹弓射刘惔的枕头，弹丸迸射进床褥后碎了。刘惔作色起身，对桓温说："使君，像这样就可以打胜仗吗？！"桓温脸上满是愤恨之色。

有学者考证，东晋太和四年（公元 369 年）桓温率兵与前燕作战落败，刘惔所言触到了桓温的痛处，才有了桓温的"恨容"。[7] 这样的考证多半是错失了刘义庆的本意。刘义庆故意不给读者前因后果，为的就是暗示大家这样的场景随时都可能发生。在这一次的较量中，刘惔和桓温互相使对方变色一次，看上去是势均力敌，但细细想来桓温无非是搞了一次恶作剧，而刘惔揭的却是桓温的疮疤。无论刘惔说的是哪一场败仗，桓温虽然手握兵权但未能北伐是不争的事实。最重要的是，桓温以自己的武力自傲，觉得在这方面远胜刘惔等人。

《排调》第 24 则说有一次桓温想要趁着下雪去打猎，在出发前先去了王濛、刘惔等人家里。刘惔见他一身戎装，就问他说："老贼欲持此何作？"桓温曰："我若不为此，卿辈亦那得坐谈？"既然他们又不会一起去打猎，桓温为何在打猎之前要去王濛、刘惔处？合理的解释就是他想让刘惔他们看看自己的英武之姿，因此刘惔才会明知故问，问他要去做什么。一个"老贼"充分说明了刘惔和桓温之间的熟悉，就好像桓温会向躺着的刘惔射弹弓一样——正是这种熟悉让我们感觉到他们其实就是一对朋友。刘惔的发问应该在桓温的意料之中，这就好像彼此之间的游戏一般，于是他反击说自己要是不戎装在身，你们怎么可能在太平的日子坐着清谈？尽管桓温偷换了概念——他其实是去打猎的，而他的戎装的确也可以是保家卫国的象征，但是他对自己的战斗力颇为自信无疑是事实。

《世说新语》给了读者自由，让我们无须在意故事发生的时间先后，而是可以根据我们的理解来组合。很显然，既然桓温喜欢夸耀自己的武力，那么刘惔就针锋相对，让他知道自己的不足。重要的是，桓温的不足也许不仅是作战的能力，还有他的气度。他的恨就是证明。分明是他主动和刘惔开玩笑，把弹丸射到人家的被窝里，可是在对方反击之后，桓温却恼怒了。我们不知道他恨的是自己不够优秀，还是恨刘惔不给面子，不过从《方正》第54则来看，很可能是后者。

《方正》第54则说，有一次王濛、刘惔和桓温一起到覆舟山游览，喝酒喝到尽兴时，刘惔把脚放到了桓温的脖子上，桓温不堪忍受，抬起手将它拨开。回来以后，王濛对刘惔说："他（指桓温）怎么能当面给人脸色看呢？"这则故事没有放在记录种种怪异行为的《任诞》，而是在《方正》，这足以让读者心怀警惕，警惕它说的并不是刘惔的荒诞，而是位高权重的桓温心胸不够开阔，而刘惔的言行固然可以被视为一种戏弄，却同样能够理解成作为朋友的他对桓温的劝诫。作为刘惔的知己，王濛的话可以说就是刘惔的观点：一个像桓温这样地位的人不应该动辄变色。当刘惔在心灵距离上由远而近地对桓温提出忠告时，桓温应该"不亦乐乎"，而不是恼羞成怒，如此品质才可能正直无邪。

你不要做硬嘴的马，我要穿你鼻子了

因此，很多在外人看来属于嘲讽和戏弄的言行，可能恰是属于朋友之间的另类劝告。只有彼此了解的朋友才能够比常人更好地洞悉对方的缺点，也只有朋友才敢于指出对方的缺点并希望对方改正。以这种视角看朋友的斗嘴和嘲弄，就能更加体会到朋友的可贵。《言语》第84则说孙绰写了《遂初赋》，在畎川建造了一所房子居住，自称已经懂得了知足常乐之意。他在房前种了一棵松树，总是亲手培土修整。高柔这时也恰好是他的邻居，高柔对他说："松树苗确实茂盛可爱，只是永远不能做栋梁之材啊！"孙绰说："枫树、柳树就算长到合抱那么粗，又能派上什么用场呢？"

刘义庆告诉我们高柔当时"亦"邻居，一个"亦"字表明了高柔的双重身份，在语境中他的另一重身份最可能是朋友。孙绰写《列仙商丘子赞》时被王述讥讽，刘义庆把这一经过放在了《轻诋》之中，两相对比，高柔的朋友身份不言自明。孙绰努力向世人表明自己不追求名利，这至少有三种可能性：第一是他根本没看透，也知道自己没看透，只不过想让大家觉得自己看透了；第二是他根本没看透，但是他真的以为自己看透了；第三是他真的看透了。孙绰是不是真的了解自己，抑或，还是高柔更加了解他？高柔和孙绰之间的对话，很显然属于朋友间的斗嘴，两个人看似针尖对麦芒，但高柔所言暗含了对孙绰的规劝。可爱的松树苗做不了栋梁，这究竟是说：孙绰你就算在这里看透了也成不了有用之才，还是说你最好不要在这里学松树苗扮可爱，还是出去做栋梁吧？无论是哪一种，高柔都是对孙绰所言所行的否定和批判，为的是让他直视自己的内心，让孙绰追问自己是否真的看透了。孙绰的回答单从言语来说和高柔旗鼓相当——长得高大的确也不一定是有用之材，但是从《世说新语》中不少关于他的故事来看，孙绰的确并不是一个看透名利知足洒脱之人。孙绰自以为的潇洒之乐，只不过是自欺欺人之举，因此，高柔并不是单纯为了和他斗嘴，而是以自己对孙绰的了解指出了他的缺点。

然而，孙绰所言并不只是对自己的辩护，他同样对高柔提出了忠告。《轻诋》第13则告诉我们高柔在从会稽到京城后极力推荐自己却缺乏成效。孙绰的话同样可以帮助高柔更好地认识自己，不要以为积极进取就一定会受到重用，而要懂得调节自己。或许，孙绰在种松树苗的时候，就不只是为了向大家昭示自己的心迹，同时也是向邻居高柔提出建议——隔壁的高柔必然是能够看见的。究竟什么是栋梁之材？究竟如何才能够做栋梁之材？究竟是否需要成为栋梁之材？孙绰和高柔的对答其实不仅对双方提出了这些问题，也促使我们对自己的抱负与现实之间的种种可能产生思考。《论语·颜渊》中孔子说对于朋友"忠告而善道之，不可则止，毋自辱焉"，孙、高二人的对话正是符合这一分寸。这一对喜欢斗嘴的好朋友，也就成了我们的朋友；他们通过嘲弄所提出的忠告，也许也同样适用于我们。

朋友之间的斗嘴有时候也会超越这一分寸而搞得十分狼狈，《文学》第31则就是这样一个"精彩"的场面：孙盛去殷浩家清谈，两人在辩论中相互问答，尽心竭力，双方都没有破绽。侍者端上饭菜，两人也顾不得吃，凉了热，热了凉，反复多次。两个人都用力甩动着麈尾，麈尾上的毛都脱落到了饭菜里。双方谈到日暮，都忘记了吃饭这回事。殷浩对孙盛说："你不要做硬嘴的马，我要穿你鼻子了！"孙盛接口说："难道你没见过挣破鼻环而逃脱的牛吗？我要穿你的腮帮子！"

此情此景令人啼笑皆非。孙盛和殷浩可算是天生一对。然而，我们千万不要被最后的斗嘴过分吸引，而忽略了故事的前半部分。他们两个清谈了很久，而且参与清谈的就他们两个。在《世说新语》中，清谈经常出现在多人聚会中，清谈的主角会被不少听众簇拥着，纯粹只有两个人的情况很少见。清谈这样一件本来极具公共色彩的行为，在孙盛和殷浩这里却变成了只属于他们二人的快乐。他们在乎的是言说本身，而不是他人的评判，或者说，他们有了自己的评判就已足够。

《论语·颜渊》说："君子以文会友。"孙、殷二人斗嘴的一幕被收入于《文学》之中，表明二人正是相交以文。在故事中，饭菜成为清谈的参照物，饭菜的反复冷热和两人的来回问答形成了有趣的对比，表明在二人相交之中物质享受完全无足轻重，真正能够让彼此尽兴的是精神上的交流。也许没有对方的相逼，两人谁也不会知道自己对清谈的热爱程度，也无法探测自己清谈能力的极限，更无从发现自己执拗的性格。在看似崇尚洒脱的时代，被朋友激发出固执与坚持，未尝不是一份惊喜。

麈尾本来是清谈中必不可少的工具，也是清谈的象征[8]——我们还记得刘惔最后在王濛的灵柩中放入了一柄珍贵的麈尾。可是，对孙、殷二人来说，麈尾脱落也无法阻挡他们清谈的热情，这意味着他们之间的交流已经不需要象征性的工具，清谈可以纯粹变成朋友间的切磋。彼此都觉得对方嘴硬，而在安静下来之后，他们定会发现原来不肯服输的也是自己，而自己的不服输也许不只在清谈之中，也在平时生活的诸多方面。于是，自我认识和自我反省也会促成自我改正。

这样的狼狈场面，是在父子或长幼之间不曾见到的——即使是让长辈难堪的孔融，也是点到为止，并没有步步紧逼。然而，这样的狼狈场面弥足珍贵，它让朋友们在尽情宣泄之余，看到自己的不足，改变自己与人相处的方式，这才是《论语》"以文会友，以友辅仁"的真谛吧。正如有人所说，友谊的主要效用之一是"使人心中的愤懑抑郁之气得以宣泄释放"[9]，孙盛和殷浩在此番宣泄之后，生活中的其他烦恼也应该消失得干干净净了吧。

说起来"竹林七贤"的友情虽然人所共知，但是他们不过是以酒会友，境界上似乎比以文会友要低一等——《世说新语》中的确很少看到"七贤"之间的清谈与较量。作为朋友，他们也同样遵守名士的习俗，彼此之间免不了要唇枪舌剑。《排调》第4则说，嵇康、阮籍、山涛和刘伶在竹林畅饮，王戎到得比较晚，阮籍说："俗物又来败坏人的兴致。"王戎笑着说："你们这样的人也会被他人扫兴的吗？"《德行》第15则中司马昭告诉我们，阮籍极其谨慎，每次司马昭和他谈话，阮籍从来不评论他人的短长。相比之下，阮籍的确把王戎视为朋友，才会开这样的玩笑。王戎的笑也表明他知道这不过是一场善意的斗嘴。

我们不知道阮籍为何称王戎为俗物，不过从《世说新语》中的故事来看，"七贤"中对金钱特别在意的似乎只有王戎，就这一点来说王戎也的确称得上一个"俗"字，而阮籍作为忘年交中的长辈也的确戳中了王戎的软肋。王戎的反击也同样犀利，且逻辑异常明晰：如果我是俗物你们不是俗物，那么脱俗的你们就不会受到外界的干扰；如果你们的情绪也同样会受外界左右，那么你们也是俗物。王戎所言提出了一个问题：什么样的人才不会被俗人败坏兴致？尽管阮籍所言是个玩笑，但是王戎的回应也促使阮籍去思考他自己有没有真的超凡脱俗。

有时候朋友之间斗嘴的玩笑却会成为预言。《排调》第18则说，王导枕在周顗的膝头上，指着他的肚子说："你这里面有什么？"周顗回答说："这里面空洞无物，但是可以容纳几百个像你这样的人。"想必大家都会对这个充满"爱"意的场面报以会心一笑，只可惜周顗所言并不只是一个出于斗嘴的玩笑。周顗和王导的确是好朋友，但众所周知，后来在王敦叛乱后，王导在生死关头以小人之心度君子之腹，以为周顗会落井下石，因而在王敦面前没有保全周顗，最后间接害死了周顗，才有了著名的"我不杀伯仁，伯仁却因我而死"之叹。可见周顗把王导比成"小人"实乃一语成谶。在无为和洒脱的人设下，王导也许也没意识到自己是一个"小人"，而他人则没有机会体会到王导的"小"，更没有胆子把王导说成小人。我们还记得那些钟爱儿子的父亲会把已然成年的儿子抱在膝盖上，在这里王导和周顗通过膝盖也给人一种合二为一的感觉。正是由于朋友的"一体化"让周颢对王导的不足了如指掌，只可惜躺在周颢膝上的王导并没有真正听出周颢的弦外之音，也没有了解周颢的"大肚"实乃真正的"大度"，以至于最终让两人之间的友情画上了一个悲伤的句号。

那么，周颢和王导究竟算不算好朋友？在相互欣赏和相互斗嘴之后，他们还是没能做到全然地互相信任。友情带来的快乐背后潜伏着也许会伤人的暗礁。这让读者迷惘的同时也思考一个问题，什么样才算是真正的友情？抑或，《世说新语》的故事是否在暗示我们，原本就没有完美的友情？

我不杀伯仁，伯仁却因我而死

我们先来看一看《尤悔》第 6 则中令人叹息的一幕：大将军王敦起兵谋反，和王敦有亲戚关系的王导兄弟赶紧去宫门外向晋元帝请罪。周颢很是为王家担心，走进宫时满脸愁容。王导对周颢大声说："我家上百口人就靠您了！"周颢却径直走了过去，没有理会他。进宫后，他用尽全力来解救他们。朝廷决定赦免他们以后，周颢非常高兴地喝起酒来。他出宫时，王家人还都在守门口。周颢说："今年杀掉了这么多乱臣贼子，我肯定会得到斗大的金印来挂在肘后。"王敦攻破了石头城以后，问王导说："周颢可以做三公吗？"王导不回答。又问："可以做尚书令吗？"王导又不回答。王敦就说："如此就只能杀了他了！"王导又沉默不言。直到周颉被杀以后，王导才知道当初是他救了自己，于是感叹说："我不杀伯仁，伯仁却因我而死，就是到了阴间，我也对不起此人啊！"

王导究竟和周颉是否称得上莫逆？从我们已经看到的故事来说，也许周颉了解王导比王导了解周颉更多，或者说，周颉了解王导也比王导了解自己更多。王导曾经训斥过周颉，从而有了流传千古的"新亭对泣"。话说从洛阳南渡过江的士大夫们每逢风和日丽的日子，就会相聚在南京的新亭，在草地上饮酒野餐。有一次周颉坐着坐着叹息起来："风景没什么不同，只是江山变了。"大家不由得相视落泪。此时只有王导沉下脸来厉声说："我们应当同心协力报效朝廷，收复中原失地，怎么能像楚国的囚徒一样相对垂泪呢？"（《言语》第 31 则）楚囚的典故来自于《左传·成公九年》："晋侯观于军府，见钟仪，问之曰：'南冠而絷者，谁也？'有司对曰：'郑人所献楚囚也。'"王导借用经典来激励同侪，让人有壮怀激烈之感。悲愤之情固然溢于言表，却难掩慷慨激昂的雄心。

当周颉为故国不再而感到哀伤时，是王导豪情万丈地表示大家应该"克复神州"。不知道王导跪在宫门外担心自己的身家性命时，还有没有想到当初的豪情。也许，周颉未尝没有从头收拾旧山河的愿望，但他可能早就知道个中难度，明白无论是自己还是王导都缺乏应有的能力。同样，当王导向周颉求情时，周颉并没有把握，因而他不会满口答应；而在成功保全王导的性命后，作为朋友的周颉也不想贪功，因为这是每个朋友都会做的。当然

183

周颢还是高估了他和王导之间的默契,如果王导和周颢有足够的默契,就完全不必向他哀求,而是相信周颢定会出手相救;当周颢说要杀乱臣贼子时,他显然指的是叛乱的王敦,而王导却误以为是自己。然而,若我们把周颢对王导的小人之喻视作一个预言,那么周颢早就料到了这样的结果。只是对周颢来说,无论王导如何,他都不愿意伤害对方罢了。

那么,王导和周颢在这段以悲情收场的友情之中获得快乐了吗?对周颢来说,他做到了问心无愧,这充分体现了周颢的气度,也再一次证明了他的"大"。周颢进宫前的沉默与出宫后的戏言,践行了"人不知而不愠"的原则,即使是好友不了解自己他也没有怨言。对王导来说,从最初怀疑周颢未出援手,到沉默不语导致周颢被杀,直至最后能够明白周颢对自己的付出而做出忏悔,整个过程无疑也是对自己心灵的一次洗涤,让他明白了朋友的真正含义。在《世说新语》中,王导和周颢的友情无疑是最让人唏嘘的,但是他们用误会、生命和忏悔向后人为朋友做了定义。挚友,是要做好为对方付出生命的准备的。相互欣赏与相互斗嘴并不困难,最难的是相互牺牲,这也许是朋友的最高境界。

为朋友而无惧赴死的故事在《世说新语》中虽然不多,但是存在。《德行》第 9 则就是一个让人感动的故事。荀巨伯出远门探望生病的朋友,却恰好碰上胡人攻打郡城,朋友对他说:"我今天是活不成了,你赶紧走吧!"巨伯说:"我大老远过来看你,怎么能说走就走;让我背弃道义苟且偷生,岂是我荀巨伯的风格!"等胡人进了郡城,对巨伯说:"我们大军一到,全城的人都跑光了，你是什么人，竟敢一个人留下来？"巨伯说："朋友有病，我不忍心弃之而去，宁愿让我自己代朋友去死。"胡人听了纷纷议论说："我们这些不讲道义的人，却侵入了有道义的国家！"于是就撤军而回，全城也因此得以保全。

以荀巨伯为参照，我们就会发现周𫖮的确可能做好了为王导而死的准备。既然荀巨伯的友情都能感动凶残的蛮族，那么周𫖮的友情也同样能够感动读者。在生与死面前，才能展现一个人气度的极限，与此相比，朋友间的相互欣赏固然难得，却多少缺乏真正的考验。当然，这样的场面并非人人都能遇到。我们说这是最高的境界，就是指在一般情况下朋友没有机会如此也没有勇气如此。因此，荀巨伯也好，周𫖮也好，也许都会感到某种兴奋，兴奋自己有了他人所未有的机会。如果说孙盛和殷浩用竭尽全力的清谈来"以友辅仁"，那么周𫖮和荀巨伯则堪称是做好了"杀身成仁"的准备，这原本就是儒家所追求的快乐。

《世说新语》告诉我们，即使是"竹林七贤"的友谊也经不起生与死的考验。我们还记得《言语》第18则中向秀的选择。在嵇康死后，他选择进京做官，司马昭亲自接见，问他分明有退隐山林的志向，为何还要来到洛阳，向秀回答说不值得羡慕巢父、许由那样的狷介之人。刘义庆有意给了我们一个时间节点——"嵇中散既被诛"在前，向秀入京在后，两者存在某种因果关系。如果说向秀在嵇康被诛之前就在京城做官，那么我们也完全没有必要苛求他在好友去世后辞官归隐；但是他在朋友被杀之后出仕，与嵇康划清界限的意图就非常明显了。作为曾经在竹林一起畅饮的朋友，向秀并没有选择与好友共进退。当然我们也不用苛求向秀，毕竟他们也只是普通人，能够做到相互欣赏已属难得。

也许正是熟悉嵇康去世前后"七贤"中其他人的表现，王导才会在生死关头不信任周𫖮。我们应该还记得，在王导和周𫖮初次相逢之时，王导就问周𫖮仿效的是不是嵇康和阮籍。王导显然知道在嵇康死后，阮籍还是和山涛、向秀以及王戎他们一样照旧过着逍遥的日子，因而他不相信周𫖮会为了朋友而竭尽全力。这再一次显示了朋友这一关系的脆弱性。因此，我们要感谢周𫖮，是他为王导的全力付出让我们相信即使是脆弱的友情，也有坚韧美好的一面。这大约就是亚里士多德所说的悲剧的感染力，[10]周𫖮之死让我们从对乱世的恐惧中感受到了寻常无法体会的友情之美，从而让我们继续相信朋友，这也是我们比王导更幸运的地方。

当然，对大部分名士来说，所需要对朋友付出的应该不是生命，而只是在朋友艰难或是落魄之时伸出援手，然而能这么做的人也并不多。《言语》第8则中的孔融算得上其中的代表人物。祢衡得罪了魏武帝曹操，被降职为击鼓小吏。当时月半，循例需要试鼓，祢衡扬起鼓槌奏了《渔阳掺挝》曲，鼓声深沉，有钟磬之声，满座之人都为之动容。这时孔融站了出来，对曹操说："祢衡跟古代刑徒傅说犯了相同的罪，只是他不能激发明君的思贤之梦。"曹操觉得很惭愧，就赦免了祢衡。敢于得罪曹操而为狂士祢衡发声，这样的气度也只有孔融才有。我们看到，"四坐为之改容"与孔融一人发声形成了鲜明的对比,对落魄之人产生同情是容易的,而站出来为朋友两肋插刀则是难能可贵的。我们已经见证过孔融和他的两个儿子慷慨赴死,虽然他的发言和最后被诛之间没有直接联系,但是很显然他知道自己发言的后果。相比之下,孔融为祢衡的付出已经比向秀对嵇康的友情要珍贵得多,尽管"七贤"作为朋友的声名也许更为响亮。

子非吾友也

如果觉得周颢或是孔融有些高不可攀,那么不用担心,刘义庆也给我们准备了一些境界相对较低——甚至低于互相欣赏或是互相斗嘴程度——的"友情",让我们对朋友的关系能有立体的认识。高于相互斗嘴境界的友情是让我们来仰慕的,而低于这一境界的友情并不是让我们来批判的,而是让我们保持自省的。《规箴》第20则说:

> 王右军与王敬仁、许玄度并善。二人亡后,右军为论议更克。孔岩诚之曰:"明府昔与王、许周旋有情,及逝没之后,无慎终之好,民所不取。"右军甚愧。

王羲之和王修、许询二人关系很好,一个"善"字表明了他们之间的友情。可是,在他们两位去世后,王羲之对他们的评价就日益苛刻。这显然违背了"直"的原则，如果对朋友有意见，应该在他们生前就用斗嘴的方式指出，如果对他们不欣赏，那么生前就应该不往来。王羲之的所作所为连身为下级的孔岩都看不下去了，劝诫王羲之说您曾经和他们"有情"，在他们去世之后却不能慎终如始，这是身为百姓的孔岩所不齿的。由于孔岩自称民，而尊称王羲之为明府，我们默认他们之间并非朋友关系（关于上下级的关系我们将在下一章《同僚》中讨论）。一个下级都愿意指出王羲之的缺点，而王羲之对故友心怀不满却在他们生前保持沉默，两相对比，王羲之对朋友显然不够真诚，让我们更加觉得能够互相斗嘴、互相调侃的朋友甚是可贵。

作为比较，我们再来看一个斗嘴的例子，其中的两人关系虽然并不能算"善"，但是由于经常一起玩，勉强可以算朋友，至少也是一对能在一起吃喝玩乐的"损友"。《汰侈》第10则说：

> 石崇每与王敦入学戏，见颜、原象而叹曰："若与同升孔堂，去人何必有间！"王曰："不知余人云何，子贡去卿差近。"石正色云："士当令身名俱泰，何至以瓮牖语人！"

一个"每"字透露了石崇和王敦的熟悉关系，虽然两个人各自的名声都并不算好——石崇生活骄奢，而王敦是个叛贼——但是这一番对话却比王羲之来得真诚。石崇感慨说自己如果能和颜回他们一起受到孔子的教诲，那么也就会和他们一样优秀。石崇的话透露了他内心的孤独与向往：他并不满足于穷奢极侈的生活,也同样希望被人敬仰,更想拥有颜回这样的朋友。一个内心依然有追求的人是快乐的。此时的王敦马上给了石崇一刀,说不知道你和孔子其他学生相比如何,但是你和子贡差不多——子贡以赚钱能力强而著名。王敦所言和阮籍对王戎的嘲弄类似,都是直刺对方的弱点:对钱的依赖与重视。这时石崇严肃地说,士应当名誉和生活都亨通,一个有精神追求的人何必一定要成为穷人呢?

应该说,石崇对《论语》的理解相当精准,孔子只是反对不择手段地获得财富地位,但是并不排斥物质本身。石、王二人的对话看似是王敦在挤对对方,然而他们的出发点却是一致的——二人都强调了精神追求的重要性。王敦固然是在和石崇斗嘴,可是我们也可以把他的话理解成对石崇的劝告,提醒他要富而不骄;而石崇的严肃并不只是给王敦看的,更是给后世所有的读者看的:一方面有精神追求的人也可以享受物质生活,而另一方面有钱之人也不要躺在钱堆里忘记了更高的追求,两者相得益彰,才能够获得更为持久的快乐。只可惜王敦醉心于权势而并未追求美名,而石崇也为奢侈之名所累未得善终,两人似乎并没有听从彼此的劝告。然而,和王羲之相比,两人能直接在斗嘴之中指出问题,作为朋友已然胜出一筹,因为斗嘴才可能让友情进一步发展,也才可能让朋友之间的快乐更为长久。

不少友情的确在尚未达到相互斗嘴的阶段就停止了,其中最著名的当属管宁和华歆。《德行》第 11 则说,管宁和华歆一起在菜园里锄菜,看见地上有片金子,管宁把它像瓦砾石块一样锄掉

189

了，华歆却捡起来又扔了出去。两人还曾经坐在同一张座席上读书，有达官贵人乘着华贵的车子从门前路过，管宁照旧读书，华歆却放下了书出门去看。管宁就割开席子，与华歆分开而坐："子非吾友也！"这个故事看起来非常简单，管宁和华歆观念不同而割席断交，两人之中管宁是正面形象而华歆则是反面的那一个。不过有趣的是，《德行》第10则、第12则和第13则都是关于华歆的故事，且其中充满了对华歆的夸赞。刘义庆诱使读者不自觉地思考一个问题：不认真读书的少年华歆是如何变成一个有德行的长者的，是谁让他发生这一转变的？

如果从相互斗嘴的角度来看，管宁并不是一个称职的朋友。从他最后向华歆宣布对方不是自己的朋友来看，管宁一开始尚把华歆视为朋友，若是如此，那么当他发现华歆的缺点之后，完全可以且应该通过适当的斗嘴来提醒对方。孔子主张"友直"（《季氏》），一个正直的人不应当轻易放弃有一点小错误的朋友，而是应该和朋友共同进步——因为没有一个人是完美的存在，人人都需要在朋友的督促下不断提升自己。如果看到朋友的缺点不提醒，再次看到就断交，那么也许就根本无法拥有朋友——即使是阮籍和王戎之间，也免不了要相互挤对。《世说新语》中关于管宁的故事只有这一则，刘义庆微妙地让读者去推测管宁是否"大未必佳"呢？对朋友苛刻之人，也就不容易拥有快乐。至少，从《德行》第12则、第13则来看，面对气度不如自己的王朗，华歆保持着和对方的交往，并且在王朗犯下错误之后依然耐心地向对方解释，这从侧面显示了管、华二人的高下。

《德行》第 13 则说的是华歆、王朗一同乘船避难，有路人想搭他们的船同行，华歆表示为难，王朗却说："现在船还宽敞，为什么不行呢？"后来强盗快追上来的时候，王朗就想丢下那个人，让船轻快一点可以跑得快。华歆说："我当初犹豫，就是顾虑到了这一点。如今既然让他上了船，怎么可以因为情况急迫就抛弃他呢！"于是仍旧让他留在船上。世人以此判定华歆和王朗之间的优劣。和当初的管宁相比，华歆不仅尊重王朗的决定，还会在出现困难之时耐心解释并为朋友纠错，两相对比，不仅是华歆和王朗的优劣立见，华歆和管宁对朋友的优劣也立见了。

《德行》第 2 则是另一个对管宁不利的证据：周子居常说，只要自己有一段时间不见黄叔度，鄙吝之心就又会出现。如果黄叔度和管宁一样看见朋友鄙陋就断交，那么周子居可能就再也没有见黄叔度的机会了。因此，管宁和华歆的这则故事与其说是为了赞扬管宁严于律己的同时也对朋友要求严格，不如说是让读者意识到用相互斗嘴的方式也许可以在共同提高的情况下挽救友情。朋友之间的平衡并非静态的绝对平衡，而是在不断变化的；在变化的过程中，一方走在另一方的前面是完全可能出现的情况，而一旦如此，前者若是简单地与后者断交，那么他也会同样被比他优秀的人抛弃。孔子在《论语》中的确说过"无友不如己者"，皇侃在《论语义疏》中指出了一个悖论：如果每个人都结交比自己优秀的人，那么那个比自己优秀的人又怎么会愿意和不如自己的人成为朋友呢？皇侃的解释是，如果朋友之间有了高下之分，那么应该向高的那个人看齐，而不是降低标准向低的人靠拢。[11]

如果我们接受皇侃的解读，那么管宁做得并不合适，他并没有想办法让华歆见贤思齐，而是选择了断交。管宁的快乐，也就只能局限于自身了。

从朋友到仇人

　　管宁虽然和华歆割席，不过尚未反目成仇，而在《世说新语》中，从朋友变成仇人的故事也并不少见。从朋友到仇人，也许并不是失去快乐，而是一种快乐替代了另一种快乐，或者说一种快乐比另一种快乐更重要。

　　跟朋友相比，父子关系自然更为重要，《仇隙》第3则就是这样一个由于父仇而朋友反目的故事。王敦当年抓住了愍王司马丞，夜里派王廙在车里杀死了愍王，当时的人不是都清楚此事的真相，即使是愍王家里的人也并不清楚。司马丞的儿子无忌兄弟都还年幼，王廙的儿子王胡之和无忌长大后关系很好。王胡之曾经跟无忌一起游玩，无忌进内室告诉母亲，请她为王胡之准备饭食。他母亲流着泪说："王敦过去肆意残害你父亲，借王廙的手杀了他。这么多年来我都不告诉你们，是因为王家势力强大，你们兄弟年幼，不想声张这件事，只是为了避祸罢了。"无忌顿时震惊大叫，拔刀而出，王胡之已经跑得远远的了。

　　这则故事之中最为震撼的是司马无忌的瞬间反应。我们知道朋友相知有时候只需瞬间，而朋友关系的瓦解也同样就在瞬间。

在听到好友的父亲正是自己的杀父仇人时，司马无忌毫不思索地拔刀准备报仇。这意味着在父仇和友情之间，后者完全无足轻重。当然这不是由于友情本身无足轻重，而是和父仇相比它马上就变得微不足道了。这也是我们为何说父子关系是人伦关系的基础。汉代以来，《春秋公羊传》高度强调了报父仇的合理性和重要性："父不受诛，子复仇可也。"[12] 司马无忌无疑深受影响，因此他并没有要质问好友王胡之，也没有由于进退两难而难以抉择，而是本能地就决定杀好友以报仇，从此朋友反目。当然，这一切都是父辈种下的果，身为儿子的司马无忌别无选择，而王胡之也只能承担起父亲留给自己的压力。

司马无忌从此和王胡之兄弟势同水火。《仇隙》第4则说的是有一次镇南大将军应詹出任荆州刺史，王胡之的兄弟王耆之和司马无忌都去新亭给他送行。座上宾客很多，没想到他俩都来了。有个客人又提到了司马丞被王廙杀害之事。无忌听到后就夺下直兵参军的佩刀，要杀了王耆之。王耆之跳河逃跑，被船上的人救起，才免于一死。有趣的是，无忌多次欲杀王胡之兄弟，却都未成功。悲观的人也许会觉得这意味着司马无忌还会不停地追杀，而乐观的人会觉得这未必不是一件好事，毕竟不会再有新的仇恨出现。

王胡之和司马无忌从朋友变成仇人是注定的，也许一开始他们就不应该成为朋友。当一个人的多种身份出现冲突时，朋友就成了可以首先抛弃的关系——一如跪在宫门口的王导把家人和自己的生命看得比朋友更重要一样。父仇令王胡之和司马无忌之间的友情极度脆弱，随时都有崩塌的危险。这恰恰反衬出拥有友情之乐的难得与珍贵。每一个拥有朋友的人，都是天生的幸运儿，他们没有受到其他人伦关系的束缚和羁绊，可以完全根据自己的秉性喜好来找到互相欣赏之人，而这样的幸运并不是理所当然的。这对处于和平年代的读者来说，是尤为重要的启示。

如果说父辈的仇恨是我们难以摆脱的宿命，那么为了权力而使朋友成了仇人，就更多地出于自己的选择。刘义庆讲述了一对家喻户晓的"朋友"和敌人——曹操和袁绍。《假谲》第1则讲的就是他们令人忍俊不禁的故事：曹操年少时，曾经喜欢跟袁绍两人一起模仿游侠的行径。有一次他俩去看人家结婚，乘机就偷偷潜入那家的园子里，夜里大喊："有小偷！"青庐里面的人都跑出来看情况，曹操就进去拔出刀挟持了新娘。他跟袁绍一起逃走后，半道迷了路，掉进了荆棘丛里，袁绍动不了了。曹操又大喊："小偷在这里！"袁绍惊慌害怕，不由得自己跳了出来，两人就都逃脱了。

一起去抢新娘的朋友，当然不能算"好"朋友，但的确称得上"损"友。两个人的高下，在这一场闹剧中已经呈现：曹操是主角，而袁绍只能打下手。不过，曹操也称得上有难同当，他并没有抛下蠢笨的袁绍自己逃走，而是用恶作剧的办法刺激袁绍脱离了困境。对袁绍来说，曹操这样的"朋友"也是难能可贵的吧。我们不知道后来抢来的新娘究竟如何处置了，但是这让我们想起了曹操、曹丕父子抢女子之事。抢女子可谓是争权夺利的象征，曹操和袁绍抢了"一"个新娘，这其实就是两人后来命运的缩影。一个江山，又如何能够分享呢？两个从小不走正道的少年朋友将来的反目成仇也已经在此埋下了伏笔。说到底，在他们心中，不择手段的攫取是最重要的，与之相比，少时的友情也许一文不值。

《假谲》第 5 则是另一个关于曹、袁二人的故事，说的是袁绍年少时，曾派人在夜里投剑刺杀曹操，一开始剑略微偏下了一点，没有刺中。曹操估计下一剑肯定偏高，就紧贴在床上。第二剑果然高了。这一次的较量，袁绍又落了下风。也许有人会问，袁绍都要刺杀曹操了，难道还能算是朋友吗？前面提到曹操、袁绍二人喜欢效仿游侠，刺杀与反刺杀本是游侠的基本功课，袁绍的出手并不能说明他们之间已然出现了仇隙，而更多的是另一种形式的"斗嘴"，不过在两人的较量之中，曹操高出一筹已是被反复证明的事实。刘义庆的微妙之处在于对成年之后曹操和袁绍如何相处只字未提，他默认后来人们都知道曹、袁二人的争斗，因而只是讲了二人年少之时的趣事，让大家不禁感慨对个人来说可能是"小时了了，大未必佳"，就友情来说则同样是"少时了了，大未必佳"，而且这未必的可能性还颇大。

在《世说新语》中，桓玄和殷仲堪也是一对最后以仇人关系收场的朋友，前者还取了后者的性命。两人之间的友情也许并不特别浓厚，但的的确确也是在一起清谈的朋友。《文学》第 65 则说桓玄和殷仲堪在一起清谈，每每互相辩难，一年多后，就只诘难一两次而已。桓玄感叹自己的才思越来越衰退了，殷仲堪说："这其实是你对论辩的问题领悟得越来越深了。"能够长期一起谈玄之人，怎么也有一定的友情基础，而且从殷仲堪所言来看，他应该非常了解桓玄，甚至比桓玄更加了解桓玄。

不过，《言语》第103则的故事说明了两人关系的微妙。桓玄去拜访殷仲堪，殷仲堪白天在侍妾屋里睡觉，手下拒绝为他通报。桓玄后来说到这件事，殷仲堪说："我根本没睡觉。如果真有这种事，怎么会不'贤贤易色'呢？"殷仲堪到底有没有睡觉呢？这个问题看起来没有答案，其实逻辑很清楚。桓玄如果足够了解殷仲堪，就应该知道他不会昼寝——我们已经知道昼寝是孔子所批评的恶行，而在《世说新语》中殷仲堪是个颇为自律的人。因此，当殷仲堪的手下用这个理由来回绝桓玄时，他应该当场戳穿；桓玄相信了这个借口，就表明了他自己都可以接受一个名士昼寝，也对殷仲堪不够"知"。这才有殷仲堪的后一句话，即使他在小妾那里白天睡觉，如果是一个贤人来访，他也会起身迎客而不会沉迷美色。换言之，桓玄吃的闭门羹是由于他自己不够"贤"，而这一场面中桓玄的不够"贤"体现在他认为殷仲堪会好色昼寝。事实上，这个闭门羹可以被视为殷仲堪对桓玄的一次斗嘴或是善意的调侃，为的是让对方认识到自己的不足，但是很可能桓玄没有理解对方的苦心。也许我们可以说，桓玄和殷仲堪的关系在朋友与不是朋友之间。说不是朋友，他们能够一起清谈；说是朋友，桓玄又与殷仲堪有着明显的差距，不懂得理解对方。他们最后的分道扬镳也就不足为奇。

《尤悔》第17则说桓玄当初为了报复而打败并追杀了殷仲堪。后来有一次讲解《论语》，讲到"富与贵，是人之所欲，不以其道得之不处"时,桓玄的脸色很"恶"。很显然,桓玄与殷仲堪友情破裂是为了富贵,他渴望拥有南面天下之乐,朋友之情对他来说也就无足挂齿了。《德行》第43则也告诉我们,桓玄打败殷仲堪后杀戮了许多所捕的殷仲堪部下将领。可是,他真的满足于自己获得的权力与富贵吗?用友情换来的富贵并没有让桓玄心安理得,那种朋友之间清谈切磋的快乐,他再也无法拥有了。在牺牲朋友之乐时,桓玄多半自信满满地以为得到的一定比失去的多,而在失去之后,他才感到当初快乐的可贵。当朋友在一起时,常被称为友善,此时桓玄的"恶"与善形成了颇具讽刺意义的对比。它既是追逐权力的贪婪之恶,又是杀害朋友的凶残之恶,还是失去朋友的难过之恶。桓玄之恶的复杂性让我们看到了一丝光明的希望,毕竟,他并未完全陶醉于自己所做的一切,而是依然心怀本真,知晓羞恶。看着桓玄的神情,还会有读者为了富贵而对朋友下手吗?

我们不敢确定刘义庆为何将《世说新语》以《仇隙》收尾,但在客观上确实让在书中发现了各种快乐的我们有所警惕,在和朋友相处的过程中不要以相互成为仇人收场。不过,有的朋友反目却充满了温馨的善意,这就是嵇康和山涛的绝交——也可能是最为人所熟知的朋友反目。《栖逸》第3则说山涛将离开吏部选曹郎一职,想推举嵇康代替自己,于是嵇康写信给他宣告绝交。嵇康的《与山巨源绝交书》是如此著名,以至于历代学者都津津乐道于嵇康和山涛绝交背后的是是非非。[13] 如果我们把目光聚焦在《世说新语》本身,那么自然就可以有自己的解读。

《栖逸》第 2 则是这一故事的必要补充：嵇康到汲郡游玩之时，偶遇道士孙登，其后便向他学习道术。嵇康离开时，孙登说："您的才华虽然很高，可是欠缺保全自身之道。"既然孙登能够发现嵇康的弱点，作为好友的山涛自然也不会不知道嵇康的缺点，他也完全可以预测自己的举荐可能会招致怎样的后果。因此尽管乍看是嵇康选择了绝交，实则开启了绝交之幕的却是山涛。只不过虽然山涛做好了最坏的打算，但是他大约仍旧怀有一丝希望——希望嵇康可以选择接受他的举荐，如此则可以帮助嵇康保全自己。换言之，失去友情的可能性也许是百分之九十九而嵇康接受举荐的可能性只为百分之一，然而山涛宁可以朋友反目为赌注，来争取微乎其微保全嵇康的可能性。因此，这一场绝交可以说是山涛悲情的豪赌，不是招致嵇康的反目，就是看到将来嵇康的被诛。只是从举荐到反目，山涛作为朋友应该是做到了问心无愧，那份心中的坦然也就是他从中所拥有的快乐。

山涛的举荐与嵇康的拒绝，让我们有终点又回到起点之感——这一章开始的周、翟二人也正是在出仕和归隐之间出现了分歧。必须说明的是，在魏晋之际，归隐并非与世隔绝，而是相当一部分人获得声名的方式，《栖逸》第 15 则中甚至告诉我们郗超会花重金为隐士建豪宅，因而我们完全不要想当然地以为隐士比出仕为官之人要高雅。也许有人会好奇，为什么山涛认为嵇康如果接受了举荐，就可能会避免被诛杀的命运？从人与人的关系来说，所谓的"栖逸"之士少了一种人际关系——那就是同僚。

事实上，和同僚相处固然可能有琐碎烦人之处，但是却同样不乏乐趣，有了同僚的守望相助，一个人也许会更为包容和从容，从而慢慢学会保全自身之道亦未可知。待我们在下一章解读了同僚之间的乐趣，回头再看看山涛的苦心，也许就会为他默默地点个赞吧！

第五章　跨越等级的同僚

　　同僚和朋友之间,很难划一条明确的界限。名士们绝大多数都担任或大或小的官职,同时他们的相处又存在多重交集。不过我们还是可以凭着自己的判断把同僚从朋友中剥离出来。和朋友相比,同僚之间多少少了一份亲密感,有时候故事发生的场合又是在和公务有关的地方,让读者自有他们并非朋友之感。我们所谓的同僚关系,既包括职位相近的同事,也考虑到了上下级之间的相处。通常的成见是觉得在固有的等级制度下,上下级之间应该遵循严格的尊卑秩序,上级对下级压榨,下级对上级拍马,彼此势同水火、各怀鬼胎,官场于是成为一个压抑人性的地方,[1]也就难怪嵇康等人要选择归隐。

　　《世说新语》并非要勾勒出一个理想和谐的官场来消解大家的成见,而是告诉大家,即使在充满斗争的官场,也并非毫无乐趣。相反,如果一味地坚持退隐,那么固然可能没有烦扰,但同时也失去了获得别样快乐的可能。《任诞》第41则讲了一个对很多读者来说名气并不算很大的名士:罗友。襄阳人罗友气度不凡,年少时很多人却说他痴傻。他曾经听说有人要祭祖,就想去乞讨点食物,去得太早了,人家还没开门。那家主人出来迎神,看见了他,问他为什么这个时候就在这里等,他回答说:"听说你要祭祖,我想讨一顿饭而已。"说完就藏身于门边等着,等到天亮后得到食物就走了,脸上毫无羞愧之色。

这一段的铺垫看似啰唆却非常紧要,刘义庆用一个夸张的细节告诉我们罗友是一个家庭背景极其普通之人,甚至愿意去讨要食物。按照寻常的逻辑,这样的人就算是做官,也难免要低声下气,看人脸色行事。故事接下来说,罗友天生记忆力出众,曾跟随桓温平定蜀汉,他巡视都城宫殿楼阁的内外结构,大路小路的宽窄,果木竹林的多少,全都默默记在心里。后来桓温在溧州和简文帝聚会,罗友也参加了;会上谈及李蜀帝宫的情况,大家有所遗忘,罗友却都能一项一项地列举出来,毫无错漏。桓温拿蜀地记载都城情况的簿册来验证,都跟他说的一样,座中人无不赞叹佩服。谢安说:"罗友绝不比魏舒差啊!"

后来罗友做了广州刺史,准备去赴任时,荆州刺史桓豁请他晚上来住,他回答说:"小民事先已经跟人约好了,那家人虽然穷困,但是可能会破费钱财置办酒水饭食,他跟我交情甚厚,请允许我改日再拜访您。"桓豁暗中派人观察他,到了晚上,他竟到荆州刺史手下的小吏家去,跟他相处得很愉快,就像是名士间的相处一样。

罗友在官场与同僚相处淡定从容,游刃有余,上不卑而下不亢。他依靠自己的才能获得桓温的尊重和谢安的赞许,完全不需要仰人鼻息;他对待下级官吏也能够亲和友善、将心比心,就如同朋友一样，并不会因为他们贫穷而怠慢。看到罗友与同僚的相处模式，连作为读者的我们都会感受到他的快乐。不需要算计，也没有奉承，更不会傲慢，罗友的自在给我们带来了一股清风，也让我们不禁想深入看看名士们在同僚的身份中究竟能够获得怎样的快乐。

阿鄙确实有点才能

让我们先来看看谢尚在同僚面前的翩翩起舞。《任诞》第32则说王濛和谢尚都是王导的掾属。王濛说："谢尚会跳一种特别的舞蹈。"谢尚便起来跳舞，神情态度悠然自得。王导仔细地看着他的舞姿，对客人说："这让人想起了王戎。"

这是一个充满画面感的故事。一个上级，两个下级，构成了一幅和谐的画面。两个下属之间互相了解，下属在上级面前跳舞毫不扭捏，上级则完全没有架子地"熟视"，赞叹于舞姿而完全忘记了对方的身份，直把他比作前辈名士。我们就好像是他们三位的客人，在观赏了谢尚的舞蹈之后听到了王导的评价，沉浸在三位的默契之中。三人之间并不能说完全没有等级，刘义庆甚至在一开始特意提醒我们王濛和谢尚均为王导的下属，可是随着谢尚的翩翩起舞和王导的细细观赏，等级在不知不觉中消失又发生了调转。谢尚的舞蹈让王导想起了年长他几十岁的王戎，等级的微妙调转正发生在此刻，属于下级的谢尚在某种程度上让王导感受到了当年长辈的气度……

等级之间的转化和消解让上下级之间的相处充满了多元性。每个人都有可能在其中以适合自己的方式来扮演好各自的角色。我们已经看到了君臣、父子和长幼之间都存在着不同程度的调转，相比来说，同僚之间的等级调转更为常见，毕竟父子和长幼即使在相处中有一定程度的调转，但身份和年纪是无可改变的事实；君王的确有被篡位的风险，然而在一般情况下君臣的关系也较为固定。同僚之间的等级关系本身就具有不确定性，因而它的调转也就显得更加自然而然。在《世说新语》中，很少有名士会仅仅倚仗着自己的高官地位而仗势凌人，或是对下属颐指气使；而官衔相对较低的名士也大多不会由于自己地位的低微而对上阿谀奉承。这或许恰恰是乱世给大家的公平赏赐。既然宦海和人生一样不可预料，那么不如索性安心做自己。

做自己，并不简单地等于任性，做好自己的本职工作是做自己的基础，也是获得同僚尊重的不二法门。同僚关系的舞台首先在官场，一个具有管理才能的上级才能赢得下属的拥戴，而一个扎扎实实做好基本工作的下级也会让上级无法割舍。可以说，一个能在同僚关系中感到自由自在之人，方是能出入琐碎而潇洒不改的真正名士；任何不胜任既有职位而好高骛远的名士，都有沽名钓誉的嫌疑。官场的运转核心在于上下同心，因而同僚之间上下级关系的模糊似乎也就成了必然。

《言语》第 82 则说谢万出任豫州都督，接到任命后大家连续几日给他送行，谢万疲惫不堪。正在此时侍中高崧前去见他，径直在他身旁坐下问:"如今你领命主管一个州,将去治理西部地区,打算怎么处理政事呢?"谢万粗略地说了自己的想法。高崧就给他分析当地形势,讲了数百语。谢万听着不知不觉就坐直了身体。高崧走后,谢万回顾方才的谈话说:"阿酃(高崧)确实有点才能。"因此,谢万才能陪客人坐到了最后。

这一幕中的高崧和其他送别团形成了极其鲜明的对比。我们看到,他是在谢万被别人折腾得疲顿之后"于是"去的,因而我们完全有理由把他和他人分开,他此去的目的就是让谢万从疲顿中清醒过来。从高崧和谢万相谈的细节来看,二人关系应该不错。高崧称呼对方"卿",谢万也以小字阿酃唤对方。然而,即使二人关系再近,高崧也是来和谢万谈公事的,他提醒谢万要对自己此行的身份保持清醒——他不是大家的朋友,而是豫州都督。即使两人是朋友,此刻的高崧也化身同僚,一脸严肃地询问谢万的理政之策,并且在谢万回答之后做了补充与分析。这样独特的送别送的是治国之道,想必高崧一定说到了谢万不曾想到的精妙之处,才能让对方不自觉地起身坐直。

我们完全不需要知道侍中和都督的官衔到底哪个更高,我们只知道身居要职的二人在谈论公事时一个督促对方,另一个夸赞对方;一个尽兴而走,另一个则也兴奋得可以顺利陪完最后的客人,二人的等级关系已然无足轻重。谢万给我们的印象是,有的放矢地谈论公事比闲谈可能更具吸引力,这就是同在宦海之中浮游的同僚所能拥有的快乐。当然,我们不能想当然地认为在同僚身上可以随时找到欢乐,恰恰相反,谢万的疲顿说明快乐并不是必然的，而高崧的出现则表明快乐是可能而可贵的。即使大多数的宦游人拘泥于应酬，但我们既可以在疲顿之时等待快乐的来临，也可以在同僚困倦之际给他人带去惊喜。欢乐的关键则在于消解了上下等级之后的自己。

《政事》第13则是身为上下级的二人之间对于公事的直接碰撞。太尉陆玩到王导那里去请示，过后常常改变两人商量好的意见来办事。王导奇怪他为何这么做，后来问他此事，陆玩回答说："公位尊而民位卑，当时不知该说什么，过后觉得那样办不可以罢了。"陆玩的回答直接指出了上下级关系的辩证性：一方面，上下级关系的确存在且影响着两人的相处，作为下级的陆玩不想当面否定王导的意见，给王导留一点面子；另一方面，下级完全可以推翻上级的指示，根据实际情况和需要来处理事务。由此可见上下级之间的确不存在必然的指示与服从关系。然而，我们千万不要以为陆玩改变两人的共同决定就是采取截然相反的措施。在两个人讨论之后，即使陆玩不接受讨论的结果，他的想法也应该与讨论之前有所不同，所谓的改变或是调整，有可能是不同程度的微调，并非180度的反转。因此陆玩最后的决定，也是上下级共同的产物，只不过做决定的的确是他这个下级。我们知道王导任丞相以无为而著名，[2]不知道这样的上下级相处方式是王导"无为"的因还是果，抑或互为因果？

人自量，固为难

上下级之间的界限模糊不仅体现在处理公务上，也在日常相处中。《任诞》第 29 则说卫永担任温峤的长史，温峤"甚善之"，经常随意地提着酒和干肉去找他，两人面对面坐着，一喝就是一整天。卫永到温峤那里去的时候也这样。"善"是友情的符号，在两人的上下级身份无法被抹去的情况下，作为上级的温峤主动示"善"，加速了彼此之间身份界限的模糊化。和谢尚起舞相比，这是颇为温馨的一个静态画面。两个人真正默契之时，清谈亦嫌多余，互相对视已是快乐无比。重要的是这样的默契是相互的，温峤会去助手卫永家，而卫永也会去上司家，完全摆脱了下级单向讨好上级的庸俗模式。我们也千万不要担心他们的饮酒吃肉会妨碍工作。两人相坐饮酒是在家中，并非在官衙，他们工作时是上下级的同僚，而在闲暇时则化为友人，关系自如切换，一不耽误工作，二不影响生活，也就自然没有必要设定上下级关系的界限了。

温峤是幸运的，他对卫永的友善，不仅使他拥有了长史，还多了一个朋友。若是用现在的标准来揣测，以为在长史的位置空缺时会有人争抢着去当，那就大错特错了。没错，对庸人来说，也许会争抢，但是对名士来说，并不会轻易委身于某位自己看不上的上级。只需和碰了一鼻子灰的王恭做个比较，我们就知道温峤有多幸运了。

《方正》第 63 则说王恭想要请江敳担任长史，他一早就去拜访江斅，当时江斅还在帐中休息。王恭坐了之后不敢马上开口，过了良久才打了招呼。江斅没有回答，直接叫人拿酒来，自己喝了一碗，却不给王恭。王恭一边笑一边说："怎么可以独自喝酒呢？"江斅说："你也要喝吗？"于是叫人给王恭倒酒。王恭喝完酒，就自己回去了。在王恭还没出门时，江斅大声说："人自量，固为难！"很显然，这是江斅故意说给王恭听的。王恭邀请对方做自己的长史，居然是如此低三下四，而即使担任了长史也是下级的江斅反而傲气逼人。有人质疑江斅自己是否有合适的"自量"，但毋庸置疑的是，江斅与王恭的对话彻底解构了上级"尊严"的必然性，也让人们见识到下属的"高高在上"。作为潜在的上级，王恭不但完全没有对下级的控制感，甚至还彻底未得到对方的基本尊重。我们难以想象万一江斅答应的话，将来两人的合作，又将以怎样的方式展开？

刘义庆满足了我们的想象，在《尤悔》第10则中向我们讲述了周邵出仕后的后悔。我们还记得周邵，那个为了出仕而和朋友分道扬镳的人。话说庾亮想起用周邵，他却执意推辞，非常坚定。每次去拜访他的时候，庾亮从南门进，周邵就从后门出。庾亮曾有一次突然到来，周邵来不及躲避，于是跟庾亮相对坐了一整天。庾亮跟周邵要饭吃，周邵提供了粗茶淡饭，庾亮也勉强吃了下去，心里特别高兴；两人谈论世事，约定要互相推荐，共同担负起辅助国家的重任。周邵出仕做官后，做到了俸禄两千石的将军，却不开心。他夜半感慨地说："我这样的大丈夫竟然被庾亮给卖了！"一声长叹，就背疮发作而死。

回头来看，周邵在做官后再去拜访翟汤，也许就是想和昔日的朋友诉苦。周邵放弃了朋友之乐，想在官场中和庾亮共享同僚之乐，可是现实却比他想象得要残酷。他虽然在庾亮的提携之下官居要职，但是所获得的快乐远远少于所失去的。庾亮主打的是气度神韵，在管理上却显得幼稚，顶着理想主义的帽子执行严苛的政策，最后导致了苏峻之乱，只能仓皇间寻求陶侃相助，这一幕我们早已知晓。跟着这样一位谈吐不凡但能力堪忧的上级，周邵多半是每天都要替庾亮收拾残局。周邵用自己的教训向我们解释了上下级之间界限为何模糊——一个无能的上级可以累死他的下级，那么他又怎么可能获得下属的尊重呢？当下属为上级努力纠错时，他们自己都会产生自己才是"主人"的错觉吧？在周邵的映衬下，江敳对王恭的冷淡也就不再难以理解了，万一要是不小心把自己"卖"给一个无能的上司，那可能就是痛苦——而不是快乐——的开始了。

因此，当我们说同僚之乐时，指的是快乐的可能性，而不是必然性。即使有时候可能性并不高，但我们也不能否认它的存在。正是由于官场中与同僚相处的快乐并不是人人皆可享，才更加凸显出它的珍贵。周邵的郁郁而终为卫永等人的快乐做了背景墙，也为期望得到快乐的名士提供了警示，提醒大家千万不要把同僚之乐视为理所当然——首先需要擦亮眼睛找一个理想的上级，而这并不是一件容易的事情。

糟糕的上级是什么样子的？《尤悔》第4则给了我们一个啼笑皆非的反面典型：刘琨。身为并州刺史的刘琨很擅长招揽人才，却不擅长安抚与使用下属。即使一天之内有几千人来投奔他，可是从他那里逃散的也有这个数，因此他最终也没什么成就。愿意去投奔这样一个无能上级的人，大约也是没有眼光之人，以至于刘义庆都懒得提到他们的姓名。想来像江敩这样的名士，非常了解上司无能的可怕，拒绝能带来负面影响的上司，自然是一件乐事。

你回去告诉阿黑，怎敢如此放肆

如果有人质疑江敩不过是在没有压力的情况下故作放达而拒绝做王恭的下属，那么《豪爽》第6则中的祖逖告诉我们，就算是面对强势的上级，也可以完全无视对方的无理要求，从而在事实上否定对方的上级地位。大将军王敦最初打算领兵沿长江东下京城，要到朝廷上处理异己，安插自己的亲信，就先派参军去报告朝廷，还对当时的名流暗示自己的意图。车骑将军祖逖当时还没有镇守寿春，他瞪大双眼厉声道："你回去告诉阿黑，怎敢如此放肆！叫他乖乖回去！要是稍有耽搁，我就要率领三千兵马用长槊戳他的脚，赶他回上游。"王敦听说后，就打消了念头。

关于祖逖为何不怕王敦，有学者曾经专门著文讨论。[3]刘义庆已经用多个故事告诉我们一度不可一世的王敦甚至要起兵谋反，如果把他作为自己的上级，那么下属也会有同样身败名裂的下场。

祖逖掷地有声的怒斥，坚决否认王敦有控制自己的资格，也就拒绝承认王敦成为自己的上级。慑于王敦的权势，大多数人并不敢像祖逖那样拒绝他的要求，也就无法拥有祖逖的无所畏惧所带来的快乐。

　　和祖逖同等的快乐属于气度不凡的周𫖮。《方正》第31则和第33则都是周𫖮力拒王敦的故事。前者说的是虽然大家都说王敦起兵作乱毫无道理，但是只有周𫖮直言相斥，批评王敦刚愎自用。后者说的是王敦已经杀到了石头城，周𫖮领兵抵抗失利，最终城破。周𫖮前去见王敦，王敦问他："你为何辜负我？"周𫖮回答："你举兵谋反，下官不才率领六军出战，可是王师却萎靡不振无法获胜，这才是我辜负你的地方。"王敦之问和周𫖮之答可谓是精彩的难与通。王敦和周𫖮本是同僚，何来辜负之说，王敦之问分明是想让周𫖮默认自己"高人一等"的地位。周𫖮的回答则贯彻了他寓庄于谐的风格：周𫖮领兵未能战胜王敦，也就未能阻止王敦的叛乱，从而让他彻底背上了"叛贼"之名，周𫖮觉得这才是自己对不起王敦的地方——若是自己能战而胜之，王敦的罪名也许能够小一点。周𫖮虽然自称下官，但言语之间完全没有把王敦视为值得尊重的上级，他的一身正气自在王敦的境界之上。也许此时，周𫖮就已经做好了含笑而死的准备，对他来说这是一种真实的满足，而苟且偷生或是为虎作伥均非他所追求的快乐。

　　因此，上下级之间界限的模糊是因人而异的，这种习俗的形成至少出于两种模式。对和谐相处的上下级来说，他们本来就是相互依赖相互扶持的共同体,这是一种默契下的模糊。此般默契和挚友一样难得,可遇而不可求,也因此而更加令人神往。令人神往也就容易令人冲动或盲目,一旦获得他人的青睐就以为找到了默契,刘义庆反复提醒我们宁缺毋滥的道理,所谓"良禽择木而栖",有才能的人必须保持清醒,拒绝无能上级,否则就不仅不会有快乐,还将陷入痛苦的泥潭。拒绝,是上下级界限模糊的另一种形式。在这种形式中,其实双方只是潜在的上下级关系,可是在可能成为下级的一方拒绝之后,他们在气势上反而占据了上风,上与下之间出现了微妙的调转,因而也可以说模糊了上下之间的界限。在这一点上,庄子和孔子有着相通之处。庄子拒绝为官,宁可曳尾涂中,也正是怕自己被"卖"掉而失去原有的自在。在《论语》中,孔子在卫国拒绝权臣王孙贾的威逼利诱,坚持不做他的部下。融合儒道的魏晋名士则各自找到了快乐之源:江𣎴与庄子遥相呼应,而周𫖮则颇具孔子遗风。

你们北方有什么好东西

和很多名士一样,周𫖮和王敦原本为同僚,而当王敦日益位高权重之后,他与众人之间的相互关系也就有了自然而然的变化,分出了上下。同僚之间关系的特色正在于此。它不但和朋友关系一样具有不确定性,而且这种不确定性还会造成同僚之间不可避免的相互竞争关系。对心胸狭窄的人来说，也许这是一种充满了排挤和嫉妒的关系，并无真正的快乐可言。《言语》第 94 则所讲述的张天锡的遭遇就是明证。

张天锡是凉州刺史，在西部称王，后来他被苻坚擒获，担任侍中。之后他跟苻坚一起兵败寿阳，归降了晋朝。到了京城后，张天锡为晋孝武帝司马曜所器重。每次入朝议事，都要谈一整天。有些妒忌他的人当众问他："你们北方有什么好东西？"张天锡回答说："桑葚香甜味美，使鸱鸮叫声悦耳；乳酪醇厚，能涵养性情，人们没有妒忌之心。"张天锡的回答也许美化了北方，却也是对排挤自己的南方新同僚的有力回应，更提出了一个令人深思的问题：同僚之间的嫉妒是南方特有的习俗吗？

在分分合合的两晋，南北两地旧臣与新臣之间的排挤，不仅有文化不同的原因，也有权力争夺的因素，同僚之间的冲突并非总是南方人发难。[4]《轻诋》第 29 则说，苻宏离开前秦归降东晋后，谢安总是款待他。苻宏自认有才华，总喜欢凌驾于他人之上，座上宾客无人能让他折服。正好有一次王徽之来了，谢安让他们一起聊天。王徽之仔细地看了苻宏很久，回头对谢安说："他到底跟别人也没什么不同。"苻宏非常惭愧地退下了。苻宏在南方同僚面前的趾高气扬，大约是由于在谢安的热情下对自己产生了错误的判断，误以为东晋的大臣都不如自己。把苻宏和张天锡的遭遇拼接在一起，就可以发现同僚之间的排挤欺压并无南北之分，而是出于对自己和他人的认知不准确。高估了自己而低估了他人之人，就容易产生嫉妒或是自大之心，造成同僚之间不必要的排挤。

这则故事的有趣之处在于,在王徽之做了评价之后,苻宏没有采取任何行动来证明自己的与众不同,而是灰溜溜地走了。我们不知道王徽之究竟观察到了什么,想来在两人的谈话之中,苻宏自己也觉察到了与王徽之的差距。换言之,苻宏也同意王徽之的评价,他能够灰溜溜地走,说明这对他来说不是一种羞辱,而是一种快乐。王徽之帮助苻宏更准确地认识了自己和他人,苻宏脸上的惭愧之色恰是内心反省的体现。

不懂反省的王珣

如若不懂得反省,也许剩下的只是嫉妒与挤对。《识鉴》第28则这个难得一见的长故事生动地讲述了东晋同僚之间是如何为了职位而妒忌的。王忱死后,荆州没有了刺史,朝中的权贵人人都觊觎这一要职。当时殷浩还在门下省任职,虽然官居机要部门,不过资历和名声都不高,没人会认为他会成为地方要员。然而,晋孝武帝司马曜一心想要培植自己的心腹,就让殷仲堪就任荆州刺史。皇帝决定之后,诏书还没公布,此时王珣问殷仲堪:"西边重镇为何迟迟没有人选?"殷仲堪说:"其实已经有了人选。"王珣一一列举了朝中的王公贵臣,殷仲堪都说不是。王珣自认为论才能和地位,一定只有自己了,就问:"莫非是我?"殷仲堪说:"似乎也不是。"当晚诏书公布天下，殷仲堪才是最终人选。王珣对自己的亲信说："哪有让黄门侍郎担任这么重要的官职的！殷仲堪被如此提拔，乃是亡国之兆啊。"

王珣所言纯粹出于嫉妒。他如果真的是一个为国考虑的忠臣，那么此时就应该前去孝武帝面前进谏，而不是只敢对着亲信大发牢骚诅咒朝廷。他在殷仲堪面前的自负和最后结果出来时的失落对比的确令人难堪，而这难堪源于他对自己、殷仲堪以及皇上都没有正确的认识。他显然高估了自己的气度，也不了解殷仲堪的才能，更不懂得皇上的用人标准。从《德行》第40则等其他关于殷仲堪的故事来看，虽然他在荆州因桓玄作乱以悲剧收场，却也是一个勤俭节约、兢兢业业的官员，并非一无是处。《政事》第26则就证明了这一点，殷仲堪正要到荆州就任刺史之职，王珣问他："德行完备称为德，不害人是为仁。现在你掌管华夏，处在有生杀大权的职位上，这恐怕有违你原来的操守吧？"殷仲堪回答："皋陶制定了刑法，不算不贤德；孔子担任了司寇之职，也不算不仁爱。"

这则故事虽然在《世说新语》中和《识鉴》第28则相去甚远，但当我们把它们拼在一起时，就会发现浑然一体。王珣在殷仲堪走马上任之前依然不忘要揶揄一下对方——追求德行与仁义的殷仲堪将要面对一个不得不"杀戮"的职位，这对他来说将是一个两难的局面：如果杀人就违背了道德原则，如果该杀不杀就是失职。王珣之问看起来是一个出色的"难"，想必提出这样的问题让他很开心，但这种开心绝非我们所说的快乐，因为快乐的要素之一是满足,而他的开心则恰恰源于他的不满足。事实上,王珣的问题把仁德和杀戮做了截然的两分,忽略了两者的内在联系,违背了魏晋名士所推崇的"将无同"原则。面对王珣的刁难,殷仲堪的"通"直指对方的逻辑缺陷所在——即使孔子也会诛杀少正卯,不害人与不杀坏人是两回事。殷仲堪的回答避免了非黑即白的两分,他的态度更加贴近"将无同"的观念——既然老庄的思想和孔子的教诲都差不多,那么"杀戮"又怎么会与孔子思想有着不可调和的冲突呢?至此,在上一则故事中,王珣的自信已经被证明其实是自大,他的心胸固然狭小,论管理才能也似乎并不如殷仲堪。

说到这里也许有人会问,王珣如此小心眼,他的快乐又在哪里呢?当我们在谈到能从同僚之间的排挤和嫉妒中获得快乐时,说的不是王珣,而是殷仲堪。王珣的质疑是不是给了殷仲堪一个"人不知而不愠"的机会?对善于找寻快乐的人来说,快乐是无处不在的。孔子周游列国而未受重用,个中也遇到了小人的排挤,却也始终追求仁义之道而不改其乐。殷仲堪不卑不亢地回应王珣的质疑与挑衅,不仅表明了他对孔子的效仿,也为后人如何在同僚的排挤中寻求快乐提供了一个能够借鉴的参照物——连最后战败于桓玄而死的殷仲堪都能在同僚的挤对之下不怒而乐,那么我们是不是在遇到类似的情况时也无须抱怨,而是微笑以对呢?

其实,身材矮小的王珣虽然受到了大司马桓温的器重(《宠礼》第3则),却也曾是同僚排挤的受害者。《谗险》第3则说晋孝武帝司马曜很敬重王国宝和王雅。王雅向孝武帝推荐了王珣，孝武帝也准备召见他。有一天晚上，孝武帝和王国宝、王雅对坐，孝武帝稍微喝了点酒，就下令叫王珣来。在王珣已经快到之时——连士兵传话的声音都可以听到了，王国宝明白自己的才能在王珣之下，怕被夺走宠幸，于是急中生智说："王珣是当代名士，陛下不宜在喝醉的时候召见他，可以改天再见他。"孝武帝觉得王国宝言之有理，认为他很忠心，就没有见王珣。看来王国宝对王珣的阴招给王珣造成了阴影，总觉得自己无法获得君王的青睐是被别人坑害所致，以至于让他对其他的竞争者充满了恶意。尽管《世说新语》中王珣交好的名士也不少，可那些名士大多和他没有直接的竞争关系。王珣没有把王国宝的恶意转化成快乐之源，主动丧失了快乐的可能性，这对他来说是一种遗憾，对我们来说则是一种警诫。

　　排挤的极致是陷害。我们还记得陆机初到洛阳时与卢志的对峙，为父亲和祖父捍卫荣耀的陆机在彼时针锋相对，甚是酣畅，但也由此和卢志结下了梁子。《尤悔》第3则说的就是陆机最后的下场。陆机在河桥兵败后，遭到卢志的谗言陷害而被诛杀。临刑时陆机叹道："想听一听家乡华亭的鹤鸣，还可以吗？"陆机之叹，是对故乡的思念，也是对生命的留恋，然而这一切都在他与卢志的斗争中走到了尽头。在与戴渊的交往中，陆机获得了长幼之乐；在为家族之名而反击时，陆机获得了父子之乐；而在和北方同僚的交往中，陆机以悲剧告终。可见和其他关系相比，同僚关系的确更富于挑战性和危险性。

然而，我们大可不必认为刘义庆是在暗示陆机当初应该避免直接与卢志发生冲突，无论是被诛还是善终，都有听不到华亭鹤唳的那一天；有人认为陆机是在追悔放弃田园生活而投身宦海导致杀身之祸，这样的解读更是有迂腐之嫌[5]——身为陆逊、陆抗的后人，陆机又怎会甘于做个隐士；身逢乱世，又如何能一辈子做一个读书人呢？以陆机的性格，应当不会在临死前后悔自己曾得罪了卢志或是未能归隐，更可能是感慨自己未能像祖父和父亲一样战功赫赫，如若河桥之战获胜，那卢志又怎有机会陷害？换言之，同僚的陷害也为陆机提供了一面让自己反省的镜子，反省自己是否雄心大于能力。他只字未提受小人陷害，而是在总结自己的人生，这表明他同样把陷害转化成了获得快乐的契机。如果我们还记得陆云对周处的劝告——"古人贵朝闻夕死"，那么此时的陆云也正是亲身实践了孔子的这一主张。

你不只是说话难听，神态也很难看

让我们来看看被同僚看不起却不知自省的反例。《轻诋》第12则讲了这样一个故事：袁宏和伏滔都在桓温府内任职。桓温每次游乐宴饮，都会同时叫上两个人陪同。袁宏对此甚是引以为耻，常常叹息说："桓公的深情厚谊，不能让国士感到荣光；把我和伏滔相提并论，还有比这更耻辱的事吗？"袁宏对伏滔的态度，让人无法想象他们如何能够在工作时合作，也让人不禁怀念起同在王导门下的王濛和谢尚之间的和谐。

从《世说新语》中的其他故事来看，伏滔的确是一个格调不高之人。《宠礼》第5则生动地描绘了他小人得志的嘴脸。晋孝武帝司马曜在西堂会见群臣，伏滔也位列其中。回家后一下车，伏滔就叫儿子过来，并跟他说："上百人聚集的盛会，皇上刚坐下没说别的就先问：'伏滔在哪里？在这里吗？'这可不是容易的事。为人父能够如此，你觉得怎么样？"在儿子面前如此沾沾自喜而没有宠辱不惊，伏滔固然率性，却多少让人觉得散发着俗气。孝武帝问伏滔在不在，也许表明他想见伏滔，但也意味着在人群之中认不出伏滔来。皇上究竟是否宠他，也就成了一个见仁见智的问题。即使真如他所说，自己得到了皇上的宠幸，如此迫不及待地在儿子面前炫耀也完全丧失了应有的气度，也难怪袁宏不屑与他为伍。

那么，桓温为何又总是坚持同时邀请两位彼此抵牾的下属呢？在《世说新语》中，袁宏的确才华横溢，下笔成章，却也是个缺点鲜明的人。他锐气有余，恒心不足。《排调》第49则，郗超写信给袁宏，评论戴逵、谢敷说："有耐心和负责任之风，应当得到弘扬吧。"因为袁宏缺乏恒心，所以郗超用这句话来激励他。事实上，袁宏对伏滔的鄙视，也是对桓温的不满，因而桓温应当也觉得有"修理"一下袁宏的必要，如此才能让他成长。对作为上级的桓温来说，两个性格不同的下属，在工作上恰好可以兼顾不同的事物，而在生活上相互碰撞，则有助于他们取长补短。灵动的袁宏可以减少一点俗气，而与庸俗的伏滔相处则可以增加袁宏的耐心。桓温的苦心也许正在于此。

《宠礼》第 2 则写道，桓温曾经让自己的僚属入府住宿，袁宏和伏滔先后到达。签到时，由于桓温手下还有另一位姓袁的参军，袁宏怀疑桓温所拟名单上的人并非自己，就叫传令官再去查证一下。传令官说："参军就是袁、伏之袁，还有什么可怀疑的？"袁宏之疑，究竟是怀疑自己应该不如另一位袁参军受宠，还是怀疑自己怎么能和伏滔并列？不管怎样，桓温就是要让袁宏明白，他就是和伏滔捆绑在一起的。游玩也好，宴饮也好，住宿也好，袁宏必须习惯和自己看不顺眼的人相处，如此将来在官场才能游刃有余。或者说，在桓温看来，各有所长又各具缺点的袁宏和伏滔本来就是差不多的一对。《品藻》第 79 则说，在袁宏担任吏部郎后，连以放达闻名的王献之都会给郗超写信，让他照看着袁宏，希望这个职位能够磨砺袁宏一直以来的锐气，可见袁宏的确需要历练。如果他把和伏滔齐名视为一种耻辱，那么他眼中只有他人的缺点而没有自己的不足，距离从同僚关系中获得自省之乐的境界还相当遥远。

刘义庆借刘惔之口告诉我们，同僚间缺乏自省的相互排挤与轻视不足取。《轻诋》第 14 则说，有一次刘惔、江虨、王彪之和孙绰众人一起坐着，江虨和王彪之脸上有互相轻视的神色。江虨用手抓着王彪之说："酷吏！"言辞和神情都很强硬。刘惔看着他说："你是在发怒吗？你不只是说话难听，神态也很难看！"刘惔是可以喝醉了酒把脚架在桓温脖子上的放达之人，可是连他都觉得江虨和王彪之之间的互相排挤和轻视越过了底线。当江虨

219

指责对方是酷吏时,恰恰暴露了自己与对方的同一性,他自己也是个脾气暴躁之人,说话和神态都让人难以接受,隐隐然也是一个潜在的酷吏,可是他自己却不知晓。

我们不知道刘惔的话有没有惊醒在场的梦中人,但是却可以点醒一千多年后的我们。一个指责别人而忽视自己具有同样缺点的人,所能拥有的只能是暴怒。在批评同僚之前先反思自己而不是气势汹汹,在被同僚排挤后同样不心怀愤懑而是反省自身,那么原本令人烦恼的同僚之间的排挤或是冲突就能够转变成获得快乐的契机。这样的快乐同样是儒道结合的产物。一方面,《老子》说"祸兮福所倚",任何看似负面的境遇都可能转化成正面的激励;另一方面,孔子孜孜以求的和而不同也尤其在与同僚相处的过程中才得到淋漓尽致的体现——只有同僚关系才需要和性情不合的人长时间共事。回头再看看郁闷的袁宏和发飙的江彪,是不是有一点小人和而不同的意思呢?

从放荡不羁到一本正经

一本正经的刘惔可能让我们有一些不适应,其实,这才是刘惔作为官员应有的本色。平日里再放荡不羁的名士,做官时大多都会认真负责,尽心尽力。同僚关系,凸显的正是名士的责任感。同僚关系的特殊性在于,名士在其中必须"正经"起来,因为拥有这一层关系的名士意味着他们身居官职,肩负着治国安邦的重任。和同僚的相处，也就不仅仅像朋友之间的嬉笑怒骂那样属于个人与个人之间的爱恨情仇，而是关涉到一地甚至一国的福祉。当王珣或袁宏在为了自己的前程或名声而斤斤计较时，他们忘记了自己的身份。相比而言，刘惔尽管也存在这样那样的缺点，但是在对同僚的尊重和对原则的遵守上却堪称表率。

《政事》第22则说，殷浩刚担任扬州刺史时，有一次刘惔出行，太阳刚刚要下山时，他就让随从做好歇息的准备。别人问他原因，刘惔回答说："刺史严厉，我不敢在夜里赶路。"这则故事的主角自然是刘惔，不过殷浩也同样值得我们关注。在清谈的场所，殷浩是一员猛将，我们还记得他和孙盛二人争得面红耳赤不肯吃饭的场景。殷浩并没有把清谈时的这份任性与怪诞带到职场，作为刺史他要求严厉，法纪严明。作为同僚，刘惔并没有倚仗自己的身份而试图钻空子或是耍性子，更不会把种种政策视为对自己的约束而想要挑战，而是尊称殷浩为刺史，尊重同僚的执政方法，身体力行地做一个遵纪守法之人。刘惔和殷浩就私人交情而言算不上朋友，殷浩甚至还曾批评刘惔"标同伐异"（《轻诋》第10则），但是他作为同僚给予了殷浩足够的尊重，这种同僚之间的尊重与支持是治国的根本。如果刘惔只是恪守规矩，那么不免有些死板，好在他平时又是一个风雅之士，两个角色融合在一起，正时能正，邪时亦邪，与朋友相处时放达，在同僚关系中严肃，于是就让读者感到可爱，而他自己也觉得欢乐了。

我们都知道刘惔最好的朋友当数王濛。看似玩世不恭的王濛同样向我们展示了对同僚和而不同的尊重,两人相同的处事方式也从侧面印证了他们之间的默契。《政事》第 21 则说,在山遐离开东阳太守职位后,左长史王濛向简文帝请求出任东阳太守。他说:"承借前任严厉的措施,我自然可以用宽和而清净无为的办法使得社会安定。"王濛的这个故事恰好发生在刘惔拒绝夜行之前,这应当不是偶然的安排,而自有呼应之势。王濛所言看起来是对山遐的否定,实则不然。山遐的管理措施严厉,和王濛无为而治的思想截然不同。然而,这正是和而不同不可或缺的前提,如若山、王二人观点一致,那和而不同也就无从谈起。王濛的思路非常清晰:"猛政"与"和静"都是治国之法,单独的"猛政"或"和静"都可能失之偏颇,"猛政"过于严格而"和静"让人放纵,两者的结合则能有奇效。在"猛政"之后,老百姓养成了遵纪守法的习惯,此时再清净无为,他们就既能够为自由自在而高兴,又由于形成了良好的行为习惯而不会一味放纵。因此,王濛所言从管理地方的实际出发,为不同政见者之间的相互尊重提供了一个实例。

以王濛为参照,我们很容易发现指责他人为酷吏的江彪在气度与境界上都有所逊色。根据王濛的言辞,山遐也可能属于酷吏之列,可即使对方是酷吏,王濛也觉得有可取之处,已然为自己将来的治理打下了基础。刘义庆把这则故事放在《政事》而不是《轻诋》,表明王濛所言的确是真心话而不是对山遐的嘲弄,他所关心的超出了个人的喜乐,而是一地百姓的福祉。王濛和刘惔作为朋友可谓是一对放达的名士，在生活中也极尽嘲弄他人之能事，而当化身为官员后，身处同僚关系之中的他们却丝毫不马虎，对他人保持应有的尊重，甚至意见不同也能在保持底线的前提下合作，大约这才是理想的同僚相处模式。

合作而不勾结

《政事》第 24 则说，王忱做吏部郎时，曾起草过一份选用官员的名单，在就要上奏前，王珉来了，王忱就临时拿出来给他看看。王珉拿到名单后，便按自己的意思替换了近一半人选，王忱觉得改得很不错，就重新誊写了一份上奏。这则故事的要点也在于合作。也许有人会觉得王忱过于随意而王珉则有越俎代庖之嫌，然而就结果而言，却是皆大欢喜。所谓兼听则明，王珉的意见既然不错，那么王忱及时调整自己的方案，说明他善于听从他人的建议，也并不在意自己的"面子"。纵使王忱有疏漏，可是他至少没有固执己见，而是用从善如流来弥补自己决定的不足。同样，即使王珉有好为人师之嫌，可是他并未为了私利而修改名单，为的是让王忱能够提交一份更加理性的名单。同僚，不就是用来互相弥补不足而使得工作更加顺畅的吗？

即使是位高权重的桓温，在听到下级同僚的合理意见时，纵然心中不快，却也只能接受，这就是同僚之间的合作。《轻诋》第 16 则说，桓温想迁都洛阳，来弘扬开拓国土、安定国家的事业。孙绰上表阻止，他的论述很有道理。桓温看到奏章后，心里很佩服，但却忍不住由于他的异议而愤恨，就让别人对孙绰说："您为什么不去追寻《遂初赋》里的志向，却强要过问国家大事呢！"我们已经看到过孙绰当初用《遂初赋》来表达自己逍遥志向的一幕，在《世说新语》中孙绰的名声并不很好，他前后矛盾地出仕为官就说明了他的格调。可是，面对他的建议，桓温也不会不屑一顾，尽管心有不甘，却也虚心接受，迁都洛阳之事最终也没有付诸实践。

桓温虽然脾气不小，但是非常重视同僚之间的团结。《黜免》第4则说：

> 桓公坐有参军椅烝薤，不时解；共食者又不助，而椅终不放，举坐皆笑。桓公曰："同盘尚不相助，况复危难乎？"敕令免官。

所谓同僚，通俗地说就是一起工作谋生之人。同僚之间一定无论困难大小都要互相帮助，这是桓温的宗旨。这是一个颇具象征色彩的场景：桓温请下属一起吃饭，也正意味着大家在他手下谋生，桓温用"同盘"指代同僚，自有其意味深长之处。一个参军用筷子夹蒸薤时遇到意外，偌大个人由于蒸薤太黏而无法拔出筷子，此情此景，的确是颇为滑稽的。可是，滑稽之事在于总是有人笑而有人被取笑，如果同僚之间一方成为另一方嘲笑的对象，那么就会影响工作中的团结合作，从而威胁到各自的饭碗。桓温辞退这些看他人笑话而不出手相助的下属，就是为了强调大家的互相帮助要从小事做起。一个同僚拔不出筷子，别的同僚只需举手之劳就能够帮他摆脱窘境，如果连这都不愿意相助，而只是看笑话，那么在实际工作之中有人出现错误时其他人必然也会袖手旁观，后果就会不堪设想，甚至连桓温自己都可能丢了饭碗。因此，桓温防微杜渐，果断免去这些看客的官职，就是为了告诉我们，理想的同僚关系就是要守望相助。回头再看桓温每次游玩宴会都叫上袁宏和伏滔，他的良苦用心大约也正在于此。

协作也好，帮助也罢，同僚的共同目的在于携手治国，而不是斤斤计较于个人之间的争斗。所谓协作，并非为了一己私利而互相勾结狼狈为奸，而是为了治国安邦而同仇敌忾。在协作和勾结之间做明确区分是必要的，一旦把两者混为一谈，就会对同僚间的理性关系产生误解。

《规箴》第26则说王绪和王国宝"相为唇齿，并上下权要"，两人互相依赖左右着朝廷大权，王忱对此非常不满，对王绪说："你们现在无所顾忌，难道不曾考虑将来可能体会到狱卒的尊贵吗？"王忱不畏权势，正言相告，就是由于王绪和王国宝之间的勾结并非我们所说的同僚间的合作，肆无忌惮地勾结对国家来说可能导致混乱，而对个人来说终点则必然是监狱，这也是他警告王绪不要忘记有一天可能地位比狱卒还低下的原因。将这则故事中的王忱和让王珉修改名单的王忱拼接在一起，就可以知道王忱并非是一个糊涂官，而是一个原则性很强的官员；也可以推测他接受王珉的修改，不是出于对后者的畏惧，而是王珉的修改自有其道理。更重要的是，他和王珉的合作与王绪和王国宝的"相为唇齿"不同，他们不是沆瀣一气，而是共同合作。以王忱为参照，同僚协作的正面与反面就更加清晰了。

小草与远志

为了能够顺畅地合作，同僚间的善意劝诫必不可少。劝诫可以分为两种：一种是在同僚走上歧途时劝其迷途知返，另一种是在同僚执意归隐时劝其胸怀天下。《规箴》第12则中谢鲲对王敦的规劝属于第一种。当时谢鲲任豫章太守，他随王敦的军队东下到了石头城。王敦对谢鲲说："我无法再做辅佐王室的盛德之举了。"言下之意就是他想要叛乱。此时谢鲲劝告说："为什么要这样说呢？只要从今往后，日复一日地忘记那些对您的猜疑就好了。"王敦又借口生病不去上朝，谢鲲继续进言："最近您的举动，虽然是想保存国家社稷，可是全天下之人都无法体会您的真实想法。如果可以去朝见天子，让大臣们都放心，大家就会对你心悦诚服。依靠民众的声望，顺从众人的心意，尽量用谦逊的态度来侍奉主上，如此您的功劳就相当于匡扶天下、名垂千古的管仲了。"当时之人认为谢鲲所言为至理名言。

王敦意图叛乱之心，就如同当年的司马昭之心一样，已然路人皆知。谢鲲的规劝无疑是为了让王敦放下这个执念。他的劝告从正反两方面展开：先是反着告诉王敦不用搭理那些负面的猜忌，不要因为别人的猜疑就一条道走到黑，再是正着说如果能够和同僚精诚合作，那么就可以与管仲媲美——管仲的定位，当然是人臣的天花板，这自然也是委婉地劝解王敦不要奢望超越这一地位。此时谢鲲的劝告，也具有相当的风险，搞不好就可能让自己人头落地，可是为了能够继续与王敦保持同僚之谊，谢鲲还是做了尽心尽力的劝告，指明了国家社稷的重要性。只要王敦不叛乱，谢鲲和他就还是同僚，仍可以共同为匡扶东晋王族而努力。谢鲲为了作为同僚的王敦而知无不言，尽到了身为同僚的本分而无愧于心，这当然是一种真实的满足，也就是我们所说的快乐。尽管谢鲲所言有对牛弹琴之感，没有起到效果，但是刘义庆时人的评价告诉我们，谢鲲所言符合当时人们的观念，是执意叛乱的王敦脱离了习俗，试图强行解构他和谢鲲之间的同僚关系，最后自然也就落得身败名裂的下场。

犯上作乱是瓦解同僚关系的强硬手段，而归隐山林虽然属于柔软的选择，却同样可以让同僚关系不复存在。为了能够保持与有才有德之人的合作，在他们有归隐之意时挽留，也同样是一种不可或缺的规劝。《世说新语》中在隐居和出仕之间摇摆的典型当属谢安。《排调》第32则说的就是同僚对谢安的规劝。谢安一开始想隐居东山，后来朝廷的诏令多次下达，谢安不得已才开始担任桓温的司马。此时恰好有人给桓温送了些药草，其中有一味药叫作远志。桓温把它拿来问谢安："这味药又叫小草，为什么一个东西有两个名字呢？"谢安没有马上回答，当时郝隆也在座,应声回答说:"这很容易解释,'处'就是远志,'出'则为小草。"谢安深感惭愧。桓温看着谢安笑着说:"郝参军这个解释不错,也富有意趣。"

这是一个快乐满满的故事,足以证明适当的调侃和规劝是同僚关系的润滑剂。不要由于谢安的惭愧之色而觉得他很尴尬,惭愧是自省的体现,郝隆所言恰恰解开了困扰谢安的心结——隐居还是出山,长期隐居做处士又放不下治国安民的理想,而出仕为官又烦恼多多,既怕别人嘲笑自己隐居做作,又难免要面对种种的琐碎。这是一场属于桓温和郝隆的联袂演出,虽然看似主角是郝隆,导演却是作为上级的桓温。桓温不愧是一个善解人意的上级,他了解谢安的心理,因而特意用远志这一味中药来开导谢安,让他安心从处士的身份转变成司马,也避免他隐居之心再起,让彼此之间的同僚关系不再,大家就无法和谐共治天下。谢安的惭愧自然是桓温乐意看到的,这意味着谢安打消了回归山林的念头,而谢安的惭愧同样是其自身快乐的证明,此后他可以彻底丢掉隐士的包袱,更加坦然地与同僚相处,从而实现自己的抱负——既然在山中怀有远志,那么就出仕从琐碎的工作扎扎实实做起。郝隆作为桓温和谢安之间的调节器,用自己精彩的"通"回答了桓温给谢安的"难",不但替谢安解了围,而且也消除了桓温可能的尴尬——要是谢安无法作答,那么桓温之问就落了空。郝隆让在座各位知晓了桓温的心意,给桓温和谢安都准备了台阶,这当然是一个皆大欢喜的结局,相比而言,他自己被桓温夸赞反而是微不足道的小乐趣。

桓温、谢安和郝隆的相处让我们再次看到了上下级之间的互相依赖。这样的依赖也是一种传承。谢安从桓温的手下到日后成为东晋首屈一指的重臣，小草也就成了劲草。小草和远志的意象，其实几乎与每一个希望获得同僚之乐的名士都相吻合。每个名士在野时都心怀远大的理想，而出仕后则把自己视为小草，如此才能够摆正心态，与其他的同僚勠力同心、和谐共处。如果把自己当作栋梁，那么就会有高高在上之感，对其他同僚就会颐指气使，同僚间自然无法合作。最可怕的是把自己当作可以吹动小草的"风"，那就会像王敦这样起兵作乱，最终连一个同僚都没有。在宦海浮沉，一个人可能只会有极少的好友，但不能没有同僚，也许在个人的精神世界中朋友更为重要，然而在日常的公务生活中同僚关系也许比朋友关系更具优先性，如果置朋友于同僚之前，那么就可能有本末倒置之虞。

《政事》第25则说王珣和张玄相友善。王珣做了吴郡太守以后，有人问中书令王珉说："王珣做了太守，教化与政绩怎么样啊？"王珉回答说："不知道治理和教化如何，只知道他跟张玄的感情日益深厚了。"

王珉的回答甚是微妙。我们记得王珉出手修改王忱所拟的名单获得了对方的赞许，因而可以推断他是一个懂得识鉴官员之人。他避而不谈王珣的政绩，而是说到王珣和张玄的友情，可见王珣把大部分的精力用在了私人生活之上，政绩多半是乏善可陈。由此再回头看看当初王珣对殷仲堪的不忿，我们就自会付诸一笑了。

有趣的是，做如此评价的王珉不是别人，正是王珣的兄弟。作为兄弟，王珉并没有为兄长护短，而是委婉地指出了兄长为官的不足。如果说朋友关系属于私人生活的范畴，同僚关系属于公共范畴，那么原本似乎应该是自家内部的兄弟关系，难道还在亦公亦私之间？这正是我们将在下一章所讨论的话题。

第六章　双向奔赴的兄弟

众所周知，春秋之际兄弟阋墙的闹剧屡屡发生，[1] 妇孺皆知的《郑伯克段于鄢》就是典型的例子，其所造成的悲剧不仅是兄弟之间的反目或是相残，更动摇了一个国家的根基。被杀的一方固然被彻底剥夺了快乐的权利，而即使像郑伯这样看似获得胜利的一方也免不了被内心的纠结所困扰。

对将孔子视为圣人的名士来说，公共性自然是魏晋之际兄弟关系的重要属性。与此同时，他们对春秋之际兄弟相残所带来的唏嘘也自是耳熟能详。如何在公共性的基础上彰显兄弟之间作为个体的快乐，这是刘义庆笔下的名士所要解决的问题。简单来说，"我"单纯只是作为兄长或兄弟而快乐，这样的快乐并非必须与治国平天下连在一起。先让我们看一看兄弟之情对谢安的影响。

《尤悔》第14则说，谢安在会稽坐船出行，船夫拉纤，时慢时快，时等时停，有时又任由船只随意漂荡，撞着人或触到河岸，谢安一点儿也不会呵斥责怪。人们说谢安经常没有喜怒之情。有一次，他给兄长镇西将军谢奕送葬回来，天晚雨急，车夫都喝醉了，不能好好驾车。谢安就从车里取出车柱撞车夫，声色俱厉。故事的最后说，这就像水的个性本来是沉静柔和的，但是流经狭窄之处就会奔腾激荡，用它来和人的感情相比就会明白，人在狭小之地无法保持他的平和纯粹之性情。

最后这段有画蛇添足之嫌的话颇具误导性，容易让人以为谢安的发怒是由于身处险境担心自己的安危。事实上谢安发怒的原因之一就是兄长的去世。兄长的去世让平日里超脱的谢安陷入了无比悲痛之中，从而影响到了他对下人的态度。所谓的"迫隘之地"，更多的是一种比喻——丧兄之痛让谢安的心胸在这一刻变得狭小，他的情绪被逼到了崩溃爆发的边缘。

想必大家都可以理解此时谢安的激愤和暴躁。丧礼上酒是不可或缺的，可以想象，车夫们着实喝了不少，对他们来说，谢奕的丧礼无非又是一个可以贪杯的机会而已，甚至都没有顾及谢安的心情——可能大家都默认谢安是一个没有喜怒情感之人，这对本身痛苦不已的谢安来说无疑是火上浇油。我们看到的是对车夫怒斥的谢安，看不到的却是在声色俱厉之前，那个在车里痛苦不堪的谢安。谢安的暴怒失态，正是要让大家明白自己对兄长的感情，而失去兄长的痛苦恰恰反衬出兄长曾经给予他的快乐，也表明他平时不轻露喜怒之情也许是他的快乐点和发怒点都比较高的缘故。对谢安来说，兄弟之"悌"在此时的确从私人的感情影响到了他对外的形象。外人眼中那个喜怒不形于色的谢安破碎了，从此之后大家都知道谢安也是会发飙的，而发飙时的谢安所在乎的只是失去兄长的哀伤，完全不在意会对外人造成什么后果。这就是魏晋名士对兄弟之乐中个体性的强调。

刘义庆把这则故事放在《尤悔》之中，我们不禁好奇：他认为谢安应该后悔的是什么？如果谢安后悔的是自己对车夫的失态，那未免也过于浅显，毕竟车夫的确做得很是过火，惩罚一下无可厚非，谢安的失态无非是和之前的随意对比过于强烈而已。在《世说新语》中，谢安在幼童之时就曾规劝兄长谢奕的量刑方式，谢安的沉稳与谢奕的狂放形成了鲜明对比。对于四十多岁就死于任上的兄长，谢安是否觉得自己没能尽到责任，若是能力劝兄长，让其言行更加检点一些，也许兄长还能多活些日子。如果我们接受这样的解读，那么谢安在自责之中已然向我们展现了他内心的"悌"，并且把这份对兄长的热爱转化成了对侄子谢玄等晚辈的教诲——我们应该还记得谢安在长幼关系中所获得的满满快乐。

和《论语》相比，《世说新语》的确更多强调了兄弟关系之间的个体性，或者说是私人性。兄弟之乐源于一种自然的情感，而非道德责任。在《世说新语》开篇第一门《德行》中，几乎没有讲述兄弟之间的交往，说"几乎"，是由于《德行》的最后一则确实提到了吴氏兄弟，可讲的是兄弟俩对母亲之死的悲痛，对于兄弟之间的交往只字未提，这无疑隐晦地切断了兄弟之乐与德行之间的必然联系。在没有德行负担的情况下享受兄弟之乐，这或许是《世说新语》对孔子思想的新诠释，也是当时的新习俗。

子敬啊子敬,人和琴都亡故了啊!

《世说新语》中有两家兄弟让人最为印象深刻:王羲之的儿子们性情相投、感情深厚,周颉和周嵩兄弟间则争吵不断。这或许是当时兄弟相处的两种典型模式。至于孰优孰劣,刘义庆似乎并不想做比较或判断,只要俱是真情流露且乐在其中,又何必非要和别人一样呢?

王氏兄弟的情深集中体现在两人临终时。《伤逝》第16则说,王徽之和王献之都病得很重,王献之先走了一步。有一天王徽之问身边的人说:"为什么一点也没有听到他的消息?这意味着他已经去世了!"他说话的时候完全"不悲",接着就要求乘车去奔丧,行丧礼时一点儿都没哭。王献之平时喜欢弹琴,王徽之就径直进去坐在灵床上,拿过王献之的琴来弹,琴弦的音已经不准了,他把琴扔到地上说:"子敬啊子敬,人和琴都亡故了啊!"随即他恸绝良久才苏醒。过了一个多月后,他也去世了。

我们还记得《伤逝》第12则中郗愔在听闻儿子郗超死讯时"不悲"的模样,而王徽之则是自己猜到了王献之的离世而"不悲"。猜到,是正面说明兄弟之间心有灵犀;不悲,则反面体现兄弟之间的情深。不悲是别人看到的表情,而悲痛则是看不到的内心。悲伤与快乐,就这样变成了私人的体验。或者说,王徽之的悲痛之深,已经无法为外人所道,那么兄弟间的快乐,也同样是旁人难以体会的。

刘义庆的叙述有意无意地消除了兄弟之间的差异,我们似乎无须知道谁是兄长，谁是兄弟，就能够感受到他们的手足情深。孔子所说的"悌"，相对强调的是兄弟对兄长的尊重，而在别人面前狂放不羁极端自我的王徽之，却在病重之时依然要去奔丧送兄弟最后一程，兄弟关系已经从单向的"悌"变成了双向的关怀，"悌"也就在不知不觉中被消解，兄弟二人更像是一种朋友间的平等关系。说像是朋友，却又似乎比朋友还重要。王徽之最为著名的片段，当属"雪夜访戴"，可是彼时他可以见戴逵而不见王献之，此时他无法再见王献之却坚持拖着病躯前往，细细想来，在他心中兄弟比戴逵还要重上几分。

　　按照严格的礼教标准，吊唁应当在适当的时候哭泣。[2] 王徽之吊丧而不哭，和最初的不悲相呼应。悲与哭，都是属于正常的给旁人看的礼数，而在最亲密的人之间，则没有必要。此处叙述的微妙之处，在于分明应该有旁人，但读者感觉似乎只有王徽之和已然死去的王献之在场。弹琴也好，掷琴也好，恸绝也好，给人一种王徽之独角戏的错觉。在王氏兄弟的送别之时，在场的其他人，都变成了透明的可有可无之人，甚至还不如琴重要——或者说当然不如琴重要，琴本来就是人格的象征。[3] 不过，略知琴韵的人都知道，古琴的琴弦本来就是需要经常调音的，调音是每个弹琴之人的基本功。王献之的琴音不准，自然是他病重期间没有抚琴之故，但同时也说明王献之过世后并没有人想要用琴声来怀念他。不过王徽之的掷琴却并非简单的由于琴音失调，作为此道高手，调音对王徽之来说原本是易如反掌之事，可是当悲伤之情郁积于心后，他和遭遇亡兄之痛后的谢安一样，心变得

235

"迫隘",再也容不下别的烦躁,于是就连简单的调音都不耐烦了。王徽之的掷琴和谢安用车柱撞人异曲同工,都是在失去兄弟之乐的极度痛苦之中变得暴躁,失去了往日的洒脱,从而从反面证明了兄弟情深。

王氏兄弟之间的情深并没有以"悌"为基础,更多的只是单纯的性情相投。如果我们看看《礼记·祭义》中对"悌"的描述,就会发现所谓的"悌"紧紧围绕着诸侯展开,"至弟近乎霸",单独来看,似乎是说"悌"做到了极致可以称霸,可是大家千万不要激动,紧接着的那句话非常重要——"虽诸侯必有兄",原来它的目标群体始终都是诸侯。回头再看有子在《论语》中说孝悌之人不会犯上作乱时,他的目标对象大约也指的是诸侯,至少应该是手握大权的重臣,否则又怎么有作乱的可能。尽管《世说新语》中也有若干有机会作乱的名士,但是对大多数名士来说,即使不"悌"也不可能有称霸的机会,兄弟之间的相亲相爱出于自然的手足之情,并不需要用具有等级意味的"悌"来激发或约束,兄弟情深也就成为自然的结果,而不再是一种手段。

既然兄弟情深,就不会相互比较高下,而是求同存异,惺惺相惜。《赏誉》第151则说有一次王献之给王徽之写信:"兄伯萧索寡会,遇酒则酣畅忘反,乃自可矜。"这则记载文字不长却意味深长。这是一位兄弟对兄长的评价,而评价的内容与兄长治国平天下的能力全然无关,直指其性情。在兄弟的眼中,兄长一方面性情疏淡不合流俗,另一方面并不故作清高,有酒就会畅饮而尽兴忘返,这是值得自傲的性情。说是兄弟对兄长的评价,倒不如说是兄弟对兄长的安慰。大家要知道的是，王献之并不是在对别人夸他的兄长，而是对着兄长夸自己。我们完全可以想象一下，王献之为什么要对着王徽之夸赞自己？如果王徽之自信满满，弟弟王献之的夸赞就会有多此一举之嫌，只有王徽之彷徨不安、怀疑自我之时，来自弟弟的肯定才弥足珍贵。

王徽之和王献之一样，均是看似极端自我的人。《简傲》第15则、第16则和第17则三个故事接连讲述了他们兄弟的傲慢。第一个说的是在表兄郗超去世后，王氏兄弟在舅舅郗愔面前穿着高脚木屐，态度轻慢，第二个说的是王徽之到别人家里赏竹却对主人不屑一顾，第三个则讲的是王献之在顾辟疆的园子里，在并不认识主人的情况下旁若无人。第二、第三两则故事如出一辙，以至于让读者时常有记错主角的可能。在这样的傲慢之下，隐藏着的却是王徽之一颗脆弱的心，越是自我否定而不懂得与他人相处的人，在他人面前有可能反而表现得越是傲慢无礼。王献之对兄长的苦恼感同身受，因此劝慰兄长要相信自己的处事风格，要为自己感到骄傲。这一份来自兄弟的关心和肯定，岂不是比单纯拘泥于长幼的"悌"要来得真诚而珍贵吗？

王氏兄弟二人虽然都自傲，但具体表现方式还是有所不同。《品藻》第80则说王徽之、王献之兄弟一起欣赏《高士传》一书所记的人物与书中的赞语，王献之欣赏井丹的高洁，王徽之说："不如'长卿慢世'。"兄弟二人对不同人物的欣赏体现了各自的价值取向。高洁更加洁身自好，而慢世则有玩世不恭之感。从后世的眼光来看，也许高洁要略胜出一筹。如果我们把《世说新

237

语》中其他关于王氏兄弟的故事拼在一起，就可以更好地理解王献之对兄长的安慰——这是由于在外人看来，作为弟弟的王献之比哥哥王徽之要优秀。

《雅量》第36则说王徽之和王献之兄弟曾经一起坐在一个房间里，房上忽然起了火。王徽之当即逃窜，惊慌失措得连木屐都没穿；相反，王献之则从容不迫，神色淡定地慢慢呼唤随从，让他们搀扶着走出去，就和平时没事时一样。世人因此判断出王氏兄弟精神气度的高下。

《品藻》第74则的故事再一次证明了王献之比兄长优秀。有一次王徽之兄弟三人一同去拜访谢安，王徽之和王操之谈论了一些日常琐事，王献之则只略作寒暄。三人离开后，在座的客人问谢安："刚才那三位贤士，哪个更好一些呢？"谢安说："小的最好。"客人问道："怎么知道呢？"谢安说：《周易》说'吉人之辞寡，躁人之辞多'，由此推断而知。"

王献之说话相对较少，完全可能是出于对兄长的尊敬。既然两位兄长侃侃而谈，那么自己就做个配角。可是给谢安的感觉却是最幼的王献之最为出色。谢安所言完全可能是一种文字游戏，就好像清谈一样，在客人提出一个问题后，他必须给客人一个出人意料的答案。我们知道谢安自己在清谈之时也滔滔不绝不遑多让，那么试问他自己是吉人还是躁人？可是，谢安的评论毕竟是当中所言，由此大家也就自然会觉得身为弟弟的王献之后来居上。

回头再看起火之事，王徽之的本能反应恰恰和以神韵著称的庾亮在生死关头时的惊慌相似，那么，我们又何必苛求王徽之呢？但是，这些言论大约是对王徽之造成了困扰，因而才会有王献之贴心的书信。王献之并没有想要和兄长做直接的比较，而是单纯地肯定了兄长的性情与优点。王徽之的不合群也许让他无法获得他人的高度赞赏，但这并不影响同样傲慢的弟弟对他的肯定。这一份赞许对王徽之来说无疑是宝贵的心灵慰藉。我们也就不难理解在王献之病逝之后，王徽之为何如此悲伤了。

阿奴，你要珍重

与王氏兄弟形成鲜明对比的是周氏兄弟，周嵩以另一种方式解构了"悌"，然而有趣的是，不"悌"的周嵩却也并没有犯上作乱。让我们先看一看周嵩对兄长周𫖮的"恶劣"态度。《方正》第27则说，周𫖮任吏部尚书时，有一天晚上在尚书省突然生了病，病情严重。当时刁协是尚书令，他赶紧设法抢救周𫖮，悉心照顾，对待周𫖮非常亲切友善，过了好长一阵子周𫖮的病情才稍有好转。次日一早，刁协让人通知了周𫖮的弟弟周嵩。周嵩匆忙赶来之后，刚一进门，刁协就离开床榻对他大哭，诉说前一晚周𫖮病情多么危险。周嵩抬手把他推开，刁协退到了门口。周嵩来到哥哥床前，问也不问病情就说："你在西晋时与和峤这样的人齐名，怎么可以跟刁协这种小人有交情呢！"说完就直接走了。

刁协的落泪的确有一些谄媚邀功之态，但作为下属担心周𫖮的身体也在情理之中。身为兄弟的周嵩并不是不担心兄长的病情——匆忙赶来就是明证,可是对他来说,名声比性命更加重要,颇有后世"失节事大"之感。或许在我们看来,周嵩对兄长无疑过于苛刻了。他不但没有照顾病中的周颛,甚至还把兄长骂了一顿,完全没有对兄长的尊重和关心,应该说不是一个恪守"悌"的弟弟。

然而,我们却丝毫不会担心周嵩会有恶行。这样一个为了原则而六亲不认的人,恰恰会坚守他认为对的道德准则,他对兄长的"犯上",正是为了更好地维护社会的正义与秩序,而没有真正犯上作乱的倾向。于是我们忍不住思考,《论语》中有子所说的"悌"和犯上作乱之间是否值得推敲。当然,有子说的是"悌"之人就很少会犯上,而不犯上就不会作乱;从形式逻辑来说,不"悌"之人不一定就会犯上,而犯上之人也不一定就作乱。可是有子的话总让人有一种不尊重兄长的弟弟就会犯上之乱的错觉。周嵩用自己的言行为有子所言作了注解,一个不尊重兄长的弟弟其实也是在以另一种方式关心着自己的兄长。

《雅量》第21则说,一次周嵩喝醉了酒,瞪大眼睛转过脸对周颛说:"您的才能不如我,居然凭空获得盛名!"他随即举起燃烧着的蜡烛扔向周颛,周颛笑着说:"阿奴用火攻?这实属下策啊!"面对兄弟的恶言相向,周颛并不生气,而是还以善意地解嘲,这表明周颛对自己的兄弟其实很是包容。尽管兄弟对兄长并不服气,可是做兄长的却不以为意。值得注意的是,无论是匆忙探病还是酒后失言,周嵩两次都称周颛为"君",从称谓上保持了对兄长的尊敬,而周颛称其为"阿奴",这也正是谢奕对兄弟谢安的称呼——显示了兄长对兄弟的亲近和了解，周顗知道兄弟内心所想，也知道他并没有恶意。

周嵩酒后失态，却也恰恰表明作为弟弟的他暗自在和兄长比拼竞争，这一点和王献之有所不同，却也是人之常情。如果做兄弟的自甘平凡，那才是对天性的扼杀，兄弟的竞争让做兄长的保持压力。因此，周嵩对兄长的态度只能说在一定程度上解构了"悌"，并没有完全颠覆"悌"的原则，而是为"悌"的习俗赋予了新的内涵。有人认为魏晋时期的兄弟广泛遵守了传统儒家对兄弟所赋予的道德观念，[4]这未免有些绝对。在我们看来，周嵩的言行表明他对儒家对兄弟关系的道德界定在"遵守与不遵守之间"。

由于周家有三兄弟而周嵩排行老二，他既是弟弟又是哥哥，这让我们想起了父子和长幼之间的传承。作为兄长的周嵩对弟弟非常严格。《方正》第26则说，周谟要赴任晋陵太守，他的哥哥周顗和周嵩去送别。周谟觉得要和兄长分别很是伤感，不停地哭泣。周嵩生气地说："真像个女人，与人分别只会哭哭啼啼。"于是丢下弟弟就走了。周顗单独留了下来，与弟弟饮酒闲聊，临别时流着眼泪，轻抚弟弟的背说："阿奴，你要珍重！"

周嵩的离去既是对弟弟周谟的不满，也丝毫不顾兄长周顗的颜面，让人觉得他苛刻有余而成熟不足。作为兄长，他没能给即将远行的兄弟以建议和安慰，作为兄弟，他完全没有征求大哥的意见就独自回去。可以说，他的言行的确有悖于传统意义的"悌"。然而，《世说新语》让我们知道他所做的一切有着自己的考量。《识鉴》第14则中，周顗的母亲在冬至这一天赐酒给三位儿子，说："我原本以为从河南过江到了江南后没有立脚之处，幸好你们都有福相，你们几个能一起在我面前，我还有什么好担忧的呢！"周嵩起身，长跪于地，哭着说："母亲所言不对。兄长为人志大才疏，名声大但是见识不高，喜欢利用别人的缺点，这并非保全自己的为人之道。我这个人生性狂妄自大，也不会受到世人所容。只有弟弟庸碌普通，可以一直在母亲面前陪伴。"

这则故事活灵活现地刻画出周嵩的性格特点。母亲话音刚落，大哥周𫖮还没有说话，周嵩就抢先发言，并且驳斥了母亲，硬生生地给节日原本的喜庆色彩加上了浓重的阴影。若是按照世俗的标准，周嵩已然背上了不孝不悌之名，然而他却的确为我们理解当时的习俗作了最好的注解。他所做的一切都源于对兄弟三人的判断。他担心兄长无法保全自己，所以才"恶言"规劝；他怕弟弟无法承担起将来照顾母亲的重责，因而才怒言鞭策；他对自己也有明确的自知，知道自己的缺点。他的快乐，在于直言不讳地给兄长和兄弟提出自己的意见，从而让兄弟三人尽可能安稳地活下去照顾母亲。他的不孝不悌恰恰是为了兄弟和母亲。周𫖮和周谟应该也了解周嵩的性格和内心，因此他们都没有对其所言展开反驳。有这样一位时刻提醒着众人缺点的兄弟，也许周𫖮和周谟都会感到庆幸与感恩吧。特别值得注意的是，在他人面前能言善辩的周𫖮，对于周嵩的多次咄咄逼人并没有反击，可见他内心感受到了兄弟的善意。更重要的是，对脾气不错的周𫖮来说，有一个愿意出头做"恶人"的二弟，正好可以让作为兄长的自己在保持洒脱形象的同时又能让大家共同成长，那又何乐而不为呢！

也许有人已经注意到，周氏兄弟的相处模式虽然和王氏兄弟的不同——前者三人风格各异而后者则是大同小异，前者充满了冲突而后者主打和睦——但是两者却并非没有相似之处：王献之比兄长优秀而王徽之需要兄弟的安慰；周嵩比兄长强势而周颛需要兄弟的规劝。换言之，兄弟在一定程度上变成了兄长的引导者。于是，和君臣、父子和长幼等关系一样，兄弟之间原有的"等级"产生了某种调转。因为这样的调转并非彻底的上下颠倒或者以下犯上，而是在保持兄弟关系基本模式的前提下所做的改良，所以兄弟们在关系调转中并没有出现不适，反而给彼此都带来了不同形式的快乐。这大约正是魏晋名士对人伦关系等级所做的适度调整，也可以被视为一种给他们提供快乐的习俗。

战战栗栗，汗不敢出

在兄弟关系基本模式中调转，听起来有一点佶屈聱牙。其实简单来说，就是在兄长和兄弟有着各自人设的前提下，虽然兄弟也保持着对兄长的尊敬，但是兄弟不一定要对兄长言听计从；兄长承担着自己的责任，可是不一定要有"长兄如父"的压力。这样的调转让兄长和兄弟在言行上都拥有了相当程度的自主性和灵活性。

之所以说兄弟之间分别有着不同的人设，是因为《世说新语》中多次出现兄弟二人的对比，而兄长和兄弟存在明显的不同。《言语》第 11 则和第 12 则连续对钟毓、钟会兄弟进行了比照。前者说钟氏兄弟少时就有很好的声誉，魏文帝曹丕听说了他们的名声，便让他们的父亲钟繇带儿子觐见。拜见皇上时，钟毓脸上有汗，曹丕问："你脸上为什么出汗？"钟毓回答说："战战惶惶，汗出如浆。"曹丕又问钟会："你为什么不出汗？"钟会回答说："战战栗栗，汗不敢出。"很显然，兄长钟毓相对老实，他由于心情紧张而自然流汗，其回答也确是事实；相反，兄弟钟会则"贼子胆大"，完全没有紧张的模样，但是他不能直接对曹丕说实话，因而只能反着说。他的回答更像是清谈中具有文字游戏色彩的"通"，不实而机敏，忍不住让人击节赞叹，以至于有学者甚至认为他"巧言乱德"[5]。要言之，兄长更加憨厚，而兄弟则更加顽皮。

《言语》第 12 则中的钟氏兄弟再一次展现了这样的差异。钟毓兄弟小时候，有一次当父亲白天睡觉时，一起去偷药酒喝。父亲钟繇当时已经醒了，就装睡来看看他们要怎么办。钟毓行过礼才喝酒，钟会只喝酒不行礼。后来钟繇问钟毓为什么要行礼，钟毓说："酒以成礼，不敢不拜。"又问钟会为什么不行礼，钟会说："偷本非礼，所以不拜。"我们看到老大钟毓是个老实孩子，就算是偷酒喝还不忘礼仪；相反，老二钟会将淘气贯彻到底，既然偷都偷了，何必还要拘泥礼仪呢！从灵气来说，可能是弟弟稍占上风，不过兄长尽管有些刻板，却让人觉得相对沉稳。不可忽视的是，兄长的言行对兄弟根本没有约束力，钟会完全没有效仿钟毓，孩子们对兄弟之间关系的理解，可以说是当时兄弟间相处习俗的一个缩影。

老实的兄长和调皮的弟弟,这就是《世说新语》对很多类型的兄弟关系所作的人设;而兄长不用管教兄弟,兄弟也不会效仿兄长,也可谓是兄弟关系的基本架构。《言语》第4则所讲的孔融两个儿子偷酒喝的情形与钟氏兄弟如出一辙。我们在《父子》一章中曾经提到两个故事的相似结构,不过当时的着眼点在于父子关系。从兄弟关系来看,两个故事的相似性同样值得关注。孔融有两个儿子,大的六岁,小的五岁。有一次孔融白天正在睡觉,小儿子就到床头偷酒来喝,大儿子对他说:"喝酒前为什么不先拜一下呢?"小儿子回答:"偷都偷了,还行什么礼呢!"在这则故事中,大儿子甚至没有偷,偷酒的是小儿子,可是大儿子也没有制止小儿子,甚至在大儿子问小儿子为何不拜时,小儿子还振振有词,兄长对兄弟的制约近乎于无。同样,大儿子是相对忠厚有原则的那一位,而小儿子则是机灵而又淘气。兄弟二人可谓"各司其职",一个负责持家重任,一个负责聪明伶俐。

关于兄弟的不同角色,郗超在《识鉴》第25则中有清楚的表述。郗超和傅瑗交情不错。有一次傅瑗让郗超见他的两个儿子,当时两人都还是孩童。郗超经过仔细观察,对傅瑗说:"小的将来会在才华与名声上更加出色,然而能够保全你们一家人的,终归还是兄长。"郗超所预言的就是傅亮兄弟二人。《世说新语》中并没有关于傅亮兄弟二人的其他故事,但是刘义庆最后一句话似乎暗示郗超的判断是准确的。他的预言和我们之前所说的关于兄弟的基本人设也相符。分工负责令兄弟们肩上的压力相对减轻,所谓相对,是因为万一天性顽皮的那个是兄长,却让他背负持家之责,多少也让他感受到压力。但是,和强调长幼尊卑、家国责任的"悌"相比,这样的兄弟关系把责任限于家庭中的天伦之乐,兄长就算有压力,也的确要小得多吧。

少孤如此,万年可死

兄弟可以各自扮演自己的角色,整合在一起对家庭来说又是一个有机的整体,兄弟之间就变成了一种基于亲情的"合作"关系,而不是由上而下的"等级"关系。从"同"的视角来看,这样的关系可以强调兄弟们对家庭的共同贡献;从"异"的角度而言,兄弟中的每个人又可以在一定程度上发挥自己的个性。有时候,大家是从共性出发来评价兄弟的。《赏誉》第112则说魏隐兄弟年少时就很有学识。他们小时候去拜访谢奉,谢奉和他们谈话后,大"说之",说:"魏氏的大宗虽然衰弱了,但如今又重新后继有人了。""说"再一次出现在了我们面前,谢奉为魏隐兄弟的才华而感到快乐。他对魏隐兄弟的评价,是就二人的整体来说的,强调的是他们的共性,二人的才华都能够为魏氏宗族做出自己的贡献。这并不表明二人的才情气度没有差异,只不过就整个家庭来说,差异没有他们的共性来得紧要。

《赏誉》第127则的情况也大同小异。有人问王濛关于江彪兄弟以及诸位子侄的情况,王濛回答说:"江氏诸人都能自立于世。"王濛强调的是江氏兄弟中每一个人都能够自立,并没有说他们各自会以何种方式自立,他的评价也是抓住了江氏兄弟的共性。每一个都能自立,也就是整个江家能够兴旺。或者说,就算是兄弟性情不同,但是他们共同的目的是维护家族的盛名,为此彼此之间需要合作。

如何实现兄弟间合作的最大化,荀爽为我们提供了范例。《言语》第7则说,荀爽和汝南的袁阆见面,袁阆问颍川郡的名士有哪些,荀爽先提到了自己的几位兄长。袁阆讥笑他说:"所谓名士难道就是自己的亲人朋友吗?"荀爽说:"您责备我依据了什么原则?"袁阆说:"刚才我问的是国家的名士,你说的却是你的几位兄长,所以我才会责备你啊!"荀爽说:"过去祁奚举荐人才,对内不忽略自己的儿子,对外不舍弃自己的仇人,大家认为这是最大公无私的。周公旦作《文王》之诗时,不谈论尧、舜之功德,而歌颂了周文王、周武王,这符合'亲亲'的道理。《春秋》的原则是,把本国看成是自己的,各诸侯国是外人的。何况不爱自己的亲人而爱别人,岂不是违反了道德吗?"

荀爽所说的道德准则,就是孔子主张的由内而外的仁爱亲亲之道。一个人首先要爱自己的父母兄弟,进而在外再爱他人。[6] 可见兄弟之间的合作具备最牢靠的基础——他们之间本身就有天然的血缘之爱。根据这个道理,荀爽可以理直气壮地先向别人介绍自己的兄长。且不管荀爽自比祁奚或是周公是否恰当,从他的言论中我们至少可以肯定的是,他们兄弟之间的感情与合作都相当不错。一方面他的兄长们的确都很优秀,另一方面作为兄弟的荀爽也并未心怀嫉妒，而是乐于向他人宣传自己的兄长们。荀氏兄弟之间如此一唱一和，自然能达到理想的合作境界。

不过，所谓合作绝非狭义地指兄弟在一处共同做某件事，它的内涵可以非常广泛。《品藻》第4则所说的诸葛氏兄弟的"合作"甚至分跨三国：诸葛瑾和弟弟诸葛亮、堂弟诸葛诞都声名盛隆，他们分别在不同的国家。当时的人认为蜀国得到了三兄弟中的龙，吴国得到了虎，而魏国则得到了狗。诸葛诞在魏国，和夏侯玄齐名；诸葛瑾在吴国，朝廷上下都佩服其胸襟气量。要言之，诸葛氏三人虽然有高下之分，但是他们都为弘扬家族的美名做出了贡献，这就是一种广义的"合作"。他们的合作各为其主，彻底解构了传统意义上"忠"和"悌"之间的关系，就家族的名声来说，他们是合作者，就国家朝廷而言，他们是潜在的敌人。然而如果我们从共性来看，作为兄弟的三人显然实现了共同的快乐。

当然，龙、虎和狗的比喻实则也彰显了三兄弟在才能与格调上的差异，而各为其主则更加显示了三人价值观的不同。兄弟之间的共性与个性就在其中得到了最为极端的体现。一方面他们有着共同的责任和荣耀，另一方面他们有着各自的自由与追求，这让兄弟之间的快乐有了多重来源。《方正》第64则中，晋孝武帝问王爽："你跟你哥哥相比怎样？"王爽回答说："论风流秀美，臣比不上我哥王恭，至于忠孝，我又怎可以让于别人！"如果说王献之夸王徽之是为了安慰兄长，那么王爽是在身为外人的皇上这里夸自己的兄长，对他来说，兄弟之间的优劣当然不如整个家族的荣耀更为重要，王爽的回答精彩地解释了他对兄弟之间同异的理解。兄弟们都需要忠孝，这是名士的基本品质，谁也不能马虎；而论风韵气度，兄弟们可以分出高下，各有各的特色。作为兄弟，王爽的回答不但褒奖了兄长，而且也表明了自己的道德追求，不卑不亢地指出了兄弟之间的同与不同，小处来说也许有高低之分，但大节上应该不相上下。

王爽所说的兄弟异同来自作为局内人的自己，我们马上会意识到，那些区分兄弟高低的评价，都来自外人。当外人品评时，总是会不自觉地把自己的喜好投射在所评价的兄弟身上，从而让评判充满了主观性。《品藻》第7则说，冀州刺史杨淮的两个儿子杨乔和杨髦，都是年少时就很有才能潜力。杨淮素来和裴頠、乐广两人交好，有一次让两个儿子去拜访二人。裴性情弘达方正，更喜欢杨乔有高雅的神韵，对杨淮说："杨乔将会赶上你，杨髦稍逊一筹。"乐广生性清新朴实，更喜欢杨髦那种实在的精神，他对杨淮说："杨乔自然能赶上你，可是杨髦会更胜一筹。"杨淮笑道："我这两个儿子的优缺点，就是裴、乐二人的优缺点呀。"当时的评论者认为杨乔虽然风神高雅，但是精神操守不够完善，乐广的判断相对得当。不过杨氏兄弟二人都是后起之秀。

刘义庆的叙述充满了共性和个性之间的张力。杨乔和杨髦兄弟二人都成为"后出之俊"，这是两人的共性；而裴、乐二人的评价则说明兄弟之间的确存在个性，可是个性并不影响共性，共性也不扼杀个性。同样兼具共性和个性的当数陆机、陆云兄弟。我们还记得作为前辈的他们分别在《自新》一门中帮助晚辈戴渊和周处弃恶从善。兄弟两人的行为是如此相似，以至于有时候会把他们的角色互换——正如自傲的王氏兄弟一样。然而，陆氏兄弟两人的个性也非常鲜明。我们已经知道，在面对卢志的挑衅时，陆机比陆云更加无畏而慷慨，陆云则多少有些畏首畏尾。《赏誉》第39则说，司徒蔡谟在洛阳时，见到陆机兄弟住在僚属官舍之中的三间瓦房里，陆云住东头那间，陆机住西头那间。陆云为人处世，文弱可爱；陆机身长七尺有余，声如洪钟，言辞总是慷慨激昂。单从蔡谟的描述来看，似乎强调了陆机和陆云的不同，但是当我们把《自新》中的故事拼在一起后，就会发现两人的差异一定要放在共性的前提下才能得到更好的理解。兄弟二人同时肩负着捍卫陆氏家族名声的重任，这是他们合作的基础；但陆机并不强求陆云亦步亦趋，陆云也不会唯兄长马首是瞻，两人尽情展现自己的个性，这大约就是当时兄弟最和谐的相处方式吧。

如果说性格不同的陆氏兄弟皆以政事文采在洛阳获得了众人的肯定，那么有的兄弟甚至会走上不同的道路，却也能殊途同归，为家族赢得盛名。让我们来看一看《栖逸》第5则中的何氏兄弟：

何骠骑弟以高情避世，而骠骑劝之令仕，答曰："予第五之名，何必减骠骑！"

这则故事中的何充终于摆出了兄长的架子，当弟弟何准想要隐居时，身为骠骑将军的他劝弟弟做官。如果何准严格遵守"悌"的原则，那么他自然应该踏上兄长已经为他铺平的仕途。

可是，何准断然拒绝了兄长的劝谏。他的回答颇值得玩味。何准说自己何家老五的名声，并不一定比身为骠骑将军的兄长之名要逊色。没错，何准是选择了归隐，但是他并没有放弃自己的责任——他同样为何家带来了美名，在这一点上他和兄长何充异曲同工。如果我们把目光放在兄弟二人的不同选择上，那么看起来何准似乎与何充有着天壤之别，一个执意隐居而另一个孜孜于功名，然而何准在提到"名"时，却恰恰反映了兄弟之间的相通之处，他们无非在用适合自己性情的不同方式追求同样的目标——所做的一切都以自己与家族的名声为依归。

众所周知，魏晋之际的隐士能够通过自己的隐居获得盛名，其名望甚至超过很多名士。[7]何准由于"高情"避世，正是根据自己的性格而选择了获得声名的最佳方式。正是这种同时保证共性和个性的习俗让何准获得了快乐的可能，如果他只能服从兄长而被迫做官的话，那么一来在官场的他必然不快乐，二来一个糟糕的官吏也会影响何家的名声，也许就会造成双输的局面。正是由于何准能够在不影响家族名望的前提下做出自由的选择，才会出现双赢的局面，他也能不为兄弟关系所束缚而获得快乐。这才是我们说魏晋之际的兄弟相处习俗能够让兄弟尽可能获得快乐的原因所在吧。

《栖逸》第10则的故事可以说极端地展现了兄弟间共性与个性的融合。孟嘉和他弟弟孟陋住在武昌郡阳新县。孟嘉出外做官，在当时很有名望。孟陋没有到过京城，京城之人想见见他，就派信使对孟陋说："你哥哥病重。"孟陋急忙赶到京城，"狼狈至都"。凡是见到他的名士全都大加赞赏与推崇,他们互相说:"少孤(孟陋)如此,万年(孟嘉)可死。"

"万年可死"这样的评价无疑是极度的夸张。不过放在兄弟"合作"的习俗下,此话就不难理解了。即使孟嘉真的重病去世,有他的弟弟孟陋在,孟家的名声也会得以继续弘扬。乐于做官的兄长和喜欢归隐的兄弟都能够给家族带来美名,此刻的他们是既合一又独立的。难能可贵的是,志趣不同的兄弟二人却感情深厚,一听兄长病重就"狼狈"地赶到京城看望的孟陋真正展现了何为兄弟情深——让我们想起了大哥得病时的周嵩。并不需要对兄长言听计从,也不需要在兄长背后亦步亦趋,尽管选择各异,但只要兄长有事,就飞身赶到,这本身就是对"悌"最好的另类践行。在这一则故事中,并没有作为兄长的孟嘉规劝兄弟联袂出仕的场面,也许我们可以默认孟嘉也尊重孟陋的选择。我们还记得,做官与归隐是割裂朋友关系的一把利刃,当周邵决定出仕后,翟汤就决意与他断交。然而对于本是同根生的兄弟来说,即使没有携手共行,也并不会影响彼此的手足之情。

桓玄杀鹅

然而,这样的习俗虽然给兄弟们带来了最大限度的快乐,却并非毫无瑕疵。既然快乐了,为何还会带来瑕疵呢?孔子眼中良好的兄弟关系是为了防止犯上作乱,可是在《世说新语》中,的确出现了两位犯上作乱之人：王敦和桓玄。令人困惑甚至有些绝望的是，王敦和桓玄与兄弟们的相处之道迥异，可是二人都走上了叛乱的不归路。于是，我们忍不住要问，兄弟关系真的和是否犯上作乱存在必然的联系吗？若是没有，那么不如把兄弟关系彻底回归于兄弟本身。这样的回归将兄弟关系简单化，可是也彻底失去了对作乱的预防效果，这就是快乐所带来的瑕疵。

我们先来看看王敦在兄弟关系中的表现。《方正》第28则说：

> 王含作庐江郡，贪浊狼籍。王敦护其兄，故于众坐称："家兄在郡定佳，庐江人士咸称之！"时何充为敦主簿，在坐，正色曰："充即庐江人，所闻异于此。"敦默然。旁人为之反侧，充晏然神意自若。

这则故事的主角其实是何充，但也给了我们管窥王敦的机会。王敦的兄长王含贪污成性，可是王敦还是维护他的兄长，且特意在众人面前夸赞王含，说王含治下的百姓都对其褒扬有加。这时何充义正词严地反驳说自己就是庐江人，听到的风评并非如此。这时候王敦沉默了，别人都害怕了，只有何充神色淡定，毫不在意。

王敦算不算一个好兄弟？从狭义的角度来说，他对兄长的维护自然是一种"悌"。请不要把王敦的护兄之短简单理解为狼狈为奸，在《论语》中孔子分明向叶公指出"亲亲相隐"才是一种"直"——当父亲攘羊时，儿子不应该去告发。当陈司败问孔子鲁昭公是否知礼时，孔子也同样护鲁昭公之短，明确表明（其实不守礼的）鲁昭公知礼。[8]那么，王敦对王含贪污的隐瞒，也可以被视为对孔子理论的践行——即使有邯郸学步之嫌。但是，如果我们把《言语》第37则和这一则故事拼在一起，就会发现王氏兄弟的"和谐"关系的确有蔽于私而害于公的瑕疵。《言语》第37则说，王敦的兄长王含任职光禄勋。王敦谋反后，领兵驻扎在南州。王含弃官不做投奔了王敦。在兄弟叛乱的情况下，王含没有试图阻止，更没有大义灭亲，而是选择了为虎作伥。

我们知道，在《世说新语》所展现的魏晋之际兄弟关系中，兄长一般不会试图对兄弟的言行加以管教，但是王含在大是大非面前，依然和兄弟同流合污，就是对习俗毫无原则的滥用。当我们再回头看王敦对王含的维护时，就会发现尽管他的言论的确在一定程度上符合孔子"隐"的原则，但是却有偷换概念的嫌疑——孔子之"隐"以个人的孝悌需保证国家的稳定为大前提，而王敦之"隐"则全然为了私利。王敦、王含看似和睦的兄弟关系为整个国家带来了灾难和动荡，那么王敦的"悌"与"隐"究竟是否背离了孔子的原则呢？抑或是孔子所说的原则本身存在着被人误解和滥用的可能性？王敦为兄长护短的快乐与王含投奔兄弟的快乐，也就自然不属于我们所定义的快乐，而是一种浅层次的"快乐"。它以纯粹的权力与金钱私欲为目标，无视甚至破坏了社会的道德准则，完全不具有可持续性，最终也会吞下身败名裂的苦果。

另一个以叛乱而"闻名"的名士桓玄则和（堂）兄弟的关

系并不融洽。《排调》第 65 则说的是桓玄一向轻视自己的堂兄弟桓修，而桓修也"礼尚往来"，他种了很好的桃子，桓玄多次问他要，他也不肯给桓玄好果子。桓玄写信给殷仲文嘲笑说："德之休明，肃慎贡其楛矢。如其不尔，篱壁间物亦不可得也。"意思是如果有德行的话，连边远的蛮族都会进贡；而如果无德的话，连院子里的东西也得不到。桓玄究竟嘲笑的是谁，他自己还是桓修？听起来像是在自嘲，但是如果把《忿狷》第 8 则的故事放在一起看，就可能会得出另外的结论。《忿狷》第 8 则说的是桓玄还是小孩时，跟堂兄弟各自养鹅来斗鹅。桓玄的鹅总是失败，他就非常恼火。于是晚上前去鹅栏，把堂兄弟的鹅抓来都杀了。天亮后，家里人都被吓到了，说是妖怪作祟，告诉了车骑将军桓冲。桓冲说："没有理由作怪的妖孽，应该是桓玄的恶作剧罢了！"问了桓玄，果然是这样。

　　桓玄杀鹅一事足以见得年幼的桓玄已经心狠手辣，他把堂兄弟之间的玩耍视为你死我活的争斗，在他看来兄弟也可以是敌人。更重要的是，他的叔叔桓冲一下子就能判断出血淋淋的惨剧出自桓玄之手，可见桓玄的性格早已被有识之士所知。就两个故事整体来看，桓玄在第一个故事中所嘲笑的更可能是桓修。他斗鹅输了，并不是想办法把自己的鹅训练得更加凶猛，而是会杀死比自己优秀的鹅；以此类推，当他看不起桓修而桓修也对他不友好时，桓玄应该不会自我反省，而是会责怪对方，嘲笑堂兄弟连蛮夷都不如——蛮夷都懂得进贡，而桓修却舍不得院子里的桃子。

　　无论是轻视堂兄弟还是敌视堂兄弟，桓玄对兄弟关系的理解

255

都可谓与王敦大相径庭。桓玄似乎从兄弟关系中找不到任何快乐，或者说，斗争才是兄弟关系给予他的快乐——与兄弟斗其乐无穷，对我们来说桓玄当然是一个反面教材。和与兄长关系不错的王敦相比，桓玄的谋反在相当程度上符合孔子的理论，他在家和兄弟不友好，在外也就看不惯别人而容易有谋反之心，看到别人比自己优秀，不想着如何提高自己，而是把对方赶尽杀绝。以桓玄为参照，像王徽之、王献之兄弟这样满足于兄弟亲情的兄弟们就不仅显得可爱，更是难能可贵了。

但是，我们也并不能下结论说在兄弟关系中无法找到快乐的人作乱的可能性就大，毕竟护兄心切的王敦也同样起兵谋反。或许，我们可以说，在兄弟关系中无法找到"真正"快乐的人，就可能犯上作乱。所谓真正的快乐，就是我们最初所说的两个条件："真实"与"满足"。王敦与桓玄都是不知"满足"的人，将他们与孟陋或是周嵩做对比，就可以清楚地发现后者的知足常乐。孟陋挂念的不过是兄长的安危，而就算是脾气暴躁的周嵩所在意的也是母亲有人陪伴；相反，看似和兄长亲善的王敦在身居高位后并不知足，更不用说完全没有在兄弟之间找到快乐的桓玄了。

曹丕和王珣的焦虑

在《世说新语》中，还有比桓玄在兄弟关系中走向更极端的人，那就是魏文帝曹丕。桓玄还只是杀了鹅，而曹丕则亲手杀兄弟。《尤悔》第1则说魏文帝曹丕因为忌惮弟弟任城王曹彰的骁勇刚强，两个人在卞太后的屋里下围棋，一起吃枣时，曹丕趁机把毒药放在一些枣子的蒂部，自己选那些能吃的，而曹彰没发现，就混杂着吃了。曹彰中毒后，太后要找水来救他，曹丕事先已经让手下毁掉了瓶瓶罐罐，卞太后光着脚赶到井边，却没有器物打水，不一会儿曹彰就死了。后来曹丕又想害东阿王曹植，卞太后说："你已经杀死了我的任城，不能再杀我的东阿了！"

我们已经见识过父子关系中的曹丕。身为君王的他自然没有作乱的必要，但是却有提防别人叛乱的焦虑。因此，他根本无法在兄弟关系中享受到快乐，兄弟对他来说都是潜在的敌人，君王的孤独在他身上得到了充分展现。对一个人来说，这样的孤独感会造成极度的抑郁，兄弟关系中的快乐对他来说就成为一种奢侈。为了获得内心的片刻安宁，曹丕必须下手毒害兄弟。这一场争斗注定没有胜利，包括曹丕自己在内都是失败者——从大处来看魏国的短命已经说明了一切，从小处来看，曹氏兄弟都失去了常人所拥有的手足之乐。

在最初谈到习俗时，我们强调它属于特定的阶层或是人群，并非放之四海而皆准。即使是最普及的习俗，也有它适用的范围界限。兄弟分工合作共同为家族带来盛名，这样的习俗显然和身为帝王的曹丕无缘。如果他懂得合作的道理，那么兄弟各司其职，也许不仅曹魏的江山更为稳固，他自己也能从兄弟处获得本真的快乐。然而，和霸占先父妃子的举动一样，杀害兄弟的曹丕是疯狂而可悲的。刘义庆的叙述再一次让我们思考：究竟什么样的人

257

才能拥有最大程度的快乐？脱离了习俗，究竟是一种自由还是一种放逐？

当然，普通的名士也并非完全愿意遵守这种习俗，也有人并不接受兄弟之间是合作关系，而认为是竞争关系。对这样的名士来说，兄弟的优秀就成为一种负担、一种威胁、一种挑战。我们还记得在他人问王珣政绩时，王珉对兄长王珣的微讽，王珣王珉兄弟之间似乎就是相互看不顺眼的关系。《规箴》第22则中王忱对王珣说："大家对你的评价原来就不错，何必和你弟弟争胜呢！"王忱的规劝指出了这一对王氏兄弟的矛盾所在：兄长和兄弟争胜。如前所述，《世说新语》中常见的兄弟人设就是兄弟比兄长聪慧，但是兄长比兄弟沉稳。作为兄长的王珣如果懂得这个道理，就会知道自己即使在某些方面不如兄弟，也并不影响他承担起身为兄长的责任，更不会危害王家的整体名誉。然而，王珣显然气度有限——这在他与殷仲堪的同僚关系中就得到了证明，弟弟王珉比他聪慧是一个事实，他不应当纠结于此。

《文学》第64则说，名僧提婆刚到江左时，给王珣兄弟讲解《阿毗昙经》。刚开始讲到一半，王珉就说："我都明白了。"提婆讲完后，王珣问法冈和尚："弟子还没听懂，阿弥怎么就理解了呢？他理解得到底怎么样？"法冈说："大体上都是对的，只是细节之处还不够精到罢了。"这一场面对王珣来说不啻是一场羞辱，自负甚高的他居然在大庭广众之下被弟弟远远甩在了后面。他对法冈的提问颇有一点气急败坏之感，毫无作为兄长的大气胸怀，也就难怪王忱要劝他不要和兄弟争高下了——这本来就是毫无必要而且没有胜利可能的争夺。之所以说没有胜利可能，不是因为王珣没有兄弟聪敏，而是因为当一个兄长想要战胜兄弟时，他在境界上就已经输了。

原本一个聪慧的兄弟可以为兄长带来快乐，当兄弟同样能为家族赢得声名时，兄长的压力可以得到减轻，他也同样可以为兄弟而自豪，试想若是有了一个蠢笨的兄弟，弘扬家族美名的重任就需要他独自承担了；可是如果把兄弟的优秀视为挑战，那么他就把可能的快乐转变成了焦虑。曹丕的焦虑也许我们还无法体会，但是王珣的焦虑却并不遥远，刘义庆在几个故事中对王珣的描述让我们自省，切莫像王珣那样主动丢掉了快乐而自寻烦恼，把原本可以成为快乐之源的一手好牌打得稀巴烂。

宠弟狂魔谢安

如果说王珣是一个反例，那么刘义庆也为我们提供了一个正面的例子——宠弟狂魔谢安。他不仅能包容兄弟谢万的缺点，甚至还会为兄弟的缺点辩护，从一手烂牌中依然获得了快乐。《简傲》第12则中，谢安曾经和谢万一起去京城，路过吴郡时，谢万想一起去王恬那里坐一坐，谢安说："恐怕他未必会接待你，我觉得不值得去。"谢万还是极力要他一起去，谢安坚持不改变主意，谢万于是独自前往。谢万跟王恬坐了一小会儿，王恬就进了内室，谢万很是高兴，以为他会好好招待自己。过了很久，王恬居然洗了头披着头发就出来了，也不陪客人坐，就坐在胡床上，在院子里晾头发，神情气度傲慢豪放，丝毫没有要跟谢万应酬之意。谢万只好回去，还没到船上，就连声呼唤谢安。谢安说："阿螭不作尔。"

面对这样一个尴尬的场面，谢安还愿意且能够为兄弟谢万圆场。从头到尾，作为兄长的谢安可谓尽职尽力。首先，在兄弟提出建议后，谢安尽到了作为兄长的责任，劝兄弟不要去拜访王恬，他已经说得非常委婉，旁敲侧击地暗示谢万前去的话会受到冷落，可是谢万完全没有领会；接着，谢安坚持了自己的底线，拒绝了谢万的邀请，因为他早就预知了结果，可是既然愚笨的谢万不撞南墙不回头，谢安也只能让弟弟亲自去体验一下了；最后，在弟弟遭到了冷落之后，谢安还负责安慰和解围。谢安分明之前提醒过兄弟，是谢万自己不了解王恬才受到了羞辱。可是谢安没有责备兄弟的脑子简单或是不听劝，而是把视线转移到了王恬身上。

谢安的话很是微妙，"作"，指的是不自然地有意为之，我们还记得阮浑想要"作达"却被父亲阮籍制止，作达就是故意想要放达。王恬的举止究竟是作还是不作，似乎见仁见智。王恬自己肯定认为自己不"作"，但在我们看来，他的所为多少有些故意为之，王恬原本可以直接拒绝见客，完全没有必要在见面后用这样的方式故意展现傲慢，这也许正是谢安的言下之意。因此，谢安所言的"不作"与其说是在评点王恬，不如说是在提点谢万，在看似夸赞王恬的同时委婉地劝告谢万，很多以为自己不作的人其实恰恰有做作的嫌疑——这正是谢万的老毛病。

《简傲》第14则就是谢万"作"到极致而谢安为兄弟担责的场面：

> 谢万北征，常以啸咏自高，未尝抚慰众士。谢安甚器爱万，而审其必败，乃俱行，从容谓万曰："汝为元帅，宜数唤诸将宴会，以说众心。"万从之。因召集诸将，都无所说，直以如意指四坐云："诸君皆是劲卒！"诸将甚忿恨之。谢安欲深著恩信，自队主将帅以下，无不身造，厚相逊谢。及万事败，军中因欲除之。复云："当为隐士。"故幸而得免。

谢安虽非长兄，但在此已有为父之感。自以为高雅的谢万不懂得与战士打成一片，出征前燕只知道啸咏显示自己的高雅，上下心不齐，出战则必败。爱护谢万的谢安明知兄弟要吃败仗，就和他一起上前线，兄长做到了这个份儿上，已经无以复加。由于谢万是主帅，谢安建议他和各位将领一起吃饭喝酒，联络感情，可是谢万在宴会上又犯了傲慢的臭毛病，和大家无话可说。事已至此，谢安一看靠弟弟已经没用了，只好亲自出马，从上到下对官兵一一拜访道歉。后来谢万北伐果然失利，当时军中有人想趁机除掉他，可是看在谢安的面子上，谢万这条命才侥幸保了下来。

这一次谢安挽救的不仅是谢万的面子，更是他的性命。我们不禁要问，这样一个令人讨厌的兄弟，谢安究竟器重他哪一点？一个成天摆架子显清高却又不会作战的主帅，难道还不做作吗？回头再看前一个故事，最后谢安所言，更加可以看到谢安说王恬不做作是对兄弟谢万的期盼和规劝——希望兄弟以后不要再自以为不作而实际上"作"了。北征时谢万的做作，连谢安的规劝也彻底失去了效果，无奈的谢安只好放弃，自己出马来笼络军心。因此，谢安对谢万的器重和疼爱，并不是由于谢万聪慧或是优秀，而是出于兄弟之间的本能：既然是自己的弟弟，那么能劝则劝，不能劝则再"做作"也要尽力保护他。在《轻诋》第23则中，谢安在晚辈面前夸赞谢万"独有千载"，也就是千年一遇，侄子谢玄反驳说谢万襟怀傲慢，怎么能算是独一无二。连侄子都看他不顺眼的谢万，在谢安的眼里却如珠如宝，这就是源于兄弟情深吧！

有人也许会问，这难道不是谢安对兄弟的溺爱吗？这与王敦掩饰兄长王含的贪污有何不同？这不仅是我们的疑问，也是当时名士的困惑。《方正》第55则中桓温问桓伊，谢安既然预料到谢万必败，为何不劝谏。桓伊说当然是由于不好开口说话而冲撞谢万。桓温生气地表示谢万只是一个庸才，有什么不能冒犯的呢。桓温显然对谢安的沉默表示疑惑与不满。其实桓温此问，和《德行》第36则中谢安夫人之问何其相似！谢安的夫人怪他不教儿子，桓温怪他不教兄弟。我们完全可以用谢安对夫人的回答来回答桓温之问，他"自"用自己的行为劝告着兄弟。桓温忽略了谢安的自我角色定位：他首先是一个兄长，作为兄长，他要确保兄弟谢万的自主性，而不是时时刻刻管教谢万，就算是失败，也要让兄弟亲自去经历、去体会、去成长。我们已经反复强调，《世说新语》所勾勒的兄弟相处的习俗，是兄长和兄弟互相关心，同时拥有追求自己生活方式的自由，就像孟嘉和孟陋一样。谢安的沉默正是对这种习俗的尊重。

诚然，我们依然可以质疑谢安，如果他及时劝告，也许朝廷可以避免这一场失败。不过，这样的质疑对谢安来说未免太严苛了，要知道当时他并没有官衔，随军出征的唯一目的是最大可能地保护谢万。作为《世说新语》中出场最多的人物，谢安尽管也有不足之处，但他对兄弟的疼爱和维护以确保底线为前提，绝非毫无原则的溺爱。

所谓底线，就是真正的快乐，一份真实的满足。谢安对快乐的理解，与贪婪的王敦有着本质的区别。他践行着庄子和孔子对快乐的理解。庄子主张顺应自然，上天给了谢安这样的一个弟弟，他做到了"知其不可奈何而安之若命"，独一无二的也许不是天才，也可能是另类或活宝，可是在另类的兄弟身上，谢安依然找到了作为兄长的快乐。孔子则主张在遵循道德准则的前提下乐而忘忧。如前所述，《世说新语》中蕴含着将兄弟关系回归兄弟本身的强烈倾向，并不刻意强调兄弟和睦和国家天下之间的必然联系，谢安自己也曾根据儒家"穷则独善其身"（《孟子·尽心上》）的原则选择隐居，他并没有怀着以生命报效朝廷的决心或是推翻朝廷取而代之的野心。即使出山，谢安也安于自己的角色，在能力明显胜于兄弟而年龄又长于谢万的情况下，他在谢万担任主帅的军中能做到不卑不亢，既没有摆主帅大哥的架子，也没有觉得自己丢脸，与嫉妒兄弟的王珣和投靠兄弟的王含形成了鲜明对比。

我们说他快乐，正是源于他的态度。由于谢安"正确"的快乐观，当他和兄弟为了自身的快乐和家庭的荣光而努力时，谢氏兄弟也自然不会做出危害国家的举动。尽管谢安和谢万行事风格的迥异充分体现了兄弟二人的独立性和自主性，但就弘扬谢家荣光来说，谢氏兄弟又是一个合作的整体。我们记得作为兄弟的谢安曾经规劝兄长，而作为兄长的他则同样会维护并安慰兄弟，或兄或弟，谢安都为了谢家勉力而为，承担的是责任，收获的是沉甸甸的快乐。

事实上，就算是再宠爱弟弟，谢安也有忍不住要责怪他的时候，这就是我们所说的底线。《规箴》第 21 则说谢万北伐时在寿春溃败，在要逃跑的紧急关头，还非要用玉帖镫上马。在军中的谢安之前一直没有规劝过兄弟，此时终于说："事到如今，何必还要为此找麻烦呢！"刘孝标在注解中说谢安不可能随军出征，认为刘义庆的讲述很荒谬，他显然忘记了《世说新语》的初衷。《世说新语》制造各种看似极端的情境，是为了让读者更好地在其中体会到快乐的不易。也许在桓温看来，这样规劝有些不痛不痒，不过对谢安来说，最危险的情况恰恰是规劝兄弟的最佳时机，或者我们可以说，之前谢安之所以不开口，是觉得机会未到，而不是无条件地任由谢万放纵——当然，谢万听不听兄长的劝告，那又是另一回事。

兄弟间的快乐可以在家庭之中传播，感染家中的各个角色，让大家的生活都充满乐趣。《排调》第 8 则就描述了这样一个经典场面。有一次王浑跟妻子钟氏一起坐着,看见儿子王济从院子里走过,王浑很高兴地对妻子说:"生了一个这样的儿子,足以感到欣慰了。"他的妻子笑着说:"假如我能嫁给王沦,生的儿子本来可以不止如此。"

这是一个在今天的我们看来尺度都颇大的玩笑。不过,千万不要把目光聚焦在开玩笑的人身上,如果以为钟氏是此时唯一的主角,那也许就错了。钟氏敢在丈夫面前开这样的玩笑,是相信王浑的气度,知道他不会小肚鸡肠地嫉妒兄弟王沦,更不会怀疑妻子与兄弟有染。钟氏的玩笑,是在拥有和睦家庭氛围的基础之上成立的,而这样的氛围离不开王浑与兄弟王沦的关系。

可以想象,假如开玩笑的是王珣的夫人,说要是和王珉生一个儿子会更加优秀,那么王珣纵使不暴跳如雷,也会心怀恨意。一个名士在娶妻之前,必然是要先学会如何与兄弟相处,兄弟关系也许并不会直接对是否犯上作乱造成影响,却切切实实地左右着包括夫妻关系在内的家庭关系。因此,夫妻间的相处,在相当程度上是兄弟关系的延续,而我们的最后一章,就将找寻《世说新语》中夫妻之间的快乐。

第七章　道不尽的夫妻

最后登场的夫妻关系也许是我们所有讨论的关系中最为复杂的。在《世说新语》中，夫妻关系在一定程度上与前面六种关系都有所关联。一对没有血缘关系的男女结合为夫妻，本身就是两个家族之间的"交易"——在此，"交易"一词并没有贬义色彩。两个家族在决定联姻的时候，他们的决定自然受到了两家之间原有的朋友和同僚关系的影响；而在成亲之后，夫妻关系不但与兄弟关系有着相互的作用，而且也直接影响着父子与母子关系。当两个强大的家族联姻后，他们和君王的关系也会发生微妙的变化，更不用说公主和名士的婚姻在相当程度上是君臣关系的体现。至于长幼关系，年轻一代的繁衍与成长自然离不开夫妻关系。这当然不是说《世说新语》所提到的夫妻故事中每一个都会蕴含着所有其他关系，而是说每一次出现的夫妻关系中都可以延伸出某些其他的关系。

这样牵一发而动全身的定位，让夫妻关系受到了多重因素的影响，也愈发体现出夫妻之乐的珍贵。所谓物以稀为贵，愈是难以得到的快乐，也就愈加令人向往。"越难越爱"，正是此意。

诸葛氏的再嫁之旅

我们还记得庾亮的儿子去世没多久,他的亲家就要其媳妇改嫁。《假谲》第 10 则讲的就是这一故事的后续:

> 诸葛令女,庾氏妇,既寡,誓云不复重出。此女性甚正强,无有登车理。恢既许江思玄婚,乃移家近之。初诳女云:"宜徙于是。"家人一时去,独留女在后。比其觉,已不复得出。江郎莫来,女哭詈弥甚;积日渐歇。江虨瞑入宿,恒在对床上。后观其意转帖,虨乃诈厌,良久不悟,声气转急。女乃呼婢云:"唤江郎觉!"江于是跃来就之,曰:"我自是天下男子,厌何预卿事而见唤邪?既尔相关,不得不与人语。"女默然而惭,情义遂笃。

诸葛氏的再嫁之旅可谓好事多磨。她先是坚决拒绝再婚,可是父亲马上将她又许配了,这表明女子丧偶或是离异再嫁在当时是平常事。诸葛氏选择不再嫁是她出于感情的选择,于是父亲只能利用诡计,骗女儿说搬家,结果把她单独留了下来,等她发现的时候已经出不去了。这时候轮到江虨苦肉计登场,他并不着急行周公之礼,而是与诸葛氏分床而卧,让对方感受到自己的诚意,等到诸葛氏从破口大骂到产生好感后,江虨再假装睡着做噩梦,此时已经对江虨产生关切之情的诸葛氏赶紧把他叫醒,江虨便趁机用了激将法,挤对说要是你我没关系你为啥关心我,既然关心我就不如在一起。就这样,最终诸葛氏和江彪成为恩爱夫妻。

诸葛氏再婚前后的经过戏剧性地展现了夫妻关系中所蕴含的多种关系。如果没有苏峻之乱,就不会有其前夫也就是庾亮长子之死,犯上作乱自然离不开君臣关系;而由此造成的庾亮父子阴阳相隔也使得庾亮失去了在父子关系中原有的快乐;当诸葛恢马上决定让女儿再嫁之时,他与庾亮的同僚关系也就交恶了,更不会再有成为朋友的可能;诸葛恢让女儿再嫁,而女儿不同意,父女之间在此爆发了冲突;诸葛恢在女儿并未同意的情况下就为其指婚,表明结婚绝非只是夫妻二人之事;而最初意志如此坚定的诸葛氏最后也在江彪和父亲的共同诡计下"情义遂笃",让人不知应该感慨夫妻关系的易变还是持久……

然而可以肯定的是,江彪夫妇这段来之不易的夫妻情义洋溢着快乐的色彩。江彪并没有急着生米煮成熟饭,而是在尊重女性的前提下,客观上帮助诸葛氏走出了丧夫之痛。诸葛氏起初的坚持不再嫁,证明了她在和前夫的夫妻关系中获得了快乐,以至于让她觉得失去后不可能再次拥有这种快乐,而江彪用善意的计谋让她的快乐重生。快乐,依旧是刘义庆笔下夫妻关系所透露的最重要情感。有人认为"(魏晋)时期妇女妒悍之风的盛行……夫妻冲突和家庭暴力的发生……影响了家庭的和睦"[1],这也许对魏晋时期整体夫妻关系来说是一个相对客观的描述,但对刘义庆来说,就是要用自己"主观"的选择和描述告诉我们,尽管夫妻在寻求快乐之路中需要克服种种其他的阻力,却也要在其中勉力找寻快乐。

《世说新语》中没有提到诸葛氏的名字，其实深情的她有一个非常霸气的名字诸葛文彪。在这个颇具阳刚色彩的名字下，她的心中富含着王戎所说的"情"。对于诸葛氏的变心，她最初坚决不再嫁是出于真情，而在被江彪感动后对他的关心也是人之常情。我们还记得王戎在丧子后悲痛欲绝时的名言——"情之所钟，正在我辈"，这样的自我认定将名士与圣人和小人相区分，"情"也就成为名士的标签。诸葛文彪的"情"给我们提出了一个问题：如果以"情"为标准，那么她——或者说她们——是不是属于名士呢？

这个问题也许没有明确的答案，但却有助于我们理解《世说新语》中的夫妻关系。简单来说，乍一看和其他六种关系相比，夫妻关系的最特别之处似乎在于它是一种非名士间的关系——是名士与女性之间的关系。然而，如果我们把女性也纳入名士的范畴，那么夫妻之间的相处也就转变成了名士之间的另一种相处模式，他们的种种行为也就可以得到更好的解释。

爱妻还是好色？

在《世说新语》中，不仅有为了亡夫而不愿意改嫁的女子，更有为了妻子而慷慨赴死的丈夫。《惑溺》第2则说荀粲跟妻子的感情特别深厚。冬天他妻子发烧，他就跑到院子里把自己冻冷了，再回去用身体为妻子降温。妻子去世后不久，荀粲也死了，他也因此而受到世人的嘲笑。荀粲曾经说："妇人的德行没什么值得称道的，应当以姿色为主。"中书令裴楷听后说："这只是荀粲一时兴起所言，不是有德望的人会说的话，希望后人不要被这句话所迷惑。"

荀粲的"骂名"其实分两部分，第一部分是他过于心疼妻子，以至于在妻子死后没有了求生的欲望，追随妻子而去；第二部分是他对妇人的看法：色比德更重要。[2] 通常会有一种想当然的看法，认为这两个部分一定是联系在一起的，荀粲是由于妻子漂亮才如此疼爱她，以至于被美色所迷惑而死去。其实稍作思考，就会发现我们若是做这样的判断，也许就犯了错误。事实上，第一部分讥笑荀粲的是世人，而第二部分发表评论的是裴楷。之所以我们很容易将两部分联系在一起，是默认裴楷等同于世人，而事实上，普通的世人又怎能和"中朝名士"裴楷同日而语。《纰漏》第5则中谢安赋予"世人"明确的贬义色彩。谢据曾经上房熏老鼠。谢朗从来不知道父亲做过这件事，后来听人说傻子才会做这种事，就嘲笑这种人，时不时就说起，说了不止一次。谢安明白谢朗并不知道父亲做过这种事，就趁着一次谈话的机会告诉谢朗说："'世人'老拿这件事情来毁谤你父亲，还说我也这样一起干过。"谢朗听了后悔莫及。所谓"世人"正是那些喜欢嚼舌头的人。换言之，荀粲被他们讥讽，并不一定就表明他所做的一无是处，因此前后两部分我们有理由分开来看。

第一部分中的荀粲无疑是一个让我们感动的痴情之人，他的做法固然有些违反常理，但正是由于违反常理才更凸显出他对妻子的重视。在《世说新语》中，有由于没被继母砍死而主动向继母谢罪的王祥，他的夸张行为被视为孝子；可是当荀粲用同样夸张的行为照顾妻子时，却为何会被人嘲笑呢？同样，我们还记得王献之去世时王徽之的模样，在兄弟去世后不久他也随之而去了。荀粲妻子与荀粲的先后离世，与王氏兄弟的情形何其相似。荀粲之所以背上骂名，无非是因为他所失去的是妻子而不是兄弟。如果王戎由于丧子而悲痛，王徽之由于丧弟而悲痛，那么荀粲为何不能由于丧妻而悲痛呢？

如果我们把刘义庆所讲述的各个"碎片"拼在一起，就忍不住会提出以上的问题。我们不得不承认，在当时的世人眼中，妻子的地位并不能和母亲或兄弟相提并论。正是由于在大部分人看来其他的关系都比夫妻关系更加重要，为了妻子而倾尽全力的只是极少数人。如果我们把女性也视为名士，那么荀粲所做的一切就变得没有那么费解。妻子对他来说，也许就好像王导对于周𫖮一样，是生活中不可替代的知己；对荀粲来说，夫妻关系给予他无与伦比的快乐，他为此愿意付出一切，而在妻子离世夫妻关系不再后，世间已无其他快乐令他留恋，什么君王、父母、兄弟、朋友或是同僚都无法取代已然逝去的妻子，于是在另一个世界见面对他来说也就成为不二的选择。就这一点来说，荀粲可以称得上是中国历史上为了妻子而献身的第一名士，完全可以和汉代乐府《孔雀东南飞》中的焦仲卿相提并论，应当赢得后世的掌声。和焦仲卿的软弱相比，荀粲宠妻的程度显然更胜一筹。试问从魏晋至今的士人之中，又有几人能够企及？世人对他的嘲讽，源于无法理解他在夫妻关系中获得的快乐。对普通人来说，侍奉君王的名利或是赡养父母的责任是人生中更为重要的事情，夫妻关系大约是排在了最后，妻子去世再找一个便是，因而随妻而去的荀粲也就成了他们嘲笑的对象。

　　再来看容易造成误会的第二部分。世人想当然地以为荀粲疼爱妻子是由于她的美色，似乎他不过是一个沉迷于女色而不能自拔之人，嘲笑他也就更加具有了合理性。荀粲的妻子真的是绝色美人吗？刘义庆对此只字未提。在《惑溺》第1则中，刘义庆明确指出"魏甄后惠而有色"，但荀粲妻子的美貌却只能根据第二部分来推断。换言之，他的妻子完全可能并不漂亮。用最简单的逻辑来说，也许正是他的妻子不够漂亮，他才会说妇人之色最重要这样的话——当然这只不过是一种可能性。可是，在《世说新语》中的确毫无证据能证明其妻子有美色，即使荀粲真的好色，他也不一定能够找一个美貌的妻子，毕竟通常来说妻子又不是荀粲自己的选择，而是父母之命。那么，让我们不对号入座，把荀粲所言视为泛指，而不是特指其妻子。在这样的情况下，我们马上可以发现，荀粲所讲的正是不少名士的通病。

　　《贤媛》第6则中，号称重视德行的许允就在新婚之夜嫌弃妻子容貌丑陋——好色的许允没能找一个美貌的妻子，这似乎反过来证明即使荀粲真的好色，他的妻子也不一定貌美。荀粲所言正是说出了这些伪君子的心里话，或者说戳中了他们的痛处。这样的戏言并不一定代表了荀粲自己的想法，这也是裴楷说此言是

"兴到之事，非盛德言"的原因——也许是荀粲看到了口口声声好德实则好色之人，才兴之所至讽刺一下。在裴楷看来，荀粲这样的"盛德"是不会真心说出如此荒唐之言的。

所谓"盛德"，指的是有德之人，《文学》第55则说"支遁、许、谢盛德，共集王家"，很显然裴楷把荀粲也视为一个有德之人，因而认为这根本不可能是荀粲的原意。裴楷怕后人曲解了荀粲的话，把他原本反着说的误以为是真正的看法。正如《德行》中某些篇章的主人公恰恰是"缺德"之人，《惑溺》中的故事也完全可能是主人公并未迷惑而是观者容易自我迷惑。

如果我们对第一部分和第二部分做如上解，那么可以发现两者的确也有所关联，否则刘义庆也没必要把它们放在一起，只不过两者的联系和"世人"想的可能不同。普通的理解是荀粲好色才会为了美貌的妻子付出一切，而在她去世后难过得不能自已，追随而去；而在裴楷的背书下，我们的理解则是荀粲反对好色，因而他为妻子而"疯狂"恰恰可能是夫妻二人在德行上观念相投，获得了知己般的快乐。这样的理解并不牵强，要知道文学史上以西门庆为代表的著名好色之徒，通常是大肆搜罗美女而不会专情，[3] 更不会为了一个美色女子的去世而悲痛殉情。荀粲能够如此，绝非好色，而是重情。但必须承认的是，荀粲的快乐是小众的，要是没有裴楷的理解——或者说即使有裴楷的理解——他的所言所行也还是免不了被俗人以小人之心曲解。

我不卿卿，谁当卿卿

我们已经说过，所谓的习俗属于特定的人群。这一人群会把称帝后的曹丕排除在外，而那些"不及情"的小人也同样不属于这一群体。正因如此，王戎的宠妻之举也同样受到了误解。《惑溺》第6则是一个著名的故事：

> 王安丰妇常卿安丰。安丰曰："妇人卿婿，于礼为不敬，后勿复尔。"妇曰："亲卿爱卿，是以卿卿。我不卿卿，谁当卿卿！"遂恒听之。

王戎的妻子经常以"卿"叫他，王戎对她说这样不符礼数，让她不要再这样做。妻子说，这么叫你，是因为爱你，如果我不这么叫，谁会这么叫呢！于是王戎就听之任之了。"卿卿我我"这个成语，也就流传至今。

王戎所言意味深长。妇人不能叫丈夫"卿"，可是我们知道在魏晋名士之间，关系较近的朋友都以"卿"相称。如果不把妻子仅仅视为妻子，而是一个可以和丈夫相知的女性名士，那么她为何不能以"卿"称呼自己的丈夫呢？当王戎之妻说到"亲""爱"时，现代的读者很容易以为她说的是"爱情"，殊不知在《世说新语》中，"爱"是名士好友间常见的情感——这一点和古希腊文化中的"爱"遥相呼应。陶侃一见庾亮"爱重顿至"，便是明证。因此，王戎之妻说爱王戎，在极大程度上并非今天我们所理解的男女情爱，而是说自己像知己一样欣赏着王戎，没有把王戎仅仅当作丈夫，而是把他视为知心朋友。也许有人会疑惑，王戎不是有"竹林七贤"中的其他六友吗，为何他的妻子说除了她以外就没有人叫他"卿"了呢？

这又要回到已经谈过的朋友关系上。朋友关系具有极强的脆弱性，所谓的"竹林七贤"并不是一个牢固而亲密的朋友群体，他们不过是在一定的阶段一起在竹林共同饮酒而已，这一点我们已做过讨论。《德行》第16则中王戎说："与嵇康居二十年，未尝见其喜愠之色。"可见嵇康并不会对王戎推心置腹。如果妻子能够同时扮演朋友的角色，那么就可以在夫妻关系之中同时满足王戎对朋友关系的渴望。换言之，王戎转变态度允许妻子以"卿"称他，并不是对妻子的放纵迁就，而是重新定义了妻子的地位与定位。妻子称王戎"卿"，并非以纯粹的妻子身份，也是以爱他的知音身份。如果我们接受王戎妻子的这一身份，那么也就能够更好地理解两人的另一则故事。《俭啬》第3则说：

> 司徒王戎既贵且富，区宅、僮牧、膏田、水碓之属，洛下无比。契疏鞅掌，每与夫人烛下散筹算计。

这是一个温馨的画面，一个有钱有地位的名士，常常和夫人一起算账，两人合作的默契与密切由此可见一斑。夫人并不是独揽财政大权，也不是完全依赖王戎，而是能和王戎共同操持家业，在某种意义上具有了同僚的色彩。当朋友、同僚和夫妻三重关系合而为一的时候，王戎和妻子之间的快乐自然远远大于寻常夫妻所拥有的，甚至会被他人误解。试想，当王戎和夫人在烛光下算账时，夫人叫他一声"卿"，这究竟是不守礼法的撒娇，还是"名士"与名士间平等亲密的交流？如果男性名士之间可以亲近地相互称"卿"，为何妻子不能够以朋友的身份来对待丈夫？刘义庆在促使我们思考这些问题的同时，也使夫妻关系摆脱了狭义的束缚，赋予夫妻之乐更多的空间与可能。

因此，宠妻的名士绝不是单纯地被美色所迷惑，而是在夫妻关系中获得了更深层次的精神交流之乐。他们把妻子视为平等的交往对象，相处时其乐融融，而失去时则痛苦万分。《文学》第72则说孙楚为亡妇服丧期满，写了一首诗给王济看。王济说："未知文生于情，情生于文。览之凄然，增伉俪之重。"一个"重"字让我们再次想到了陶侃对庾亮的"爱重"。

《除妇服诗》是孙楚的名篇，虽然《世说新语》中没有记载全文，但是每一个被王济所言打动的读者，都会想知道孙楚究竟写了什么让王济如此感动。诗文有云："时迈不停，日月电流。神爽登遐，忽已一周。礼制有叙，告除灵丘。临祠感痛，中心若抽。"想必荀粲若是能看到"中心若抽"一句，定会心有戚戚。如果说兄弟是手足，那么爱妻则是心脏。对孙楚来说，失去妻子，失去的是心中最深处的快乐，绝不只是失去一个共同传宗接代的合作者，这样的失去也就变得无可替代。对周颢来说，最大的快乐也许来自朋友；对王徽之来说，最大的快乐也许来自兄弟；而对孙楚等人来说，最大的快乐来自妻子。其间一以贯之的，则是

"情"。就这一点而言,妻子——至少有一部分妻子——也应当跻身名士之列。

淡定自若的阮氏

那些化身为名士的妻子,不仅被丈夫宠爱着,还能成为丈夫的人生导师,为其指点迷津。在这个过程中,妻子得到了丈夫的了解、认可和欣赏,而丈夫则能够在更好地认识自己的同时获得他人的赞誉。这是一个双赢的过程。《贤媛》第6则、第7则、第8则三则讲的都是许允和妻子的故事,表明妻子比丈夫更德才兼备。

《贤媛》第6则说,许允的妻子是阮共的女儿,阮侃的妹妹,她的容貌非常丑陋。行完交拜礼后,许允便不再去洞房,家里人为此十分担忧。恰好此时有位客人来看望许允,新娘便叫婢女去看是谁,婢女回报说:"是桓郎。"桓郎就是桓范。新娘说:"不用担心,桓范一定会劝他进房来的。"桓范果然劝许允说:"阮家既然嫁个丑女给你,必然是有用意的,你最好能体察到。"许允便转身进入新房,见到新娘,马上又想出去。妻子预料他这一去就不会再进来了,就拉住他的衣襟让他停下。许允便问她:"妇人应该有四种美德,你有几种?"新娘说:"我只缺'妇容'一样而已。可是士人应该有百样品行,您有几种?"许允说:"全都有。"新娘说:"所有品行中,'德'是最重要的,但是您好色

277

不好德，怎么能说样样都有呢！"许允面露惭愧之色，从此夫妻二人相互敬重。

将这则故事和荀粲所言拼在一起，就可以发现荀粲针对的正是这一类人。他们自以为德才均备，实则不过是一个不折不扣的俗人。我们可以发现在许允和新娘的对话中，他把妇和士做了相对立的区分，用《礼记·昏义》中所说的"妇德、妇言、妇容、妇功"来要求对方，并以偏概全，在对方容貌丑陋的情况下，彻底无视了新娘的其他方面。在这则故事中，关键人物其实是桓范。桓范知道女子除了美色之外，还有更为重要的品质。当桓范如是说时，他也至少已经初步具有了女子可为名士的观念。在《世说新语》中，颇有一些像刘伶这样容貌丑陋的名士，但他们各具特色，同样在帅哥如云的魏晋名士间占据一席之地。同样，没有美色的女子也有其可取之处。

许允、阮氏和桓范之间形成了微妙的三角关系。如果没有桓范这个朋友，阮氏根本没有机会和许允对话，许允夫妇的关系也许将彻底破裂，朋友关系就这样和夫妻关系形成了互相的影响；而没有许允夫妇的好事多磨，桓范和许允之间的友情也就无法更进一步。三人关系的互相影响让我们自然而然地觉得三人属于同一群体。许允和阮氏的对话，同样颇具名士间的清谈色彩。第一回合是许允"难"而阮氏"通"，而第二回合则是阮氏"难"而许允没能回答。许允不仅在清谈中败给了新娘，在境界上也不如对方。既然如此，阮氏有什么理由不能被视为名士？

第二则故事讲的是担任吏部郎的许允任用了很多同乡，魏明帝曹叡知道后，就派虎贲郎去抓捕他。许允的妻子出来劝诫他说："英明的君主可以用道理说服他，但难以用人情打动他。"许允见了曹叡后，曹叡审问他。许允回答说："'举尔所知'是孔子所说的选人原则，臣的同乡，就是臣了解的人。陛下可以去核查他们是否称职，若不称职，臣愿领罪。"查核之后发现每个职位上的人都很称职，于是就释放了他。许允的衣服很破旧，曹叡又下诏赐给他新衣服。一开始许允被逮捕时，全家都号啕大哭，新妇阮氏却淡定自若地说："不用担心，他不久就会回来的。"她煮好小米粥等许允，没多久许允就回来了。

这是一个夫妻关系和君臣关系产生交集的故事，交点在于许允对魏明帝的回答来自阮氏的建议，这说明作为妻子的阮氏对君臣相处之道也非常了解，甚至比寻常的名士还要了解。如果许允一上来就求宽恕，那么皇上很可能以为他心虚，也许就不会给他机会继续自辩了。有趣的是，这同样是一个三角关系：许允、阮氏和魏明帝构成了三角关系。此时的阮氏扮演了上一则故事中桓范的角色，是她的存在与引导让许允和魏明帝之间的对话成为可能。她固然是妻子，但也是（许允的）朋友和（魏明帝的）臣子，我们完全可以想象，如果她有机会入朝为官的话，应该会非常出色。

刘义庆通过阮氏和桓范的等同性，让我们再一次思考女子和名士重合的可能性。当许允怀揣着妻子的建议上朝时，坦荡的他是快乐的，他知道不需要担忧；同样，在家煮着小米粥等待丈夫归来的阮氏也是快乐的，她了解丈夫的为人，相信他的为官之道。此时的许允和阮氏已然是相互欣赏的一对了。小米粥和破衣服这两个细节已经凸显了许允和阮氏相濡以沫却乐在其中的生活，真正做到了身为高官而"箪食瓢饮"。当然，和上一则故事拼在一起的话，我们不禁感慨像许允这样的君子却仍然免不了犯好色的错误，由此可见荀粲的话的确刺到了一大片人，也难怪他被世人嘲讽了。

第三则故事则多少有些伤感。许允被晋景王司马师杀害，他的门生跑来告诉他的妻子。他妻子正在织机上织布，脸色丝毫不变地说："早就知道会这样！"门人想把许允的儿子藏起来，阮氏说："不关孩子们的事。"后来全家都迁到许允的墓地居住，司马师派钟会去察看他们，如果儿子的才华和父亲的差不多就把他们抓起来。儿子们问母亲的建议，母亲说："你们虽然还不错，但是才华有限，就坦诚地和他交谈吧，这样就没有什么可担心的。不用过度悲伤，钟会不哭时你们就可以不哭。还可以稍微问一下朝中之事。"儿子们听从了她的话。钟会回去后把所看到的情况汇报给了司马师，许允的儿子们最终得以幸免。

这则故事中的夫妻关系和母（父）子关系、君臣关系夹杂在一起，角色也就更多元化，不过众多人物之间却没有对话，阮氏成了唯一的主角，她在错综复杂的关系中所具有的独特地位也由此不言自明。阮氏的神色不变让我们想到了王徽之知道王献之死讯时的不悲。这当然是一份属于名士的淡定，不过和王徽之相比，阮氏更加没有时间去显露自己的悲伤，她需要保全劫后余生的儿子们。阮氏对自己的儿子有着清楚的判断，对司马师的判断也极其准确，从而确保了儿子的安稳。

尽管许允已经去世，可是他在临死之前应该是快乐的，他知道有这样一个妻子，许家的血脉能够得到保全。对阮氏来说，丈夫许允因忠于曹魏而被司马氏所害，在乱世之中没有做一个变节的小人，这也是足以自豪的选择。有学者认为妻子能够为丈夫出谋划策表明了夫妻的平等，平等一词具有太多的现代色彩。在刘义庆的叙述中，许允和阮氏的夫妻关系让我们看到了一种合作，而这样的合作与兄弟之间的合作相似，目的都是为了家族的名声与兴旺。在这种合作下，一个能够给丈夫建议与指引的妻子，就像一个聪慧的兄弟减轻兄长压力一样，可以让丈夫更轻松地扮演好自己的角色。因此，阮氏不仅是一个妻子，也是一位"名士"，即使说平等，也绝非局限于夫妻关系的狭义平等，而是更为广阔意义上的平等，也就是把女子也纳入名士的范畴。

刘义庆对于男女之间广义平等的追求并非我们的臆测。《贤媛》第9则说：

> 王公渊娶诸葛诞女，入室，言语始交，王谓妇曰："新妇神色卑下，殊不似公休。"妇曰："大丈夫不能仿佛彦云，而令妇人比踪英杰！"

王广和新婚妻子的对话令人莞尔。两人并没有急着行周公之礼，而是谈论起了彼此的神色和气度。王广认为诸葛氏不像她父亲那样意气风发，而是有些卑微感。新娘马上反击丈夫，说你自己不似你父亲那样优秀，怎么就要求我和我父亲那样的英雄豪杰比呢。在王广和诸葛氏的对话中，对我们来说最值得注意的一点，是王广在主动调侃新娘的时候，拿她对比的参照物是她的父亲。通常来说，和新娘做比较的应该是她的母亲才对啊！新娘的回答同样将大丈夫和妇人并举，认为新郎和新娘各自的参照物都是彼此的父亲。因此，我们有理由推测，在王广和妻子看来，无论男女都应该向名士的风采神韵看齐，对于女性的评价标准也就不再停留于传统的妇德了。这也许对女性提出了更具体的要求，但同时也让她们具有了更多展现自己的空间。

当然，在诸葛氏和新婚丈夫的初次交锋中，看似主动发难的是王广，可实际上也许是诸葛氏首先诱敌深入。她很可能是故意摆出一副唯唯诺诺的卑微之态，与自己父亲的气度形成鲜明的反差，从而引发王广的疑惑，觉得新娘怎么和岳父相差如此之远，才有机会反击并忠告自己的夫君不要只看别人的缺点，而是要懂得反省自己。夫妻二人的对话也同样具有清谈性质的难与通，与单纯清谈不同的是，这场对话对王广有着直接的劝诫功用。可以想象，略胜一筹的诸葛氏在未来的夫妻生活中可以扮演亦妻亦友的角色，夫妻间不但有举案齐眉之乐，而且能唇枪舌剑，默契于心。

"名士"刘夫人

如果说许允和王广在《世说新语》中的地位并不高，他们各自的妻子能够比他们聪慧而成为他们的人生导师情有可原，那么作为《世说新语》最主要角色之一的谢安都离不开妻子的劝诫，就从根本上证明了将女子纳入名士范畴的合理性。《贤媛》第23则说，谢安的妻子刘夫人把一些婢女围在帷幕中，让她们在前面歌舞，可是只给谢安稍微看了一会儿就放下了帷幕。谢安要她再打开，夫人说："恐伤盛德。"

在此，我们又看到了一个熟悉的字眼——"盛德"。看来在当时的习俗之中，沉迷于女色与盛德的确是不相容的，然而偏偏连谢安这样的"顶流"名士都忍不住要多看几眼美女的歌舞。刘夫人欲擒故纵，先让谢安尝一点儿甜头，等谢安不能自拔之时再进行规劝，时机把握得恰到好处。隐居时的谢安经常和歌妓一起寻欢作乐，虽然我们不知道刘夫人对谢安规劝的具体时间，但可以肯定的是，无论是隐居之时还是业已出山，歌舞都只是为了聊以助兴，而盛德才是名士的终极追求。如果没有刘夫人的提醒，谢安也许就会在温柔乡中不能自拔，无法成为名士的典范。

刘夫人不仅是谢安的妻子，也是名士刘惔的妹妹，因此她身上自带"名士"之风不足为奇。刘夫人的名士之风在于她并没有彻底扼杀谢安的心头好，而是故意让婢女们唱歌跳舞，还让谢安观看。她知道谢安也并非圣人，需要部分地满足他的需求再作规劝，但是这种浅尝辄止也许会让人欲罢不能，实际上比完全禁止更为残忍。刘夫人的方式是在了解谢安的基础之上才适用的，若是换了别人，也许就暴跳如雷了。因此，在这一场景中，谢安与刘夫人缺一不可。

我们还记得刘夫人的兄长刘惔曾在喝醉之后把脚放在桓温的脖子上，桓温变了脸色之后，王濛和刘惔对他的变色颇为不齿。刘夫人对谢安的规劝有异曲同工之妙，她用容易令人恼怒的方式，来试探谢安的底线。此时的谢安面对的不仅是夫人，也是来自另一位名士的挑战，因而他不能步桓温后尘，而是要展现自己的气度来接受对方的规劝。如果只是用家庭内部的夫妻关系来理解谢安和刘夫人的言行，就可能有过于狭隘的嫌疑了，刘夫人的设局分明带有名士间故意调笑的色彩。

说调笑，是因为谢安夫妇之间的确不缺带有规劝色彩的调笑，《排调》第27则就可以更好地帮助我们理解谢安夫妇之间的关系。当初谢安还在东山隐居时，他的兄弟中已有大富大贵之人。刘夫人对谢安开玩笑说："大丈夫不当如此乎？"这一次谢安有了回应，他捏着鼻子说："我只是担心逃不过罢了。"刘夫人对谢安很是了解，知道他并非为了富贵，但是也怕他在兄弟们声名煊赫后心怀嫉妒迷失了自我，才有了这次的故意戏弄。然而，刘夫人虽然不主张夫君单纯追求富贵，却也不希望他沉醉于享乐之中。要言之，理想的状态是隐居不忘报国，出仕仍怀初心，由此可见刘夫人的境界。《排调》中绝大部分都是朋友、同僚、长幼或是君臣之间的相互调笑，将夫妻之间的调笑置于其中，就可以发现在刘义庆的笔下，刘夫人就是一位不折不扣的名士。她没有把丈夫当作圣人，也希望丈夫不做小人，而是要在尘世中可进可退，始终保持德行和气度，这样的追求正与王戎的主张相仿。

我们之所以说刘夫人具有名士之风，并不只是源于她对丈夫谢安的定位，也是基于她自己的言行。千万不要因为刘夫人对谢安进行规劝，就以为她是一个传统意义上端庄贤淑的妻子，其伶牙俐齿咄咄逼人之势，完全不逊色于当时名流。《轻诋》第17则说，孙绰兄弟有一次到谢安家里住，言谈极其空洞杂乱。刘夫人在墙壁后听他们交谈，将他们说的内容听得一清二楚。谢安第二天回到内室，问昨晚的客人怎么样，刘夫人回答："我亡兄的家里从来没有这样的宾客。"谢安很是羞愧。

既然刘夫人提到了亡兄，我们来看一则关于她兄长的故事。《排调》第29则说，王濛、刘惔二人不尊重蔡谟，他们曾经一起去拜访蔡谟，聊了很久后，问蔡谟说："您自己说您跟王衍比怎么样？"蔡谟回答说："我不如他。"王、刘二人相视而笑，问："您什么地方不如他啊？"蔡谟回答："王衍没有你们这样的客人。"

在此，我们看到，刘夫人的回答和蔡谟的如出一辙，不知道她是不是从兄长处听到过蔡谟的回答。可以肯定的是，面对他人的缺点，刘夫人毫不留情，尖刻的程度不让他人分毫。这正是标准的名士之风。

刘夫人所讥讽的并非只是孙氏兄弟，更是丈夫谢安，朋友的低俗源于谢安的择友不善。微妙的是，刘夫人隔墙听他们交谈并非"偷听"，否则谢安也不会在第二天问妻子。在知道隔墙有耳的情况下，谢安原本应该是想让夫人感受到自己和朋友交谈的精妙，没想到却被泼了一盆冷水。在王濛、刘惔和蔡谟的故事中，刘惔的境界并不高，而在刘夫人看来，谢安尚不如刘惔，这不免让读者有所疑惑。究竟是刘夫人袒护娘家兄长，还是谢安果真如此不堪？也许名士间的境界不能做这样直接的单向比较，不过当我们把这两则故事拼在一起时，就会发现刘惔所吃的一堑，让他的妹妹刘夫人长了一智，而刘夫人长的这一智，又让谢安避免再吃一堑。妻子的讥讽让谢安惭愧之余有所自省，从而避免被其他名士羞辱，这未尝不是一种收获。于是，兄妹关系就这样在夫妻关系中得到了延伸，并且影响了谢安与朋友之间的关系。

隔墙偷听的山涛妻子

妻子听丈夫与朋友的谈话进行评判，在当时也是一种习俗。无独有偶，《贤媛》第11则中山涛的妻子韩氏也这么做了一回。山涛和嵇康、阮籍见了一面就义结金兰。山涛的妻子韩氏觉得山涛和两人的交情非同寻常，就向山涛询问情况。山涛说："我当下可以视为朋友的人只有这两位罢了。"他妻子说："僖负羁的妻子也曾亲自观察过狐偃和赵衰，我想暗中看一下他们，可以吗？"有一天，两人来了，山涛的妻子就劝山涛留他们住下来，还准备好了酒肉。到夜里在墙上挖个洞来观察他们，看到天亮都忘了回去。山涛进内室问："这两个人怎么样？"他妻子说："我觉得您的才华和他们差距很大，只能靠见识、气度和他们做朋友罢了。"山涛说："他们也常常认为我在气度上胜出。"

这是一个颇具象征色彩的故事。妻子无法直接参与名士们的交谈,而只能在墙壁之外偷听,一堵墙成为界限,把女性和名士隔开。这既是一条真实存在的界限,也是一条世人心中的界限。可是,韩氏的"穿墉",在这一条界线上打破了一个缺口——即使我们很难想象她究竟是如何穿墙的。重要的是,这样的缺口是夫妻双方共同打开的,韩氏的窥视得到了山涛的允许,这无疑象征着女子在一定程度上进入了名士的空间。当韩氏援引《左传》中僖负羁之妻的典故时,表明这一传统古已有之。

韩氏之所以对嵇康和阮籍好奇,是因为山涛将他们视为朋友。妻子关心丈夫的朋友是理所当然的,丈夫若是交了损友,那么就可能影响君臣、父子、同僚等各种关系,当然也包括夫妻之间的关系。因此,韩氏对进入名士空间的渴望既是为了丈夫,也是为了自己。韩氏和刘夫人极其相似的举动让我们不禁会想,妻子这样的隔墙"偷听"是不是当时夫妻与朋友间的一种习俗,还是只不过是少数夫妻间的游戏。如果是前者,那么当孙氏兄弟或者嵇康、阮籍留宿时,他们默认可能会受到朋友妻子的"监听",那么他们所谈的内容就极有可能是故意的。当然,若是在有意为之的情况下,孙氏兄弟的言语仍旧不免无聊,那就怪不得刘夫人要出言相讥了。

和谢安相比,山涛显然交出了一份满意的答卷。他的两位朋友都非常出色,而他也自有所长。我们已经见识过山涛在其他种种关系中的表现,气度的确是山涛的长处。重要的是,韩氏的评价和山涛的自我评价相一致。我们还记得谢安兴冲冲地去问刘夫人,而被刘夫人无情嘲讽,可见谢安的自我判断和刘夫人的评判大相径庭。谢安夫妇的快乐来自谢安在刘夫人的督促下不断提高；相反，韩氏和山涛对嵇、阮以及山涛本人的判断都相同，彰显了夫妻二人观念的接近，观念接近则自有知音之乐。不过，在打开名士大门这一点上，谢安夫妇和山涛夫妇保持着惊人的一致。或者说，夫妻关系成为女子跻身于名士的突破口。在丈夫的鼓励和支持下，女子可以通过妻子这一角色，在"偷听""窥视"的基础上逐步进入名士圈，从而不仅与丈夫保持着对外界的共同了解，还能够有效地影响自己的丈夫。

"过"与"不及"的妻子们

必须注意的是，无论是刘夫人还是韩氏都没有完全从墙的这头到墙的那头，不管多么投入，她们还是在内室，等待着第二天早上丈夫回来，这意味着她们并未正式踏入名士圈，而是在内与外之间保持了分寸与平衡。以她们为参照，《世说新语》中还有两类妻子，一类是"过"，另一类则是"不及"。所谓"过"，就是逾越了内与外的界线，干涉起了不应该管的事情；所谓"不及"，则是压根没想过向外看，还在计较些琐碎之事。过犹不及，两者自然就都失去了在夫妻关系中找寻快乐的机会。

"过"的代表人物之一当属东晋名相王导的爱妾。《惑溺》第7则说，王导有个爱妾姓雷，经常干预政事，收受贿赂。蔡谟称她为雷尚书。这一则故事短小而富含信息量。首先，王导无原则地溺爱雷氏，说明他的夫妻关系影响了君臣关系。其次，雷氏不过是一个妾，王导显然宠爱她胜过了妻子，王导家中妻妾关系也应该不甚和睦。再次，我们已经在讨论父子关系时见识过王导的父子情深，可是他的儿子们也没有能够规劝父亲。最后，王导之妾的所作所为已经招致了同僚的非议，也对同僚关系造成了恶劣的影响。关键在于，雷氏的越界是得到身为丞相的王导允许的，在王导的纵容下，雷氏彻底推倒了女子与名士之间的墙，不但越过了名士的界线，更是直接插手了政治，于是她便再也无法得到满足，也就失去了应有的快乐。说到底，她并不是要成为名士，而是要控制那些"伪"名士——对她来说，名士不过是送钱的工具而已。对雷氏来说，丈夫王导不过是用来帮助她攫取物质利益的工具，而王导对她的纵容，也表明他在夫妻关系之中失去了应有的原则，这让我们想起了当初周顗的玩笑：在一定程度上，王导的确是一个小人，只是这并不影响周顗与他的友情。

无独有偶，西晋名士王衍的妻子郭氏和雷氏相比有过之而无不及。《规箴》第8则、第9则和第10则三则故事讲的都是郭氏的故事。第一则说的是王衍之妻郭氏是郭豫的女儿，才能拙劣而性格刚烈，聚敛钱财贪得无厌，还喜欢干涉他人的事。王衍为这个妻子感到很困扰，但又管不住。所谓"过"，就在于郭氏不仅要进入名士的世界，还要去控制他们。在第二则中，郭氏试图控制的是王衍，由于郭氏贪财，崇尚高雅玄远的王衍看不下去，所以他从来不说"钱"这个字。郭氏就让婢女用钱绕床一周，让王衍走不出去，即使如此王衍还是不肯说，而是留下了著名的典

289

故"阿堵物"——让她们把"这些东西"拿开。最后一则郭氏想要管的是王衍的弟弟名士王澄,王澄也觉得嫂子太贪而出言相劝,结果郭氏大怒,说婆婆当年临终时让她管王澄,而不是让王澄管她,说完还要杖责王澄,吓得王澄跳窗而逃。

我们看到,王衍夫妻糟糕的关系已经影响了兄弟之情。王衍并不纵容郭氏,但他面对妻子也无可奈何。郭氏的才能低下注定了她无法欣赏名士的才情,而只能和雷氏一样把钱财视为最大的寄托。和谢安的刘夫人相比,她缺少了雅致和情趣,如果说刘夫人是想恰当地规劝丈夫,让丈夫的才情得以提升,那么郭氏就是用恶作剧来逼迫丈夫降低自己的气韵。让人唏嘘的是,即使像王衍这样的风流名士,也无法影响夫人分毫,只能默默忍受夫妻关系的煎熬。这不免让我们再次想起了郭象的"独化"理论,每一个人的才情和气度仿佛真的纯粹出于偶然,我们能做的只是如果能够幸运地遇到互相吸引的人就要珍惜,但我们似乎无法去改变一个完全不投契的人。当然,这会让悲观的人觉得缘分可遇而不可求,但是对乐观的人来说,也许意味着人生随时都可能有惊喜出现。

说到"不及",我们可以看看《惑溺》第3则中贾充的妻子。贾充的后妻郭氏嫉妒心特别强。她有一个儿子叫黎民,刚满一周岁时,贾充从外面回来,当时奶妈正抱着孩子在院子里玩耍,孩子看见贾充非常开心,贾充就靠近抱着孩子的奶妈,亲了孩子一口。郭氏远远望见,以为贾充喜欢奶妈,就马上杀掉了她。孩子想念奶妈,悲伤地不停哭泣,也不肯喝别人的奶,于是就死掉了。

郭氏后来一直也没有儿子。

这是一个可以避免的悲剧，可是郭氏的嫉妒毁了她原本拥有的快乐。把嫉妒和女性联系在一起当然是一种成见，但是传统的妒妇的确并不少见。[4] 妒妇的"不及"，是她们的眼中只有夫君，她们把家庭视作战场，安于在家庭内部拥有绝对的控制权，根本没有向外看的意识，对她们来说，外界是可有可无的存在。她们对名士的世界完全不感兴趣，更不懂得如何去评价名士的神韵气度，甚至连基本的道德品质都不具备。以郭氏为例，她不相信自己的丈夫，也不了解孩子，既不是一个贤妻，也不是一个良母。她就像杀掉堂兄弟之鹅的桓玄那样，愚蠢地认为杀戮和暴力能够解决一切问题，根本就没有想过提升自己。虽然魏晋名士成风，但是名士的风度对她们没有丝毫的影响。用现在的视角来看，她们无条件地接受男女之间的差别，完全缺乏要和男性平等的自觉意识，把名士团体视为遥不可及的墙外之物，只想在家中与其他女性争斗时成为胜利者。

当然和别的妒妇一样，郭氏有其直接的对手：贾充的前妻李氏。《贤媛》第13则说贾充的前妻是李丰之女，李丰被杀后，两人离婚，她被流放，后来遇到大赦才得以回来，此时贾充已经娶了郭配的女儿。晋武帝司马炎特别准许他同时有两个妻子，称为左夫人和右夫人——我们知道在古代通常是一夫一妻制，[5] 其他的不过是妾而已。李氏住在外面，不肯回到贾充的住宅。郭氏对贾充说，她想去看看李氏，贾充说："彼刚介有才气，卿往不如不去。"郭氏就大摆仪仗，带了很多侍从和婢女一起去。到了李氏家，进入内室，李氏站起迎接，郭氏不自觉地就弯下腿，跪下行礼。回家后，她告诉了贾充，贾充说："我告诉你什么来着？"

李氏和郭氏形成了鲜明的对比。李氏坚持单独居住，这本身就是要离开丈夫的束缚而独立的象征，可以说她已经在夫妻关系之中找到了自我。贾充对她的评价也彰显出她的名士风采。在经历了家变、离婚、流放和获赦后，李氏终于成为一个具有独立人格的女性，可以脱离贾充而存在于世间。郭氏则完全把自己定位为贾充的妻子，虽然她的娘家也势力不小，但是并没有帮助她养成独立的人格，她以为她和李氏之间的比较是贾充两位夫人的比拼，实则在我们看来，和郭氏比较的是作为独立女性而自带力量的李氏。不独立的郭氏则只能依靠侍从和婢女的数量来给自己壮胆，在独立的李氏面前自动下跪也就成了必然。郭氏有了这个心结，才会嫉妒心极度膨胀，把奶妈都看作自己的对手，这正是极度自卑的表现。

意味深长的是，《贤媛》第14则告诉我们，李氏的女儿是齐献王的王妃，郭氏的女儿是晋惠帝的皇后。在贾充去世之后，李氏、郭氏的女儿都想让自己的母亲跟他合葬，这个问题多年都无法解决。后来贾皇后被废，李氏才终于得以跟贾充合葬。盖棺论定，最后输掉的终究是郭氏。

郭氏的可悲之处在于她既不懂得反省，也没有人帮助她回头是岸。《惑溺》第4则告诉了我们一位懂得自责的妒妇。孙秀降晋后，晋武帝很是宠爱他，把姨妹蒯氏嫁给了他，夫妻关系不错。蒯氏因为嫉妒，曾骂孙秀是貉子。孙秀很是生气，于是不再进内室。蒯氏极其悔恨自责,向武帝求救。当时武帝正大赦天下,群臣都被召见。在群臣走了后,武帝单独把孙秀留下,从容地对他说:"国家宽大为怀实行大赦,蒯夫人能不能也像这样被原谅呢?"孙秀脱下帽子谢罪,于是夫妻俩和好如初。

作为妒妇,蒯氏的表现并不极端,懂得自省是她的长处。她并没有仗着皇亲国戚的身份让晋武帝向孙秀施压,而是让皇上替自己求情,这一姿态就表明了夫妻之间的相互尊重。当我们说女性融入名士群体时,指的是她们不但对名士的人格气度产生兴趣,而且也有意识地希望自己拥有类似的品质。对希望了解名士的女性来说,最好的起点当然是自己的丈夫。对郭氏来说,她当然知道丈夫的官爵,可了解的也只是他的身份地位,完全不在意自己杀人会对丈夫造成什么影响。相反,蒯氏把丈夫当作一个有情感的人,她在意的是丈夫的情绪。蒯氏给夫妻关系中心怀嫉妒的妻子们树立了一个良好的榜样。若要夫妻之间其乐融融,一定不要把家庭作为战场,而是要懂得体察丈夫的情绪,这并不是对丈夫的妥协,而是让自己成长的一种方式。

当然,在这两个故事中,身为丈夫的贾充和孙秀也表现不同。贾充和王导一样,对郭氏的杀人恶行采取了纵容的态度,想来最后夫妻也一直心怀芥蒂,说到底夫妻二人之间并没有"情";而孙秀一开始坚决对蒯氏说不,最终能够和好如初,是因为最初夫妻之间就情意满满。因此,情才是能否不"过"或不"不及"的关键。"过"与"不及",都是缺乏"情"的表现。王衍的郭氏和贾充的郭氏一样,属于王戎所说的"不及情"的最下等人。她们的眼中只有自己的欲望和利益，丝毫无法与人共情，这就是"过犹不及"的道理。

嫌弃丈夫的才女谢道韫

不要"过"，也不要"不及"，在保持平衡的情况下女子才可能在夫妻关系中变身成名士。刘义庆的叙述暗示我们，女子的"名士化"并不是要求女子能够精通老庄孔教玄言清谈，而是指她们能用内心最本真的情感与人相通，这才是名士的灵魂所在。嵇康说"情不系于所欲"[6]，正是此意，只有不被过度的私欲所束缚时，人才有通过本真的情感实现与外界顺利沟通交流的可能。在夫妻关系中，情感最主要的自是对自家夫君的关心——在保持自身人格独立的情况下对丈夫的关心。谢安的刘夫人和山涛的韩夫人无论对丈夫做怎样的评价与批评，她们的本心是为了丈夫，而"过"与"不及"的这几位妻妾，则显然对丈夫缺乏应有的感情。一位对丈夫缺乏感情的妻子，即使不贪爱财物，纵然才华横溢，也无法在夫妻关系中找到快乐。《贤媛》第26则就给了一个这样的例子：

王凝之谢夫人既往王氏，大薄凝之。既还谢家，意大不说。太傅慰释之曰："王郎，逸少之子，人身亦不恶，汝何以恨乃尔？"答曰："一门叔父，则有阿大、中郎；群从兄弟，则有封、胡、遏、末。不意天壤之中，乃有王郎！"

王凝之的夫人谢道韫在嫁到王家后非常看不起他，在回到娘家后"不说（悦）"。谢安安慰侄女说王凝之好歹是王羲之的儿子，你怎么这么看不上眼，谢道韫回答说，王凝之和自家叔父兄弟完全不能比。谢道韫的不快乐自然不是因为她没有名士风采，《贤媛》第 30 则中她被夸赞具有"林下之风"——这明确表明了她像"竹林七贤"那样可以跻身于名士之列。她的问题是不但身边名士太多，而且自己才华出众，所以才觉得王凝之不够优秀。因此，女子的"名士化"是在夫妻关系中获得快乐的必要条件，而并非充分条件。在谢道韫身上，我们似乎看到了某些现代女性的烦恼：由于自身过于优秀而无法找到令自己佩服的另一半，而在下嫁凡夫俗子之后则陷入了无尽的苦恼之中。从这一点来说，谢道韫也许是"名士化"最彻底的女性代表，以至于让她无法在夫妻关系中找到快乐。

当然，谢道韫的彻底"名士化"并不是一种"过"，我们所说的"过"是指某些女性在打破了家庭内外的壁垒后骑在了名士身上，谢道韫成为一个典型意义的名士，在这一点上无疑恰到好处，可惜由于自负而无法产生对王凝之的感情，从而在夫妻关系中郁郁寡欢——这与王衍这样的男性名士无法获得夫妻之乐遥相呼应。虽然她的娣娣刘夫人也经常挤对丈夫谢安，觉得自己的兄长比谢安优秀，但是却不会如此贬低谢安，我们从刘夫人和谢安的交谈中能够感受到彼此的情意，而谢道韫面对

"朽木"，全然放弃了改造。我们没有理由苛求谢道韫对王凝之产生感情，只能感慨夫妻间的快乐依赖于极其难得的缘分，也就更加理解那些情感相通的夫妻为何在感受到快乐之后会至死不渝。

让我们用一个幸福的故事来结束对夫妻之乐的探讨吧。《贤媛》第29则说郗超死后，他妻子的兄弟想把妹妹接回去，她坚决不肯回娘家，并说："就算我的余生不能再与郗郎共住一屋，死后怎么能不跟他共葬在一个墓穴里呢？"和同样拒绝再嫁的诸葛氏相比，郗超的夫人更加坚决。她的回答也颇具清谈之风，像是对那些认为丧夫后理所应当再嫁之人的一个"名通"：将来能与所爱之人合葬难道不是最幸福的事吗？在寡妇改嫁司空见惯的时代，[7]郗超的妻子知道如果回到娘家，免不了要被重新安排婚事。她选择留在郗家，并不是为了名声或是利益，而纯粹出于对亡夫的感情，这自是一种真实的满足。

也许有人会感到疑惑，郗超都已经去世了，为什么还说这是一个幸福的故事呢？当我们看到郗超夫人在有再嫁自由的情况下依然决意与他死后相聚时，就知道当初他们有多么的快乐，而这样的快乐是一种可遇而不可求的幸运，即使是王衍或谢道韫这样的男女风流名士都无法企及，更不用说那些没有情感的俗人。我们不要质疑郗超夫人的独立人格，她没有为了生活而追随大流改嫁，与亡夫在一起正是她出于内心情感的自主选择。就这一点来说，她与追随亡妻而去的荀粲一样充满了幸福感，他们都找到了一个可以相亲相爱终生的人,而这样的相亲相爱,是因为作为夫妻的他们充满了真情,彼此间可以像名士那样相互欣赏。

美国汉学家戴梅可（Michael Nylan）在谈到从汉朝到魏晋之际中国哲学中"乐"的观念的转变时指出,在魏晋后"乐"之观念的大成者是陶渊明思想,而陶渊明对乐的理解是"归"——回家。[8] 回家,就意味着切断了君臣、同僚等多种出仕后才有的社会关系,而在家中最常面对的就是夫妻关系。陶渊明愿意回家,意味着必然能在夫妻关系中找到快乐,而且夫妻之乐远胜于出仕后其他种种关系中的快乐。有学者指出对于"老婆……陶渊明看得很重"[9]。尽管陶渊明没有在《世说新语》中出现,但是他的选择与刘义庆笔下的魏晋名士遥相呼应,让我们想起了有刘夫人相伴的隐士谢安。夫妻之乐给人带来了心灵深处的最后屏障,让人在外受挫时可以回到温暖的港湾。想必能够在夫妻关系中找到快乐之人,才会进退自如,从容恬淡吧。

结语 一幅苦中作乐的快乐拼图

在合上《世说新语》这本快乐宝典之前，我们发现与其说它是一本宝典，不如说是一幅快乐拼图。在刘义庆的笔下，每一个人物的关系都是零碎的，需要作为读者的我们把他们拼在一起。在拼的过程中，每一个读者都是创作者，我们会根据自己的喜好和判断拼出不同的图案来，名士身上就会具有各种不同的关系，而他们的形象也就会随着身上关系的变化而发生变化。如果只看到长幼关系中的谢安，那我们会觉得他是一个近乎完美的人；如果加上兄弟关系中因兄长之死而发怒的谢安，就会出现一个让人心疼的谢安，若是再加上那个一味维护兄弟谢万的谢安，读者就会有一点哭笑不得；接着把夫妻关系中的谢安拼上，那么大家也许会感慨说，谢安也是一个普通人嘛……

因此，我们所拼出的图案，只不过是无数种可能中的一种。不同拼图的出现，和读者自身关系紧密。根据西方心理学中的拼图理论（Puzzle theory）[1]，一个人在各种社会关系中的人格由许多不同的部分组成，每一部分都反映了在特定关系下所发生的特定事件会如何塑造这个人。这一理论即适用于《世说新语》中的名士，一个又一个故事中的谢安或是王戎慢慢地形成了"整体"的谢安或王戎。

这一理论也同样适用于我们，生活中的不同碎片孕育了我们，也决定了我们对快乐的理解。于是，当打开《世说新语》寻找快乐时，我们会寻找那些与我们的内心相吻合的故事，把那些与我们自身生活经历相呼应的碎片拼在一起。一个在兄弟关系中有特别体会的人，也许会对王徽之兄弟间的情感心有戚戚；而一个在朋友关系中遭受挫折的人，可能在看到周顗为王导而死时感叹唏嘘……随着时间的推移，在我们自身逐渐成熟的过程中，我们在《世说新语》中也会拼出不同的名士关系图来。年少的时候可能只喜欢李子树前劝其他小朋友别去摘的那个聪慧的王戎；年轻时关注的也许是弱冠结识阮籍的那个王戎；结婚后不知不觉会把卿卿我我的王戎碎片找寻出来；而再年长几岁后，丧子哀痛伤心不已和丧母死孝瘦骨嶙峋的王戎形象也会成为拼图中重要的组成部分……

快乐拼图可以做两种解释：一方面当我们把这些碎片拼成拼图后，所看到的名士是快乐的；另一方面当我们在拼图时，心情也是快乐的。这两个层面的快乐是相互影响的。我们越理解快乐，也就越能发现名士的快乐；而发现名士的快乐越多，我们也就越能够快乐起来。

这并不意味着刘义庆或是他笔下的名士一个个都是乐观主义者。带有强烈西方文化色彩的"乐观主义"一词，是和德国著名哲学家莱布尼茨（Gottfried Wilhelm Leibniz）紧密相关的。[2] 莱布尼茨认为造物主是一个完美的存在，只要我们遵循造物主的规律和秩序，发挥人类理性的力量，就能够克服困难和挑战，从而创造一个完美的社会。如果这是乐观主义者的定义，那么我们必须承认刘义庆和《世说新语》中的魏晋名士并非乐观主义者。王戎等人知道自己不可能成为圣人，而这世界上还有一批不懂感情的小人，身处其间的名士无法让世间变得美好无瑕。

我们还记得孔融被杀时他儿子说"覆巢之下，复有完卵乎"，覆巢并不只是孔融一家的象征，更是魏晋之际社会的写照，杀害了孔融的曹操也并不能保证曹氏家族的长久安宁，在差不多半个世纪之后曹氏家族也遭遇了同样的命运。魏晋时期并非一个安稳的"巢"，无论是君王抑或是普通名士，在这个时刻存在倾覆可能的世间都无法保证自己能够做一颗"完卵"，这是连幼小的孩童都知晓的道理。

虽然他们并非乐观主义者，但是并没有悲观地生活。或者说，正是由于名士不是乐观主义者，他们才会快乐地生活。既然世间并不完美，而自己也同样各有缺点，那么面对遗憾或不幸也不用怨天尤人；相反，若是获得一份意外的欣喜，那就会更加地珍惜快乐。孔融的儿子们在临死之际依然抓紧时间开心地玩着最后的游戏，这就是苦中作乐的最好写照。苦是外在的世间，而乐则是内在的选择。这样的态度并非要在面临生死抉择时才显露，它就蕴含在魏晋人士的日常生活之中。

所谓乱世，就是新与旧——新旧政权、新旧观念与新旧关系——之间的不断冲撞，而如何在新旧之间从容应对就成为找寻快乐的秘诀。不懂得其中奥妙之人也许会厌烦旧事物。《贤媛》第27则说,韩伯的母亲平日里所凭靠的古几案坏了,外孙卞鞠见几案"恶",就想换掉它。韩母回答说:"如果我不'隐'这个几案,你怎么能看见古物呢?"看见自己长期以来使用的几案坏了,韩母并没有懊丧抱怨,其颇具名士风采的回答一语双关,意味深长地告诉了我们她的生活态度。古旧的东西势必是要破败的,可是它却是我们所依赖的。"隐"既有倚靠依赖之意,又有隐藏不见之意。在这个看似破旧不堪的旧世界中,我们可以找到不那么容易发现却可以给我们提供精神寄托的元素,这也许是一个全新的几案所无法替代的。对卞鞠这样以为把旧的换成新的就可以一劳永逸解决所有问题的年轻人来说,需要知道的是破败之物并不一定是"恶"的,我们也不要单纯地厌恶它,懂得在古旧之中找寻快乐是必须从上一代那里得到传承的人生智慧。韩母短短一句话,就在长幼之间传递了快乐的秘诀。

然而,在风云变幻的时代,名士也不会仅仅执着于旧,如果为了新事物的出现而心烦意乱,那么快乐亦不可得。《贤媛》第24则说,桓冲不喜欢穿新衣服。有一次他洗澡后,妻子故意给他送了新衣服,桓冲大怒,让人把衣服拿走。妻子又让人拿了回来,还传话告诉他说:"衣不经新,何由而故?"桓冲大笑,就穿上了新衣服。把这则故事和上一则拼在一起,我们就会发现刘义庆对于新与旧的辩证态度。卞鞠是遇到旧的坏了就要扔,而桓冲则看见新的就发怒。桓冲的妻子让丈夫明白了一个最简单的道理:旧来自新,没有新也就无所谓旧,不能因为喜爱旧事物就拒绝新事物。微妙的是，新事物有可能就像桓冲的新衣服一样，是在一个人全身赤裸毫无防备之际被强行给予的——就如同一夜之间西晋倾覆而名士们不得不渡江从洛阳到南京一样，这时候如果固执于旧，那么就会郁郁寡欢。事实上新的东晋在数代名士的经营之后，也成了"旧"朝。桓冲的由怒而笑，表明他接受了妻子的劝诫，他的笑可能是对固执己见的自己的自嘲，也是对妻子极端劝诫方式的赞誉，更是对接受新观念而感到快乐。

桓冲妻子和韩伯母亲对新旧的解读，为孔子所说的"温故而知新"做了独特的注解。在卞鞠和桓冲看来，温故和知新是相互冲突的。对他们来说，不是新的必须彻底取代旧的，就是旧的应该完全扼杀新的。这种观念用在乱世的人际关系之中，就会造成两极分化。由于乱世人际关系变化频繁，坚持一端的会不断地寻求全新的关系，而支持另一端的则会无尽地怀念旧有的关系。两者都会体会到世事之苦——因为没有一种社会关系会是全然的新或旧。桓冲妻子和韩伯母亲都知道在对旧事物的依赖中衍生出对新事物的了解，而同时新事物也会随着时间的变化变成旧事物，这大约也是她们可以成为丈夫和晚辈之"师"的原因吧。

为了找寻名士的快乐，我们有意无意地忽略了《世说新语》所记载的某些令人不快或悲伤难过之事，或者把刘义庆对伤心之事的记载诠释成从反面凸显对快乐的追求。这并不是强词夺理，而是古已有之。金圣叹在解读《水浒传》时，强调它是一部仁义之作，而把那些血腥杀戮的描写都视为一种反省，认为施耐庵的目的在于通过对108个"强盗"的描写，告诉读者他们的所作所为"诚王道所必诛矣",而书中开场出现的王进恰恰是"庶几为圣人之民"的正面人物。[3]同样是禁军教头,王进不和高俅同流合污,却也不会落草为寇,而是在确保母亲安全的情况下远走高飞,在乱世中找寻安稳之乐。相比而言,另一位禁军教头林冲先是面对高衙内委曲求全,进而被逼上梁山,两相比较,能做到"不坠父业,善养母志"的自然是王进。按照金圣叹的理论,施耐庵书中频繁的暴力描写恰恰是呼吁大家不要滥用暴力,而如果读者感到《水浒传》的叙述对女性不够尊重,那完全可能是作者从反面来揭示尊重女性的重要性。

  因此,对于《世说新语》中某些故事的忽略或反向诠释,完全符合中国古代小说解读的传统。想来刘义庆也不希望后世的读者怀着愤懑之心打开《世说新语》,在合上之后愤懑加倍。让我们来看一看临终时的夏侯玄吧。《方正》第6则说,夏侯玄被拘捕时,负责刑狱的廷尉是钟毓。他的弟弟钟会之前与夏侯玄互不欣赏,于是趁此机会戏弄他。夏侯玄说:"即使我是一个受刑之人,却也不会听你摆布。"在拷问和鞭打之下,夏侯玄一言不发,到了刑场也神色不变。在这个故事中,有的人也许看到的是钟会的小人得志,但是夏侯玄的淡定从容显然是这一画面的主色调,或者说钟会落井下石式的嘲弄恰恰更好地映衬出了夏侯玄的气度。在曹魏和司马氏权力斗争之际,新王登场已成定局,钟氏兄弟倒向了"新"而夏侯玄效忠旧王,两方观念迥异,互不欣赏也在情理之中。

  面对争权夺利之乱,夏侯玄坚持内心的平静,不改往日的气度，是他给新秩序的一份答卷，这不禁让我们找出《雅量》第3则来，把那里的夏侯玄和此处的夏侯玄拼在一起，就会出现一个处乱不惊的名士形象。《雅量》第3则说，夏侯玄有一次靠着柱子写信，当时下着大雨，响雷击穿了他所倚靠的柱子，把他的衣服都烧焦了，可是他神色不变，书写如故，相反周围的宾客全部都吓得跌倒在地。惊雷和被捕对他人来说也许是对生命的直接威胁，是再可怕不过之事，但在夏侯玄眼中却是寻常。两次神色不变充分说明了他在新与旧之间保持了自己的选择。打雷和被诛一样是对现有秩序的破坏，夏侯玄深知"新"的不可避免，面对"新"局面的巨大冲击，他并不惊慌，而是泰然处之，颇有庄子"知其不可为而安之若命"之意，他人的惊慌就像钟会的嘲弄一样，成为夏侯玄淡定之色的背景板。

他快乐吗？他哀伤吗？他愤怒吗？答案似乎是显而易见的。在一个纷乱而不完美的世界中找寻一份内心的宁静，夏侯玄无疑领会到了孔子和庄子思想的精髓。与其说是我们发现了他的快乐，不如说他的这份快乐是由刘义庆传递给了我们。若是夏侯玄在临刑前大喊冤枉或是怒斥小人，那可能会给我们一种悲愤感，可是他视死如归的洒脱让我们无法感受到愤怒或哀伤，心中反而涌现出一种莫名的逍遥感——从纷乱的君臣关系和同僚关系中得到解脱未尝不是一件幸事。

这个时候如果我们再找一块碎片，把夏侯玄的形象拼得再全面一点，就可以更好地领会他的快乐。《赏誉》第8则中裴楷评价夏侯玄说："肃肃如入廊庙中，不修敬而人自敬。"夏侯玄有一种不需刻意为之就自然而然让人肃然起敬的风度,他面对死亡时的淡定也就同样会影响到我们。

当然,我们还可以继续把拼图拼得再大一点。《识鉴》第3则中说夏侯玄和何晏等人想要和傅嘏交往,傅嘏却始终拒绝。傅嘏对夏侯玄的评价不高,说他"志大心劳,能合虚誉,诚所谓利口覆国之人"。夏侯玄被杀,似乎印证了傅嘏的评价。因此,夏侯玄临死前的一言不发,也许正在做人生中最后的反省。如果此时的他想起了傅嘏的批评,那么在总结自己的失败时自是不会怨天尤人,而是会有"朝闻夕死"之乐。与此同时,将碎片不断拼接的读者,也会发现不同层面的快乐,而当我们能够发现并接受名士的快乐时,不知不觉中我们也就继承了他们的习俗,并会将这种寻求快乐的习俗传承下去。

在完成这一幅快乐拼图之前,我们还要郑重地拿起最后一块碎片:僧人。对没有这些社会关系的人来说,快乐又是否可能?魏晋之际,随着佛教的日益流行,出家之人迅速增加,在《世说新语》中也出现了不少高僧的身影。对这些出家人来说,普通名士所具有的各种社会关系自然是不存在的。在佛教中人看来,众生皆苦,[4]而以支遁为代表的魏晋僧人,也依然在苦中求乐。因此在我们的快乐拼图中,他们是不可或缺的一部分。尽管没有君臣、同僚、兄弟或夫妻等关系,僧人并不缺乏朋友,尤其是社交极其广泛的支遁,更是既有王濛等好友,也有王坦之这样的死敌。不过,能让我们感受到僧人之乐的故事,也许最好的莫过于《雅量》第32则:郗超崇敬道安和尚的道德名望,有一次送给了他一千斛米，写了很长的书信，向他表达深厚的情意。道安的回信只说："损米"并且"愈觉有待之为烦"。

作为魏晋时期数一数二的高僧，道安从反面向我们揭示了何为快乐。他对郗超说让你破费了大米，当收到了这么多米和这么厚的信之后，更加觉得人在这个世界上生活所要依赖的太多，徒生烦恼。道安所言让我们想起了庄子在《逍遥游》中的话，庄子说"列子御风而行……犹有所待者也"，只有"无所待"才能真正地逍遥。[5] 普通名士在各种社会关系中获得的快乐越多，他们对人与人之间关系的依赖也就越强。那么，道安是想要完全摆脱人际关系的束缚吗？作为"无家可归"的僧人，道安似乎并不拒绝大米，他所拒绝的只是对郗超友情的对等反馈，不想回复一封同样长的信件。为了五斗米而不得不与人交往，这是连高僧都免不了要面对的难题，对我们来说，究竟是关起门来彻底摒弃人际关系的束缚，从而在避免烦恼缠身的同时也放弃获得快乐的可能性，还是索性打开大门在各种关系的包围下乐在其中呢？这也许就是最后一块碎片给我们留下的疑问和思考吧。

注　释

前言

1. ［日］后藤世钧：《〈世说新语补考〉序》，刘强编著：《世说新语资料汇编（下）》，凤凰出版社 2020 年版，第 1008 页。
2. ［英］阿兰·德波顿：《哲学的慰藉》，资中筠译，上海译文出版社 2012 年版，第 94 页。
3. 刘强：《世说新语新评》，广西师范大学出版社 2022 年版，第 150 页。
4. 赵岐：《孟子赵注》卷七，台湾中华书局 1970 年版，第 9 页。
5. 戴梅可对中国哲学中"乐"的研究，参见 Michael Nylan, *The Chinese Pleasure Books*, New York: Zone Books, 2021。
6. 张缵：《跋》，刘强编著：《世说新语资料汇编》（上），第 147 页。
7. 袁褧：《重刻世说新语序》，刘强编著：《世说新语资料汇编》（上），第 233—234 页。
8. 冯友兰：《论风流》，刘强编著：《世说新语资料汇编》（中），第 832 页。
9. 冯友兰：《论风流》，刘强编著：《世说新语资料汇编》（中），第 833 页。
10. 鲁迅：《中国小说史略》，刘强编著：《世说新语资料汇编》（上），第 798 页。
11. Jack W. Chen, *Anecdote, Network, Gossip, Performance: Essays on the Shishuo Xinyu*, Cambridge and London: Harvard University Asia Center, 2021, p.62.
12. ［英］E.P.汤普森：《共有的习惯：18 世纪英国的平民文化》，沈汉、王加丰译，上海人民出版社 2020 年版，第 18 页。

第一章　互相成就的君臣

1. 皇侃：《论语义疏》，高尚榘点校，凤凰出版社 2020 年版，第 330 页。
2. Oveis, C., Spectre, A., Smith, P. K., Liu, M. Y., & Keltner, D., "Laughter conveys status", *Journal of Experimental Social Psychology*, 2016, Vol. 65, pp. 109–115.
3. Janes, L., & Olson, J., "Humor as an abrasive or a lubricant in social situations: Martineau revisited", *Humor: International Journal of Humor Research*, 2015. 28 (2), pp.271–288.
4. 刘义庆著，张万起、刘尚慈译注：《世说新语译注》，中华书局 1998 年版，第 761 页。
5. 张宇辰：《论陶渊明"北窗"意象及其在唐宋诗中的接受》，《九江学院学报》（社会科学版），2022 年第 3 期，第 11—16 页。
6. 姬丽君：《"王者不臣"：礼制精神制约下的汉代君臣关系》，《河北学刊》，2022 年第 2 期，第 216—224 页。
7. 关于诸葛诞举兵与司马昭之间的冲突，参见［日］福原启郎：《晋武帝司马炎》，陆帅译，江苏人民出版社 2020 年版，第 66—69 页。
8. 刘义庆著，张万起、刘尚慈译注：《世说新语译注》，第 262 页。
9. Martínez–Priego, Consuelo; Romero–Iribas, Ana, "The emotions behind character friendship: From other–oriented emotions to the'bonding feeling'", *Journal for the theory of social behaviour*, 2021, Vol.51 (3), pp..468–488.
10. ［英］培根：《培根论说文集》，水天同译，商务印书馆 1995 年版，第 95—96 页。
11. 宁稼雨：《解读魏晋名士饮酒（二）：从礼制的附庸到礼教的叛逆》，《古典文学知识》，2021 年第 3 期，第 121—127 页。
12. 韦政通：《中国思想史·上》，上海书店出版社 2003 年版，第 414 页。
13. 毛先舒：《与周琮莹论〈世说〉〈语林〉书》，刘强编著：《世说新语资料汇编（上）》，第 364 页。
14. 赵秉文：《魏晋正名论》，刘强编著：《世说新语资料汇编（上）》，第 186 页。
15. 祝总斌：《略论晋律的"宽简"和"周备"》，《北京大学学报》（哲学社会科学版），1983 年第 2 期，第 52—64 页。
16. 刘义庆著，张万起、刘尚慈译注：《世说新语译注》，第 266 页。
17. 杉林修：《〈世说讲义〉序》，刘强编著：《世说新语资料汇编（下）》，第 1019 页。
18. 王晫：《今世说序》，刘强编著：《世说新语资料汇编（上）》，第 386 页。
19. 彭国翔：《身心修炼：儒家传统的功夫论》，上海三联书店 2022 年版，第 21 页。

20. 叶当前：《"万古送别诗之祖"——〈诗经·邶风·燕燕〉赏析》，《文史知识》，2010年第10期，第30—33页。
21. 吕祖谦：《晋论》，《世说新语资料汇编（上）》，第154页。
22. 钱谦益：《郑氏〈清言〉序》，《世说新语资料汇编（上）》，第338页。
23. ［英］培根：《培根论说文集》，第66页。
24. 仇鹿鸣：《魏晋之际的政治权力与家族网络》，上海古籍出版社2015年版，第165页。
25. 仇鹿鸣：《魏晋之际的政治权力与家族网络》，第165页。
26. 刘强：《世说新语新评》，第374页。
27. Slavoj Zizek, *The Sublime Object of Ideology*, London: Verso, 1989。
28. ［英］休谟：《道德原则研究》，曾晓平译，商务印书馆2001年版，第27页、第132页。
29. ［日］福原启郎：《晋武帝司马炎》，第90页。
30. 唐长孺：《魏晋南北朝隋唐史三论》，第50页。
31. 暴庆刚：《境界形态与实然形态的双重涵摄——论郭象逍遥义的两个层次》，《人文杂志》，2007年第3期，第31—35页。
32. 唐长孺：《魏晋南北朝隋唐史三论》，第50页。
33. 顾炎武：《日知录集释（中）》，黄汝成集释，中华书局2020年版，第691页。
34. 刘强：《世说新语新评》，第77页。

第二章　其乐融融的亲子

1. 刘大杰：《魏晋思想论》，上海古籍出版社1998年版，第134页。
2. 翟学伟：《中国人际关系的特质》，《社会学研究》，1993年第4期，第73—83页。
3. 关于参与型父亲的角色，参见Eric D. Miller, "Why the Father Wound Matters: Consequences for Male Mental Health and the Father-Son Relationship", *Child Abuse Review*, Vol.22, 2013, pp.194-208。
4. 关于匿名人物所具有的意义，参见David R. Beck, *The Discipleship Paradigm: Readers and Anonymous Characters in the Fourth Gospel*, Leiden, Brill, 1997, p2。
5. William Sin, "Modesty, Confucianism, and Active Indifference", *Educational Philosophy and Theory*, Volume 55, 2023, Issue 2, pp.158–168.
6. 关于读者和小说人物之间的心领神会，参看Fernando Poyatos, "Forms and

Functions of Nonverbal Communication in the Novel: A New Perspective of the Author-Character-Reader Relationship", *Semiotica*, 1977, https://doi.org/10.1515/semi.1977.21.3-4.295。

7. 关于在逆境中保持快乐的重要性，参看Katrin Den Elzen, "Finding happiness and wellbeing in the face of extreme adversity", *British Journal of Guidance & Counselling*, 2019, Vol.47: 2,pp.143–156。

8. 关于郭象的独化观念，参看康中乾：《郭象"独化"范畴释义》，《哲学研究》，2007年第11期，第37—43页。

9. 王弼，楼宇烈校释：《王弼集校释（上）》，中华书局2009年版，第199页。

10. 关于魏晋文学中的家族观念，参看张天来：《魏晋南北朝文学表现家族观念的情感模式》，《东南大学学报》(哲学社会科学版)，2002年第5期，第122—126页。

11. 关于郭象对逍遥的理解，参看刘笑敢：《两种逍遥与两种自由》，《华中师范大学学报》(人文社会科学版)，2007年第6期，第83—88页。

12. ［法］卢梭：《论人与人之间不平等的起因和基础》，李平沤译，商务印书馆2007年版，第74页。

13. 刘强：《世说新语新评》，第278页。

14. Edward Diener, Eunkook M. Suh, *Culture and Subjective Well-Being*, Boston: The MIT Press, 2000, p.69.

15. 关于父子之间的传承，参看Devora Steinmetz, *From Father to Son: Kinship, Conflict, and Continuity in Genesis*, Louisville: Westminster/John Knox,1991, p.34。

16. 刘义庆著、张万起、刘尚慈译注：《世说新语译注》，第49页。

17. 魏斌：《东晋寻阳陶氏家族的变迁》，《中国史研究》，2002年第4期，第21—32页。

18. 刘义庆著、张万起、刘尚慈译注：《世说新语译注》，第305页。

19. 关于"宰我昼寝"，参看杜贵晨、杜斌：《"宰予昼寝"新解》，《孔子研究》，2001年第1期，第122—124页。

20. 皇侃：《论语义疏》，第215页。

21. 关于对女性身体的争夺可以被视为男性之间对权力和财产的争夺，可参见Donna Dickenson: *Property in the Body*, Cambridge: Cambridge University Press, 2017, p.11。

22. 刘义庆著、张万起、刘尚慈译注：《世说新语译注》，第568—569页。

23. Mihaly Csikszentmihalyi, *Flow: The Psychology of Optimal Experience*, New York: Harper Perennial Modern Classics, 2008, p.2.

24. 刘强：《世说新语通识》，中华书局 2023 年版，第 60 页。

第三章　包容平等的长幼传承

1. D. Keltner, et al.: "Teasing in hierarchical and intimate relations", *Journal of Personality and Social Psychology*, 1998, Vol. 75, No. 5, pp.1231–1247.

2. 范子晔：《"手谈"与"坐隐"：魏晋南北朝的围棋风尚》，《文史知识》，2000 年第 5 期，第 58—67 页。

3. Styles, Melanie B., "Understanding How Youth and Elders Form Relationships: A Study of Four Linking Lifetimes Programs" , *Intergenerational*. 51，1992.

4. 关于魏晋时的木屐，可参看梅铮铮：《屐与魏晋士人生活之关系》，《四川文物》，2001 年第 4 期，第 39—42 页。

5. 公孙龙的相关思想可参看谭戒甫：《公孙龙子形名发微》，武汉大学出版社 2006 年版。

6. 袁庭栋：《古人称谓漫谈》，中华书局 1994 年版，第 59 页。

7. 关于清谈的形式，参看唐翼明：第二章《清谈形式考索》，《魏晋清谈》，人民文学出版社 2002 年版，第 37—62 页。

8. 关于王充的命定论与人性论，参看邓红：《王充"命"论新议》，《人文论丛》，2002 年第 1 期，第 394—403 页。

9. 关于皇侃的人性论，参看甘祥满：《〈论语义疏〉人性论疏解》，《儒家典籍与思想研究》，2010 年第 1 期，第 490—505 页。

第四章　不确定的朋友

1. 劳悦强：《同门曰朋：从〈论语〉注释看思想的文化与历史维度》，《学术月刊》，2007 年第 4 期，第 130—133 页。

2. 关于朋友关系的脆弱性，参看 J. P. Wiseman, "Friendship: Bonds and Binds in a Voluntary Relationship", *Journal of Social and Personal Relationships,* Vol.3(2), 1986, 191–211。

3. 关于亲密感在友情中的地位，参看 M. R. Parks & K. Floyd, "Meanings for Closeness and Intimacy in Friendship", *Journal of Social and Personal Relationships,* Vol.13(1), 1996, 85–107。

4. 孙机：《魏晋时代的"啸"》，《光明日报》，1982年12月4日。
5. 关于薤菜的意象，可参考牛廷顺：《中国古代文学蔬菜题材与意象研究》，南京师范大学2019年博士论文。
6. M.Healy,"Civic Friendship", *Studies in Philosophy and Education*, Vol.30, 2011, 229-240.
7. 刘义庆著，张万起、刘尚慈译注：《世说新语译注》，第295页。
8. 牛犁：《麈尾与六朝清谈》，《江苏技术师范学院学报》，2011年第5期，第38—41页。
9. ［英］培根：《培根论说文集》，第95页。
10. 关于亚里士多德的悲剧理论，参见Malcolm Heath," Aristotle and the Value of Tragedy", *The British Journal of Aesthetics,* Volume 54, Issue 2, April 2014, 111–123。
11. 皇侃：《论语义疏》，第9—10页。
12. 浦伟忠：《〈春秋公羊传〉的复仇论》，《管子学刊》，1991年第2期，第37—41页。
13. 关于嵇康和山涛关系的讨论甚多，可参考王鑫：《从〈与山巨源绝交书〉看嵇康与山涛的关系》，《河南科技学院学报》，2020年第3期，第80—84页。

第五章 跨越等级的同僚

1. 郭建：《古代官场》，东方出版中心2008年版。
2. 谭黎明：《东晋初年王导施政方针述论》，《松辽学刊》，1999年第3期，第27—32页。
3. 陶新华：《"王敦惮祖逖"略论》，《杭州师范大学学报》，1997年第1期，第10—12页。
4. 关于魏晋之际南北士人冲突，参看宋展云：《汉末魏晋地域文化与文学研究》，扬州大学博士论文，2012年。
5. 关于"华亭鹤唳"的解读，参见王尔阳：《重塑"华亭鹤唳"：晋宋两朝的现实语境与历史追叙》，《华侨大学学报》，2018年第6期，第105—114页。

第六章 双向奔赴的兄弟

1. 申海平：《浅析孔子社会控制思想》，《华东理工大学学报：社会科学版》，2001年第1期，第62—65页。

2. 彭美玲：《凶事礼哭——中国古代儒式丧礼中的哭泣仪式及后世的传承演变》，《成大中文学报》第三十九期，2012年12月，第1—48页。
3. 仵埂、孙武军：《古琴：士子独立人格与自由精神之象征》，《交响：西安音乐学院学报》，2015年第3期，第34—40页。
4. 王仁磊：《魏晋南北朝家庭关系研究》，郑州大学2010年博士论文，第107页。
5. 刘强：《世说新语新评》，第33页。
6. 对于孔子的仁爱理论，可参见彭富春：《孔子的仁爱之道》，《武汉大学学报》，2009年第5期，第540—545页。
7. 孙立群：《魏晋隐士及其品格》，《南开大学学报》，2001年第5期，第21—28、53页。
8. 参见拙著《谎：〈吴越春秋〉里的忠与谋》，中华书局2024年版。

第七章 道不尽的夫妻

1. 王仁磊：《魏晋南北朝家庭关系研究》，第72页。
2. 关于荀粲的"骂名"，参看黄羽璇：《〈世说新语·惑溺〉探赜》，《兴大中文学报》，2013（34），第25—41页。
3. 关于西门庆的形象，参看曹炳建：《明代资本主义萌芽时期封建商人的典型——〈金瓶梅〉西门庆形象新论》，《河南大学学报》（社会科学版），2006年第1期，第22—27页。
4. 关于婚姻中嫉妒的讨论，参见Robert G. Bringle："The Role of Jealousy in Marriage"，*Affective Behavior*，1977；关于魏晋之际的妒妇，参见张兆凯：《魏晋南北朝的妒妇之风》，《文史知识》，1993年第10期，第114—118页。
5. 关于一夫一妻制，参见尚绪芝：《中国古代社会"一夫一妻纳妾制"并存原因探析》，《中州学刊》，2007年第3期，第176—178页。
6. 关于嵇康"越名教而任自然"的思想，参看许抗生等著：《魏晋玄学史》，陕西师范大学出版社1989年版，第206—212页。
7. 关于魏晋之际的再嫁，参看赵志坚：《魏晋南北朝妇女再婚考述》，《山东大学学报》（哲学社会科学版），1995年第1期，第19—24、36页。
8. Michael Nylan, *The Chinese Pleasure Books*, pp. 317-323.
9. 顾农：《归去来：不一样的陶渊明》，中华书局2023年版，第84页。

结语　一幅苦中作乐的快乐拼图

1. 关于拼图理论，参看 David C. Funder: *The Personality Puzzle*, New York: W. W. Norton & Company, 2019。
2. 关于莱布尼茨的乐观主义观念，参看先刚：《斯宾诺莎和莱布尼茨的乐观主义》，《世界哲学》2018 年第 1 期，第 43—54 页。
3. 金圣叹：《金圣叹全集》（三），凤凰出版社 2016 年版，第 59 页。
4. 关于佛教中"苦"的观念，参看姚卫群：《佛教与婆罗门教"苦"的理论比较》，《杭州师范大学学报：社会科学版》，2012 年第 3 期，第 64—70 页。
5. 关于庄子思想中逍遥与"待"的关系，参看罗祥相：《庄子"有待""无待"思想新诠》，《哲学研究》，2021 年第 12 期，第 53—61 页。

后　记

　　说起来颇有些讽刺的意味，在我写这本快乐之书的过程中，正是我感到抑郁之时。

　　2020年末，儿子来到了珠海读书，一读就是两年半。这是我2000年硕士毕业以来第一次有两年半的时间身边一直有人相伴。尽管身处其中多少还感到有一些吵闹，可是在儿子于2023年秋回到香港读初中后，忽然之间在珠海的我又回到了一个人的状态，冷清的空气袭来时，就不免想到也许过去两年半的热闹已是绝唱，于是一股萧索的情绪即刻就笼罩了我。

　　这本书就是在这样的状态下完成的。我之所以选择这个话题有两个主要的原因。其一是受到了老师戴梅可《中国乐书》(The Chinese Pleasure Books)的影响。虽然我自认从来算不上戴老师的得意弟子，甚至在她的课上饱受批评，但是其研究的确令我受益良多。《中国乐书》从快乐的视角出发来分析中国哲学的发展脉络，其中颇有一些让我击节赞叹之处，于是不免有东施效颦之想。其二是拙著《演而优则士》出版后，我对《世说新语》总有意犹未尽之感，想再从别的角度来对它作一个独特的分析，算是《演而优则士》的姐妹篇。

幸运的是，模因故事的王强和马晓玲在听到我的构想时给予了极大的肯定，鼓励我把"乐"和《世说新语》糅在一起写出来。于是在2023年的秋天，分明是抑郁感爆棚的我，却在寂静的夜晚写起了快乐来——不仅是快乐，还是魏晋名士在人际关系中的快乐。这大约就是司马迁所说的"意有所郁结，不得通其道也，故述往事，思来者"吧！

我自己是一个很怕社交之人。一个"社恐"写一本在人际关系中找寻快乐的书，多少有些自相矛盾，甚至可能会让人觉得言不由衷。不过，这大约就是魏晋名士与我们的共同困境和向往吧。人在世间，总是离不开各种人际关系，人际关系固然可能是一种束缚，可是既然我们无法脱离它而生存，那么不妨在其中找寻一些可能的快乐。嬉笑怒骂，皆是乐处。这也是"乐在其中"的初衷。由于《演而优则士》的关系，我有幸认识了研究《世说新语》的一些新朋友，也有幸得到刘强兄的序言，对此我也感激生活的赐予。

我绝不敢说自己找到了快乐的真谛。事实上对于什么是快乐，我依然是一个探寻者。也许，没有抑郁，也就无所谓快乐。因此，我把当下的这一份抑郁当作是快乐的另一种展现形式，它让我再次反思自己在人与人之间所处的位置，为找寻快乐提供了一个新的起点。若是这本小书能够给读者带来一点快乐以及对快乐的思考,那么我也就会更加快乐。

乐大约也是人与人之间交往的最大引力。这本书由"万有引力"出版是再合适不过了。感谢广东人民出版社"万有引力"的施勇老师、陈畅涌老师认真负责地审阅书稿,本书的付梓离不开他们的辛苦付出。

是为记!

董铁柱

2024年冬于珠海矞轩